FINANÇAS INTELIGENTES

UM GUIA COMPLETO PARA ATINGIR A INDEPENDÊNCIA FINANCEIRA

IVANILTO ANDREOLLI

Copyright © 2023 Ivanilto Andreolli

Todos os direitos reservados.

ISBN: 9798850249427

Criação da Capa: Rubens Lima

DEDICATÓRIA

Dedico este livro em memória da minha irmã Clesci Maria Andreolli, pela vida muito difícil que passou e, ainda assim, nunca perdeu a esperança. Espalhou bondade às pessoas e aos animais.

LISTA DE SIGLAS

ADR: *American Depositary Receipts*

BC: Banco Central

BDR: *Brazilian Depositary Receipts*

B3: Bolsa de Valores Brasileira

CDB: Certificado de Depósito Bancário

CDI: Certificado de Depósito Interbancário

CEF: Caixa Econômica Federal

CETIP: Central de Custódia e Liquidação Financeira de Títulos

COPOM: Comitê de Política Monetária

CRA: Certificados de Recebíveis do Agronegócio

CRI: Certificado de Recebíveis Imobiliários

CVM: Comissão de Valores Mobiliários

DI: Taxa do Depósito Interbancário

FGC: Fundo Garantidor de Crédito

FGV: Fundação Getúlio Vargas

FIA: Fundo de Investimento em Ações

FII: Fundos de Investimentos Imobiliários

IBGE: Instituto Brasileiro de Geografia e Estatística

IF: Independência Financeira

IGP-M: Índice Geral de Preços do Mercado

INCC: Índice Nacional de Custo da Construção

INPC: Índice Nacional de Preços ao Consumidor

INSS: Instituto Nacional do Seguro Social

IPCA: Índice Nacional de Preços ao Consumidor – Amplo

LC: Letras de Câmbio

LCA: Letras de Crédito do Agronegócio

LCI: Letras de Crédito Imobiliário

LH: Letras Imobiliárias

RF: Renda Fixa

RDB: Recibo de Depósito Bancário

SELIC[1]: Sistema de Liquidação e Custódia

SFN: Sistema Financeiro Nacional

TD: Tesouro Direto

TED: Transferência Eletrônica Disponível

TP: Títulos Públicos

TR: Taxa Referencial

TSR: Taxa Segura de Retirada

VNA: Valor Nominal Atualizado

---

[1] A taxa Selic é a taxa de financiamento no mercado interbancário para operações de um dia. É conhecida como a taxa básica de juros da economia brasileira.

FINANÇAS INTELIGENTES

PREFÁCIO

Este livro apresenta os conceitos fundamentais de educação financeira que vão muito além do ato de economizar e investir. Tenho certeza de que este livro vai te ajudar no equilíbrio da sua vida financeira e trazer muito mais qualidade de vida para você e sua família. Como é ruim viver pagando juros, com preocupações em como pagar as contas ou ainda se submeter a certos empregos que não trazem realização pessoal e profissional. Uma vida de preocupações de como pagar as contas, de não se conseguir fazer uma reserva de dinheiro acaba gerando uma dependência forte do emprego e isso traz muita pressão para você e sua família. Muitas pessoas possuem um ótimo salário, mas vivem mergulhadas em dívidas, ou então não conseguem planejar as finanças para construir ativos que gere renda. O que falta para essas pessoas são os conceitos fundamentais de educação financeira e este livro traz esses conceitos de uma forma simples e direta.

Através de 2 capítulos conceituais o livro apresenta os fundamentos de educação financeira os quais vão te ajudar a planejar sua vida financeira e te afastar das dívidas. O livro mostra como é possível construir um patrimônio que gere renda de forma sustentável e segura sem renunciar a boa vida da juventude à velhice. O conceito de independência financeira, de como construir essa independência e como se obter renda do patrimônio construído de forma segura e sustentável é mostrado de forma simples envolvendo o cotidiano. O livro vai te ajudar a te colocar em uma trajetória de enriquecimento e o mais interessante, melhorando sua qualidade de vida desde o início dessa caminhada.

Imagine uma vida aproveitando todas as fases e, ainda assim, construindo um patrimônio com bases sólidas que dê segurança para você e sua família, que te liberte da pressão do mundo corporativo, ou seja, uma vida que não te falte dinheiro. Posso afirmar que isso é possível e este livro mostra isso. Receber um bom salário não é garantia de se libertar das preocupações com o dinheiro e não é garantia de se atingir a tão sonhada independência financeira. Posso te garantir que o caminho efetivo para isso é conhecer os conceitos fundamentais de educação financeira apresentados neste livro. Isso sim vai te trazer paz, menos pressão no trabalho e saúde para você e sua família. O resultado é uma vida leve, mais feliz e, consequentemente, uma maior qualidade de vida onde você vai trabalhar para viver e não o contrário. Imagine você com uma reserva de emergência que te dê segurança caso ocorra algum problema com seu emprego. Agora imagine que, além disso, você consiga um patrimônio que te dê uma renda que cubra suas despesas básicas. Finalmente imagine que este patrimônio foi construído de forma eficiente e o crescimento permitiu atingir um patamar que gere renda suficiente e sustentável para você e sua família viver. Você conseguiu atingir a independência financeira! Tudo isso é possível e o mais importante, vivendo casa fase da vida. A prova de que isso é possível está no meu próprio exemplo. Iniciei a trajetória sem qualquer herança e atingi cedo a independência financeira. Pude no caminho buscar outros desafios, sonhos, inclusive como assessor do mercado financeiro. Isso só foi possível através dos conceitos fundamentais de independência financeira. Caro leitor, posso afirmar que é sim possível desde que você aceite começar essa trajetória e eu garanto que sua qualidade de vida só vai melhorar.

Na leitura deste livro é importante que o leitor não utilize o conteúdo como recomendação para investimentos. O intuito deste livro é apresentar informações sobre Educação Financeira que vão muito além de informações sobre investimentos no mercado financeiro. Em relação a investimentos no mercado financeiro realizar a educação financeira se mostra fundamental para tomada de decisão que cabe a cada um. Assim, este livro se insere na área de Educação Financeira, **não servindo, portanto, como indicação de investimentos**.

O livro, em si, apresenta parte do conteúdo em linguagem mais informal, apreciável a todas as pessoas, porém, traz também uma parte mais técnica na qual são exigidos conhecimentos de matemática fundamental. É nesse ponto que introduzo **AS CINCO (5) EQUAÇÕES PARA A VIDA**. Para aquelas pessoas que têm muita dificuldade com a matemática, o livro destaca seções que podem ser ocultadas da leitura sem perda significativa do entendimento dos conceitos a que o livro se propõe a abordar. O foco do livro está na educação financeira e abordando investimentos em renda fixa e renda variável para que o pequeno ou grande **investidor invista com**

segurança aproveitando as melhores oportunidades do mercado. O livro traz muitos exemplos de forma a ilustrar os conceitos apresentados.

No **Capítulo 1** são apresentados conceitos filosóficos sobre educação financeira, relacionando o tema ao estilo de vida e ao tempo. O **Capítulo 2** também é conceitual e aborda conceitos relacionados à independência financeira e aos investimentos. Os dois primeiros capítulos introduzem o tema do livro apresentando os verdadeiros conceitos de educação financeira os quais são fundamentais para os demais capítulos. Assim, os dois primeiros capítulos trazem um roteiro de como organizar as finanças para que seja possível a construção da independência financeira. Considero esses capítulos como os mais importantes do livro e foram escritos em uma linguagem acessível para todas as pessoas. Os demais capítulos abordam como construir essa independência financeira trazendo os mais variados aspectos de como se investir, ou seja, de como se obter eficiência nos investimentos para a construção de um patrimônio que lhe dê tranquilidade. No **Capítulo 3** são abordados conceitos do mercado financeiro. Entre os temas são abordados, conceitos fundamentais de segurança ao se investir, tais como: Fundo Garantidor de Crédito (FGC), corretoras, riscos e oportunidades. Por fim as principais modalidades de investimentos em renda fixa são descritas. No **Capítulo 4** são introduzidos conceitos de matemática financeira que são utilizados nos demais capítulos na análise de investimentos. Os conceitos são apresentados de uma forma simples e direta, destacando somente o que é fundamental. É nesse capítulo que as 5 EQUAÇÕES PARA A VIDA são apresentadas. No **Capítulo 5** são abordados investimentos em Títulos Públicos. Pela importância do tema um capítulo inteiro é dedicado a ele de forma aprofundada abordando o potencial de ganhos nos Títulos Públicos pela marcação a mercado; também equações diretas para estimar a rentabilidade são apresentadas. No **Capítulo 6**, diversos investimentos de renda fixa são confrontados utilizando-se as 5 EQUAÇÕES PARA A VIDA. O objetivo é mostrar como avaliar as melhores alternativas de investimentos de renda fixa, como: CDB, RDB, LCI, LCA e Títulos Públicos. No **Capítulo 7** são apresentados os fundos de investimentos e debêntures. No **Capítulo 8** a previdência é apresentada trazendo os conceitos de tributação tais como: regressivo, progressivo e os benefícios da declaração completa de imposto de renda. Conceitos de PGBL, VGBL e confronto entre previdência e a renda fixa, do ponto de vista tributário, são apresentados. A análise inclui sugestões de cada tipo de previdência segundo a classe econômica do investidor. No **Capítulo 9**, os imóveis e ações são abordados. No caso dos imóveis diversos cenários são confrontados tais como: compra para moradia, compra para investimento e os custos inclusos nessa modalidade de investimentos. Ainda na linha de imóveis, uma pequena introdução sobre Fundos de Investimentos Imobiliários é feita. Com relação ao mercado de ações uma abordagem quantitativa é realizada, onde os conceitos fundamentais sobre ações são apresentados. Diversos métodos quantitativos baseados em análise fundamentalista são demonstrados no capítulo para auxiliar o investidor na tomada de decisão. Duas das equações apresentadas poderiam ser chamadas de SEXTA E SÉTIMA EQUAÇÕES PARA A VIDA, mas pela especificidade delas, preferiu-se mantê-las sem esse enfoque. **No Capítulo 10** uma abordagem sobre alocação de patrimônio é apresentada trazendo a importância da diversificação nos investimentos.

Por fim, uma recomendação: estude essa área e não acredite na previdência social para seu futuro. Faça sua previdência através da educação financeira e inicie hoje. Ajude você, sua família e o Brasil! Desejo a todos uma ótima leitura!

SUMÁRIO

1 DINHEIRO E VIDA FINANCEIRA 1
   1.1 A escravidão financeira do trabalho 2
   1.2 O emprego e o mundo capitalista 3
   1.3 Dinheiro e o conforto 4
   1.4 Vida saudável 5
   1.5 Viver de forma consciente 7
   1.6 O dilema do tempo: acumular e viver 9
   1.7 Dívidas 12
   1.8 Uma mentalidade que te enriquece 13
   1.9 Os desafios do futuro 15

2 INDEPENDÊNCIA FINANCEIRA 19
   2.1 A independência financeira 19
   2.2 A diversificação nos investimentos 22
   2.3 O que importa são taxas reais de juros 24
   2.4 Os aportes e a independência financeira (IF) 25
   2.5 Ativos versus passivos 29
   2.6 O poder dos juros compostos 31
   2.7 Reserva de emergência 32

2.8 Um caminho a seguir 33
3 MERCADO FINANCEIRO 35
   3.1 Sistema financeiro 36
   3.2 Conceitos e nomenclaturas 38
   3.3 Corretoras 42
   3.4 Fundo Garantidor de Crédito (FGC) 45
   3.5 Riscos e oportunidades 47
   3.6 Modalidades básicas de investimentos 49
4 TÓPICOS ESSENCIAS DE MATEMÁTICA FINANCEIRA 51
   4.1 Fórmula de juros simples e juros compostos 51
   4.2 Conceito de taxas 54
   4.3 Correção monetária 56
   4.4 Dedução da equação fundamental 59
   4.5 Principal sistema para análise de prestações 63
5 TÍTULOS PÚBLICOS (TP) 67
   5.1 Segurança 69
   5.2 Tributação 69
   5.3 Liquidez 70
   5.4 Pagamento de juros e indexadores 70
   5.5 Tipo de títulos públicos 71
   5.6 Títulos Públicos pré-fixados 73
      5.6.1 Título pré-fixado (LTN) 74
      5.6.2 Título pré-fixado com juros semestrais 83
   5.7 Títulos Públicos pós-fixados 89
      5.7.1 Título SELIC (LFT) 90
      5.7.2 Título IPCA principal (NTN-B principal) 94

5.7.3 Título IPCA com juros semestrais (NTN-B) 107
5.8 O essencial sobre Títulos Públicos (TP) 114
6 MODALIDADES CLÁSSICAS DE INVESTIMENTOS 117
    6.1 Poupança 117
    6.2 LCI e LCA 118
    6.3 CDB, LC e RDB 119
        6.3.1 Cálculo da rentabilidade do CDB 120
        6.3.2 Cálculo da rentabilidade real de CDB. 122
    6.4 Confronto e análise de investimentos 122
        6.4.1 Análise de Títulos Públicos (TP) 123
        6.4.2 Análise de LC, CDB, RDB, LCI, LCA e poupança 125
        6.4.3 Confronto entre IPCA+ e DI 128
    6.5 O poder do tempo sobre o I.R. 133
7 FUNDOS DE INVESTIMENTOS E DEBÊNTURES 135
    7.1 Tributação 137
    7.2 Fundo de renda fixa 139
        7.2.1 Fundo de renda fixa de curto prazo 139
        7.2.2 Fundo referenciado 139
        7.2.3 Fundo de renda fixa simples 140
        7.2.4 Renda fixa – dívida externa 140
    7.3 Fundo de ações 141
    7.4 Fundo cambial 141
    7.5 Fundo de dívida externa 142
    7.6 Fundo multimercado 142
    7.7 Análise quantitativa do come-cotas 143
        7.7.1 Fundos de longo prazo 143

7.7.2 Fundos de curto prazo 149

7.8 Debêntures 155

8 PREVIDÊNCIA 159

8.1 INSS 159

8.2 A previdência independente 161

8.3 Previdência privada 163

8.3.1 Tipos de planos de previdência privada 163

8.3.2 Tributação no resgate 166

8.3.3 Taxas 169

8.3.4 Tipos de renda 173

8.3.5 Benefícios adicionais 174

8.3.6 Portabilidade 174

8.3.7 Proteções 175

8.3.8 Considerações finais 175

9 IMÓVEIS, FII E AÇÕES 177

9.1 Investimento em imóveis 178

9.2 Investimento em FII 184

9.3 Investimento em ações 187

9.3.1 Conhecendo um pouco sobre ações 189

9.3.2 Tributação sobre ações 196

9.3.3 Empresas de crescimento e de dividendos 199

9.3.4 Análise quantitativa de ações 205

9.3.5 A equação do fluxo perpétuo de lucro da empresa 207

9.3.6 Método Peter Lynch 214

10 ALOCAÇÃO DE PATRIMÔNIO E RISCOS 219

10.1 Riscos nos investimentos 222

10.2 Exemplo prático de alocação.. 226

    10.2.1 Alocação de todo o patrimônio.................................. 227

    10.2.2 Alocação da parte controlável..................................... 228

    10.2.3 Análise da liquidez da carteira e a TSR 232

10.3 Alocação em títulos públicos e ações... 235

10.4 Outras possibilidades de alocação 237

10.5 Renda fixa, renda variável ou dólar... 238

10.6 Patrimônio versus TSR e a IF 243

10.7 Alocação no Brasil e no exterior... 245

11 REFERÊNCIAS 251

1 DINHEIRO E VIDA FINANCEIRA

Este capítulo tem por objetivo mostrar, através de conceitos simples e sem o uso de matemática, aspectos cotidianos que podem ajudar muito na educação financeira. Educação financeira vai muito além de economizar ou investir corretamente o dinheiro ou ainda de gerenciar as finanças pessoais. Educação financeira, na minha visão, parte de um estilo de vida saudável, econômico, em harmonia com a natureza. Em outras palavras que se viva plenamente e em equilíbrio, sem exageros para que não ocorra falta de recursos em momentos mais complicados da economia. No mundo atual é necessário dinheiro para se ter acesso à tecnologia, por exemplo. Viver sem a internet, sem o transporte de qualidade, sem o conforto que a tecnologia proporciona não faz sentido. O dinheiro é fruto do nosso trabalho e, assim, é necessário que se utilize desse recurso da melhor forma para que sobre mais tempo para se viver. Se o dinheiro não for bem gerido, haverá necessidade de se trabalhar mais e mesmo assim se viver com menos qualidade de vida. Mas a educação financeira não se resume ao dinheiro, eu diria que é uma forma de vida e nesse capítulo, através de exemplos práticos do nosso dia a dia se buscará demonstrá-lo. A educação financeira, **em seu conceito mais amplo, que inclui o estilo de vida**, deveria estar presente na vida de todas as pessoas, mas, infelizmente, muitas pessoas só se darão conta dos erros cometidos ao final da vida e essa trajetória sem planejamento traz sérias consequências e que em síntese se traduz em baixa qualidade de vida. Assim, este livro foi escrito no intuito de ajudar você servindo de um guia para que você possa atingir a tão sonhada independência financeira e assim, reduzir a carga que o mundo corporativo traz.

1.1 A escravidão financeira do trabalho

Muitas pessoas acabam vivendo para trabalhar quando deveriam trabalhar para viver. Viver para se trabalhar traz muita pressão e conflito. Observo diariamente o conflito que as pessoas vivem; por não fazerem o que gostam, por não viverem seus sonhos, por serem escravas do dinheiro. Noto de forma geral, pessoas novas, cheias de motivação ingressando no mercado de trabalho. Após certo tempo, noto essas mesmas pessoas envelhecidas, desmotivadas, "murchas" e, pior, se tornando escravas do salário, onde já não conseguem mais se libertar. É preciso vencer a estrutura criada pelo mundo capitalista, conseguir enxergar que a receita da felicidade plantada pelo mundo capitalista não deu certo. Todos nós precisamos de dinheiro sim, mas é fundamental não nos tornarmos escravos do mesmo e nos educarmos financeiramente para conseguirmos sair dessa estrutura capitalista consumista que só esmaga os nossos sonhos. O livro apresenta vários exemplos emblemáticos do cotidiano e que desviam as pessoas do caminho da independência financeira. O objetivo é alertar o leitor para o mundo que a grande maioria das pessoas vivem; escravas do trabalho, escravas do cartão de crédito, escravas das dívidas, escravas das redes sociais, escravas do consumismo e escravas da tristeza. Particularmente em relação ao trabalho, principalmente ao trabalho do mundo corporativo cabe já antecipar alguns aspectos. Na minha visão o mundo corporativo geralmente é um grande teatro e se você não for bom em encenação e não se encontrar neste grande teatro, será mais um desmotivado. Esse livro pode te ajudar e libertar-se cedo disso, e, mesmo que você permaneça nele, você poderá adquirir certa liberdade nas suas finanças para discordar e não seguir o rito do sucesso do mundo corporativo. Essa liberdade é sinônimo de tranquilidade e uma vida com menos pressão corporativa representando mais qualidade de vida para você e sua família.

A escravidão que o trabalho traz na vida das pessoas é notável. O famoso economista e pesquisador David Graeber faz uma abordagem científica do tema cabendo aqui apresentar algumas ideias desse pesquisador. David Graeber é antropólogo e professor da *London School of Economics*. O autor escreveu diversos livros, entre eles Bullshit Jobs: A Theory (*"trabalhos de merda: uma teoria"*), lançado em espanhol pela editora Ariel com o título de *Trabajos de Mierda*. Em uma reportagem no jornal El PAIS foi perguntado: *"você acha que a vida é uma merda?"*. A resposta foi:

"A vida é o contrário. Por isso é tão absurdo vivê-la fingindo estar ocupado. O funcionário de uma loja que fica a maior parte do tempo reorganizando prateleiras até que

entre um cliente, simplesmente para que seu chefe acredite que ele está ocupado, está transformando seu trabalho em uma merda. É um exemplo que vale para qualquer outro âmbito. Estamos presos em um círculo vicioso. Passamos tanto tempo trabalhando duro, ou fingindo que batalhamos duro, que não sabemos o que aconteceria se parássemos de fazer isso. Do ponto de vista liberal, sempre se disse que isso geraria mais crime e mais drogados, que as pessoas não saberiam administrar tanto tempo livre. Muito bem, coloquemos as pessoas na prisão durante oito horas por dia. Afinal, é o mesmo efeito causado pelos empregos desnecessários. Esse é um dos motivos do aumento dos casos de depressão: é contra nossa natureza conviver com a moral que exige que passemos oito horas trabalhando continuamente, independentemente de haver ou não algo a fazer." Trecho extraído de https://brasil.elpais.com/brasil/2018/10/10/actualidad/1539173321_857486.html:

Na entrevista, o autor classifica os empregos como "não muito, altamente e totalmente de merda". Ninguém está a salvo. Segundo estudos dele apenas 15% ou 20% das pessoas diziam ser felizes com seu trabalho e 37% afirmavam que o que faziam não contribuía para absolutamente nada.

O objetivo aqui é alertar o leitor. Sim, precisamos trabalhar, porque precisamos de dinheiro para ter acesso ao conforto necessário para uma vida saudável com acesso às tecnologias que trazem qualidade de vida, mas não podemos nos escravizar. A educação financeira é importante para abrir nossos olhos e nos guiar para um horizonte libertador onde não precisamos esgotar nossa juventude no "semiaberto[2]". O trabalho é necessário, mas se empregarmos os verdadeiros conceitos da educação financeira e que são apresentados nesse livro, podemos reduzir essa carga e "comprarmos tempo" para viver nossos sonhos. Do contrário nossos sonhos serão esmagados como o rolo compressor esmaga a terra úmida onde nada mais nasce, ou se nasce, é algo menor, e seguiremos como zumbis no mundo corporativo: nascer, estudar, trabalhar, trabalhar, trabalhar....trabalhar e morrer. **Na verdade, morremos a cada dia em que nossos sonhos vão sendo esmagados.**

1.2 O emprego e o mundo capitalista

O mundo capitalista é um tanto "selvagem" e não se preocupa com a felicidade das pessoas, pois tem como foco o crescimento econômico a

---

[2] Semiaberto é o termo conotativo utilizado nesse livro para designar o ambiente corporativo de trabalho onde as pessoas têm horário rígido a cumprir fazendo geralmente o que não gostam e muitas vezes produzindo nada de útil.

qualquer custo. O mundo capitalista, representado pela sociedade que é educada dessa forma, espera que: estudemos muito, trabalhemos muito, tenhamos uma boa casa, tenhamos um bom carro, casemo-nos, tenhamos filhos e trabalhemos até quase morrer vivendo em grandes centros urbanos. Eu acredito que levar uma vida simples, num lugar simples e barato, com pouca gente, onde pode-se cultivar a boa alimentação, eliminar o estresse e viver em paz e harmonia com a natureza é um caminho para se viver bem. Um estilo de vida assim torna a vida com sentido, torna nossos dias melhores e certamente aumentará nossa expectativa de vida e com mais saúde com menor pressão no emprego, mas para isso é necessário um planejamento financeiro que ao longo deste livro será mostrado.

Há aquelas pessoas que não vivem sem o trabalho e são felizes com a vida diária do sistema corporativo, mas no que observei nesses anos de mundo corporativo, essa parcela é minoria. A massa de trabalhadores segue o rito do trabalho regrado pelo mundo capitalista estampando no rosto a expressão de enterro na segunda-feira e de festa na sexta-feira. Mesmo as pessoas que possuem empregos com ótimos salários, parte dos funcionários do setor público, por exemplo, acabam rapidamente se desmotivando e o tempo acaba sendo apenas uma troca por dinheiro. O que noto cada vez mais é a escassez de empregos e as pessoas que estão empregadas, mesmo descontentes, não se libertam pelo medo de não conseguirem algo melhor. A educação financeira vai te ajudar a reduzir o tempo nesse mundo corporativo que chamo de "semiaberto" e vai te ajudar a comprar tempo através de uma vida mais simples, sem exageros, sem dívidas, valorizando o que de fato é importante e com as finanças organizadas. LIBERTE-SE DA ESCRAVIDÃO através da educação financeira. O tempo infelizmente não volta, mas a educação financeira pode te ajudar a "comprar tempo". Se você conseguir se libertar antes da idade da aposentadoria na visão capitalista tradicional, você conseguiu comprar tempo com a educação financeira e poderá se dedicar, por exemplos, a outros projetos sem a preocupação da busca de mais dinheiro. Este livro vai te ajudar não apenas na conquista da sua independência financeira, mas sim em mostrar um caminho para você viver plenamente toda a fase da vida com qualidade e cuidando da sua saúde, seu maior patrimônio.

1.3 Dinheiro e o conforto

O dinheiro é necessário para tudo na vida moderna. Precisamos de dinheiro para as necessidades básicas e para trazer o conforto que o desenvolvimento tecnológico proporciona. A tecnologia está aí para trazer mais qualidade de vida para nós. A tecnologia que me refiro não é a escravidão tecnológica onde as pessoas buscam celulares, computadores, jogos, televisores de última geração. É a tecnologia que permite viver em um local confortável, com energia elétrica, com acesso à informação (internet, por exemplo), com recursos para poder viajar pelo mundo. É viver utilizando o desenvolvimento tecnológico de forma harmoniosa e, para isso, são necessários recursos que, em um mundo justo, são conquistados pelo trabalho. Portanto, o trabalho se faz necessário, mas de forma harmoniosa.

Somente trabalhar e acumular a vida inteira e não viver não faz sentido, embora algumas pessoas assim o façam e só se dão conta nos tempos finais de vida. Viver uma vida simples, não descartável, aproveitando de forma consciente a tecnologia e a boa alimentação é uma alternativa melhor do que simplesmente acumular dinheiro a vida toda ou simplesmente gastá-lo de forma desacerbada.

1.4 Vida saudável

A educação financeira vai muito além do conceito financeiro do dinheiro, do investimento, do gerenciamento das economias. O estilo de vida priorizando a saúde é tão ou mais importante do que propriamente a visão financeira. A qualidade de vida está fortemente relacionada a uma vida saudável. De nada adianta possuir muito dinheiro se sua saúde estiver comprometida. De nada adianta acumular patrimônio para uma boa aposentadoria se parte significativa da fatia das economias serão gastas com problemas de saúde ocasionados por estresse, por má alimentação, por uma vida sedentária. Doenças que são desenvolvidas pelo estilo de vida dos grandes centros tem um alto custo financeiro e os remédios são apenas paliativos e não conseguem devolver a qualidade de vida que a saúde proporciona. Muito dinheiro, mas com saúde precária é muito pior do que possuir pouco dinheiro, mas com saúde. O SEU MAIOR PATRIMÔNIO É SUA SAÚDE. Além disso, os gastos com saúde podem ser exorbitantes e, pior, não trazem de volta a qualidade de vida; então, cuide de sua saúde, pois é seu maior patrimônio. Coloco novamente alguns pontos de sugestões e de alerta para reflexão:

- faça exercícios e não se estresse. Essa receita simples fará você economizar muito dinheiro e viver muito melhor e por muito mais tempo. Estudos mostram que viver nervoso, com rancor reduz seu tempo de vida e sua saúde e ainda te deixa triste;

- vejo hoje em dia muito refrigerante, muito açúcar, muito sal, muitos embutidos, muita gordura, muitos hormônios na alimentação, muito estresse com coisas fúteis (trânsito, por exemplo). Não precisa ser médico para saber que o resultado disso tudo é: doenças de todo tipo, pilhas de remédios, vida cansada, entre outras coisas ruins. Sobrará pouco tempo, pouca disposição, pouco dinheiro e haverá baixa eficiência de produtividade. Isso tudo traz consequências negativas para todos, exceto para a indústria da "saúde";

- boa parte das pessoas vivem nos grandes centros urbanos com muita poluição sonora, e de combustíveis fósseis, paredões de concreto tangenciando avenidas movimentadas, gente nas ruas sem um lar, paisagens artificiais vazias. Isso tudo traz estresse e deixam as pessoas tristes;

- o tempo de vida das pessoas que estão inseridas nos grandes centros acaba diminuindo. Além disso, o período de acumulação de recursos necessário para a aposentadoria aumenta, e a qualidade de vida no presente e futuro tende a ser baixo;

- é necessário ser econômico e investir no conhecimento. Se for fazer uma faculdade ou um curso técnico, avalie bem o curso a ser escolhido e estude. Aproveite bem o tempo e aprenda o máximo com os bons professores;

- postergar um pouco o ingresso no mercado de trabalho e investir na carreira para obter um bom emprego é melhor do que um emprego imediato de baixo salário e pressão;

- é fundamental cuidar da sua alimentação; cuide com o sal e carnes vermelhas. Não sou especialista nisso, mas leia um pouco sobre alimentação saudável. Se for possível escolha o interior onde possa cultivar boa parte de sua alimentação sem agrotóxicos e respirar um ar melhor. Procure evitar alimentos processados. Processado significa produtos químicos para conservar e muito sal, tudo que faz mal;

- o estresse do dia a dia pode acabar deixando as pessoas irritadas e isso pode se refletir em uma postura agressiva com as pessoas. Não discrimine e seja tolerante. Exigir perfeição é exigir de alguém o que nunca seremos. Tratar bem o próximo vai fazer bem a todos inclusive a você;

- observo que não há mais respeito com os mais velhos. Acredite, amanhã será você e pessoas mais velhas continuam com sonhos da juventude, embora geralmente esmagadas pelo mundo que vivemos hoje;

- um ponto crucial é não reclamar e olhar as coisas positivas. O mundo que nos cerca pode ser visto pela ótica negativa e pensamentos ruins só trazem pensamentos ruins, ou seja, acelera a tendência negativa dessa ótica. O pensamento é algo poderoso. Pense positivo. Veja as coisas positivas. Se viver reclamando, sua vida será vazia, com rancor e tal negação contaminará o ambiente prejudicando inclusive quem você gosta. Se algo não deu certo pense que isso pode ter sido sorte sua. Tal ocorrência pode ter evitado algo de ruim que poderia acontecer na sequência. Pense positivo. Nos momentos complicados é sempre importante lembrar que não há tempestade que dure para sempre.

1.5 Viver de forma consciente

Uma vida simples e de forma saudável sempre buscando informações sobre educação financeira é importante para viver a vida plenamente. Nesse sentido coloco alguns pontos a serem observados. Alguns conceitos foram repetidos de forma intencional para alertar o leitor:

- é fundamental ser econômico. Gerencie seus gastos e não desperdice. Isso vale nas ações simples como a compra em quantidades adequadas de frutas e verduras evitando-se o desperdício pelo curto prazo de validade;
- viva cada momento, mas lembre-se da vida simples, no que de fato vale a pena. Por exemplo: vou fazer aquela viagem para postar nas redes sociais e obter aprovação dos "amigos". Esse tipo de ação não vai agregar algo útil para a sua vida;
- em cidades grandes, o custo de vida é muito superior ao de cidades pequenas. Se possível, fuja das grandes cidades. São lugares muito caros com ar poluído e ruídos sonoros por todo lado. Há muito estresse, violência, pessoas vivendo na miséria. Tudo isso só traz tristeza. Vejo gente que se endivida comprando imóvel de mais de um milhão de reais nessas cidades com custos de IPTU (Imposto Predial e Territorial Urbano) e condomínio exorbitantes e para sempre;
- não seja escravo do dinheiro em todos os sentidos, mas lembre-se que

você precisa de dinheiro para viver, ou terá que viver sem o conforto que o mundo moderno possibilita. O conhecimento de educação financeira (conteúdo que está neste livro) vai te ajudar em equilibrar sua vida financeira e construir um patrimônio que gere renda e te trará mais qualidade de vida.

Uma vida simples e consciente no interior, requer muito menos recursos de capital para se viver. Avalie esse cenário, ao invés de viver uma vida artificial nas cidades grandes. No interior o custo de vida menor já começa pelos impostos de moradia; os valores de IPTU e taxas de condomínio costumam ser bem menores. No interior existe mais possibilidade de se ter contato com a terra, de se morar em uma casa. Nas cidades grandes a poluição sonora é intensa e a maioria das pessoas moram em apartamentos sendo que muitos desses apartamentos situam-se em edificações tangenciando avenidas. Umas verdadeiras caixas de concreto que entristece o olhar. Internamente, o conforto dessas edificações é, em muitos casos, lastimável pelas construções e acústica precárias cuja privacidade dos vizinhos acabam interferindo no nosso conforto. O resultado disso tudo é a necessidade de remédios para insônia e ansiedade, quando estamos corrigindo de forma artificial um problema que não está em nós. Um conselho que dou a você leitor: fuja de apartamentos. Esse tipo de habitação não condiz com a natureza humana. Não fomos feitos para viver em caixas de concreto.

A poluição sonora nos grandes centros traz tanto impacto na vida das pessoas que cabe fazer uma abordagem mais ampla para alertá-lo dos aspectos nocivos provocados pelo excesso de ruídos. Pesquisas têm mostrado que a poluição sonora traz grande estresse na vida das pessoas e isso influencia todo o metabolismo do corpo inclusive do coração.

A vida nas cidades é carregada de ruídos e em países cuja legislação é praticamente inexistente, ou quando existente não é aplicada, esse problema é intensificado pela atitude das próprias pessoas. São festas realizadas na rua com invasão do espaço público e do nosso conforto pelos ruídos causados. São imóveis mal construídos cuja descarga do banheiro do vizinho ou o simples andar interfere no conforto do vizinho debaixo ou ao lado. Além disso, muitos imóveis são construídos tangenciando paredões de avenidas de fluxo intenso sem a preocupação com o isolamento acústico. São motocicletas, que devido a adulteração da descarga, produzem mais poluição sonora do que um veículo de transporte de carga e isso aos olhos da fiscalização do trânsito que nada faz. Os ruídos das motocicletas também são intensificados pelo mal uso destes veículos onde os usuários aceleram de forma intencional e desnecessária nas avenidas e cruzamentos.

No próprio ambiente corporativo os ambientes são construídos com a única preocupação de economizar em espaços, onde dezenas e até centenas de pessoas trabalham como se fosse uma feira livre. Aliado a tudo isso nota-se que as pessoas não conseguem ficar em silencio por 1 (um) minuto se quer. Falam alto, rindo, gritando, talvez como forma de colocar para fora a tristeza profunda e preocupações que sentem quando estão em silencio em momento de reflexão da vida vazia que vivem. Eu poderia continuar citando exemplos sobre o assunto que preencheriam diversas páginas do livro, mas o objetivo aqui não é esse e sim alertar para o mundo das cidades que grande parte das pessoas vivem. Dá para entender, porque as pessoas apresentam tantos problemas de insônia e fazem uso de perigosos remédios para estimular o sono e controlar a ansiedade. Isto poderá comprometer sua saúde e ainda penalizar seu bolso. Confronte tudo isso com uma vida simples no interior, cujo silencio somente é interrompido pela cantoria da natureza. Uma verdadeira sinfonia para os ouvidos, para a mente, para nosso sono e alma.

Potencializando os efeitos nocivos do excesso de ruídos está a ansiedade provocada pelo excesso de redes sociais e do uso de celulares. Pense quantas vezes por dia você olha o celular. Noto que as pessoas não conseguem se concentrar em uma atividade pela conectividade contínua ao celular o que traz ansiedade. Esse mal provocado pelas redes sociais não existia até alguns anos atrás e é muito preocupante. Os impactos desses excessos na saúde das pessoas ainda não são conhecidos a fundo, mas pesquisas já mostram que é mais uma escravidão trazendo vazio e tristeza e mais uso de medicamentos para controle de ansiedade e do próprio sono. Muitos acidentes no trânsito e no trabalho e a própria perda da produtividade e da criatividade das pessoas têm sido relacionados ao uso excessivo de celulares e das redes sociais. Direcionar um tempo paras as redes sociais não é o problema, mas sim o excesso se torna problema. Quando boa parte do tempo é gasto em redes sociais, o resultado é baixa produtividade, ansiedade e uma sensação de maior necessidade de estar conectado. LIBERTE-SE DA ESCRAVIDÃO!

1.6 O dilema do tempo: acumular e viver

A vida é maravilhosa e precisamos agradecer a cada novo dia de vida. Poder observar e sentir as coisas simples da vida, como escutar os sons da natureza, observar o sol nascer com o orvalho das plantas. Observar as nuvens formando uma tempestade. O cheiro da chuva, a estética do frio, o cheiro de um bolo no forno, os cachorros pulando de alegria no gramado quando o dono retorna à casa. Acordar e sentir o cheiro do café. Poder rolar no cobertor e não se preocupar com horário. Poder cultivar os alimentos, manuseando a terra e sem utilizar agrotóxicos. Tudo isso são coisas tão simples, mas tão ricas que não há dinheiro que compre. São tão ricas que parecem escassas atualmente estando cada vez mais distantes de nós diante do mundo agitado em que vivemos. Quanto dinheiro é preciso para viver esses exemplos citados? Uma vida assim faz o tempo ser inquestionado, porque simplesmente vive-se em harmonia. Este estilo de vida contrasta com pessoas que dão muita importância à vida corporativa e não renunciam a viagens à Disney, ou algo do gênero. Outros milionários e até bilionários infelizmente não provarão dessa vida, porque acabam vivendo um mundo de certa forma artificial onde o poder, o *status* na sociedade se tornam mais relevantes. Em uma escrita popular, um certo dia li uma que me chamou atenção do que era ser rico. Lá dizia que ser rico era poder ter uma casa na beira de um rio, poder ir pescar, poder dormir até mais tarde e sem preocupações. Já ser pobre era a necessidade de usar terno, sufocado em prédios, acordar cedo, viver tomando remédios para o sono e, finalmente conseguir ser rico quando comprava uma casa na beira do rio, no fim da vida!

A figura 1.1 ilustra o dilema do tempo. Nela está representado um cenário simples de vida, mas que tem um valor inestimável. Na figura está também representado o tempo, o qual só avança, ou seja, não volta. É preciso escolher uma forma de vida que tenha equilíbrio entre acumular e viver, sempre lembrado que uma vida simples implica na necessidade de menos tempo de acúmulo de capital para se viver o futuro, quando será mais difícil trabalhar.

Figura 1.1: Ilustração do dilema do tempo

FINANÇAS INTELIGENTES

Não é fácil se libertar da educação capitalista que estamos mergulhados. Críticas por parte da sociedade não faltarão a certas decisões a serem tomadas. Reflita sobre a vida. Uma vida cheia de luxos vai fazer você trabalhar muito mais e posso te garantir que isso não te fará mais feliz daquele que vive uma vida simples e pode se retirar da "escravidão" cedo para seguir outras motivações sem maiores preocupações com questões financeiras. Uma vida simples fará você viver bem, acumulando capital para libertá-lo do trabalho "obrigatório", do "semiaberto". Você certamente continuará trabalhando, mas não havendo maiores preocupações com as finanças você poderá dedicar o tempo aos seus projetos, aos seus sonhos e estará livre de verdade para viver!

Essa liberdade só ocorre com a educação financeira e este livro vai te ajudar nisso. Invista na educação financeira. O conhecimento é libertador. Há pessoas que têm mais afinidade com a área de finanças e acabam tendo mais interesse pelo assunto, mas esse assunto é importante para TODOS. Quando possível, leia textos de jornais, blogs e até mesmo outros livros sobre o tema. O conhecimento é uma construção; assim como um edifício é construído de tijolo a tijolo, o conhecimento numa nova área também o é. Por isso, invista na educação financeira e este livro vai servir como um guia para você. Vou colocar alguns pontos de atenção que podem te libertar do trabalho ainda na juventude e lhe proporcionar mais qualidade de vida. São exemplos e sugestões colocados aqui de forma a instigá-lo:

- *penso em trocar de carro, pois o meu tem três (3) anos de uso e está com 40.000 km.* A sugestão é avaliar se o carro com 40.000 km não atende as suas necessidades. Um adiamento na troca pode resultar em uma economia para se investir;

- *determinado carro é um lançamento, muito bonito, custa R$30.000,00 a mais do que um que já é bom e penso em comprar o mais bonito.* Minha sugestão é lembrar que é com o seu trabalho que terá que pagar essa diferença. Cabe avaliar se não é melhor investir esses R$30.000,00;

- *penso em comprar uma TV nova com tela maior e com áudio melhor, mas vou financiar com juros de 2% a.m., quando a taxa básica da economia, conhecida como SELIC é por volta de 1% a.m.* Minha sugestão é avaliar a necessidade da compra. Se for fazer a compra a sugestão é pagar à vista mediante acúmulo de dinheiro até atingir o montante necessário;

- *penso em seguir o conselho da sociedade de que o melhor mesmo é viver. Para que guardar dinheiro, se não se leva nada dessa vida?* Minha sugestão é lembrar da aposentadoria, das incertezas do INSS. Também é importante não

- *confio no INSS para o futuro e conto com o governo, assim gasto tudo que ganho.* Minha sugestão é fazer sua previdência através de acúmulo de ativos e não confiar no governo para sua aposentadoria. O INSS está em desequilíbrio financeiro hoje, imagine no futuro com uma parcela maior da população envelhecendo;

- *vou investir em imóveis ao invés de RF (renda fixa), pois imóvel valoriza muito mais.* Minha sugestão é avaliar o retorno dos imóveis e da RF e cuidar com o conflito de interesse de quem vende imóveis. O capítulo 8 traz uma abordagem sobre imóveis;

- *gosto de estar na moda. Em cada estação o estilo das roupas muda e eu renovo o armário.* Minha sugestão é fazer uma reflexão. Não é fácil se libertar das redes sociais, da opinião das outras pessoas. Acredito que a verdadeira admiração vem da bondade das pessoas, de se doar, de ajudar o próximo, da empatia. Uma vida de aparência só induz a gastos desnecessários e traz ansiedade;

- *no armário há 10 pares de calçados e uma quantidade de roupas imensa que até nem lembro de todas. Algumas não uso a quase um ano.* Uma sugestão é reduzir essa quantidade, doando ou vendendo e fazendo novas compras com mais parcimônia. O vestuário em excesso representa um dinheiro que poderia estar investido para a sua previdência e ainda há o custo ambiental;

- *datas comemorativas é para se presentear com extravagância.* Reflita sobre as datas comemorativas. São datas que a meu ver foram criadas pelo mundo capitalista para favorecer o consumo.

1.7 Dívidas

Um ponto crucial na construção do patrimônio que dê a tranquilidade financeira é não fazer dívidas. Não faça dívidas. Me refiro a dívidas com pagamento de juros. O cartão de crédito, desde que pago em dia, é uma dívida que não acarreta juros. Pessoa física não deve fazer dívidas, porque os juros cobrados, principalmente no Brasil, são altos demais pelo risco da inadimplência. Uma exceção, ainda que não seja consenso, é dívida de financiamento imobiliário pela garantia do próprio imóvel acarretando juros bem mais baixos do que os financiamentos tradicionais. No Capítulo 8 esse assunto é tratado.

Pelos riscos inerentes ao país, os juros de empréstimos são muito elevados. Contrair dívidas no Brasil é quase uma sentença de escravidão corporativa. O tempo que tanto precisamos é derretido, porque é necessário ficar muito mais tempo no semiaberto para pagar os juros da dívida. O que é mais desanimador disso tudo, sem usufruir do trabalho adicional realizado. Quem vai usufruir é quem emprestou o dinheiro. Planeje suas finanças para não fazer dívidas e para isso é necessária construir uma reserva de emergência, assunto que será retomado no próximo capítulo. Muita atenção com relação ao cartão de crédito. A divisão das compras em muitas parcelas nos induz a acreditar que o gasto é menor. Se você tem dificuldades em gerenciar seu cartão de crédito, não utilize esse recurso. Pague tudo à vista. LIBERTE-SE DA ESCRAVIDÃO! Alguns pontos que vale a pena enfatizar neste momento.

- gaste menos do que você ganha e guarde uma parte, mesmo que pouco. Só de gastar menos do que você ganha, já fará um grande negócio. Se gastar mais, pagará taxas exorbitantes devido aos riscos do dinheiro emprestado e dos lucros das instituições financeiras e você terá que trabalhar cada vez mais com recursos cada vez mais limitados. Ou seja, só perderá qualidade de viva;

- existe um ditado que diz "quanto mais se ganha, mais se gasta", então é preciso cuidado com isso;

- é possível acumular um valor X tal que a rentabilidade REAL gerado desse acúmulo seja a aposentadoria. No capítulo 2 este assunto será abordado;

- geralmente o argumento das pessoas que não economizam e vivem pagando juros é que não sobra dinheiro. Mas pessoas nessa situação geralmente quando um dinheiro a mais surge, a mente abre para um novo consumo. Independente de quanto se ganha, é importante reservar, de forma rotineira, uma parte para compor seu patrimônio e não mexer nesse patrimônio na fase de acumulação como será visto na sequência;

1.8 Uma mentalidade que te enriquece

Se você me pedisse um só conselho para prosperar financeiramente eu te diria para não fazer dívidas. Mas para não fazer dívidas é necessário observar os demais conceitos da educação financeira. É preciso uma mentalidade treinada para gastar menos do que se ganha. Investir de forma eficiente essas economias também é importante, mas gastar menos do que se ganha é muito mais importante. Se você não observar esse ponto, além de não conseguir acumular patrimônio, vai acabar contraindo dívidas e, ficará muito difícil sair do atoleiro financeiro.

Um salário bom, vários empregos, várias fontes de rendas trazem um potencial grande de geração de patrimônio, mas muitas pessoas nessa condição estão com as finanças comprometidas, vivem cheias de preocupações financeiras, se desgastam com a família, vivem com uma carga cada vez maior de trabalho e são infelizes. O dinheiro sozinho não garante a felicidade, mas quando há falta dele, a vida fica bem mais difícil.

As armadilhas que desviam da trajetória do caminho do enriquecimento são muitas e uma delas está na própria família. Possivelmente dentro da família haverá pessoas com uma mentalidade muito pobre financeiramente. Para essas pessoas os argumentos são "não sobra dinheiro, ganho pouco, tenho que pagar imposto, tenho que pagar empréstimo da dívida que precisei fazer..." e vivem rondando e se queixando com quem tem uma mentalidade de enriquecimento e está formando patrimônio. Quando se avalia porque essas pessoas estão nessa situação se observa que o problema está na mentalidade pobre financeiramente. Essas pessoas gastam sem planejamento e muitos desses gastos são desnecessários e pior, boa parte da renda está comprimida com juros. É preciso saber lidar com essas situações. Geralmente são pessoas muito próximas, de que gostamos e a tentação de ajudar e ajudar e ajudar... pode prevalecer. O cuidado que digo não é de se negar a ajudar e sim avaliar muito bem, porque um dinheiro que vem fácil, vai fácil e essa ajuda pode se tornar uma obrigação e ao invés de melhorar a qualidade de vida do familiar ocorre uma piora. Uma sugestão que faço é conversar com o familiar e procurar ajudar com orientações primeiramente. Avalie com muito cuidado se você deve ajudar financeiramente. Lembre-se que você direcionará parte do seu dinheiro ao familiar, no entanto, é importante avaliar se isso de fato vai colocá-lo na trajetória da prosperidade. Se isso não acontecer, esse dinheiro vai virar literalmente pó e em pouco tempo é como se nada tivesse sido feito.

A mentalidade que enriquece é gastar menos do que você ganha (economizar ao menos 20% dos proventos), investir continuamente as economias e na fase de acumulação não mexer nesse patrimônio. Para isso será necessária uma vida sem exageros de consumo, **sem dívidas** e ainda não mexendo no patrimônio construído. Esse patrimônio será usufruído no futuro a ser definido por você, por exemplo, quando você atingir a independência financeira.

1.9 Os desafios do futuro

O objetivo dessa seção é alertar o leitor sobre os desafios do futuro em termos de empregos, de renda, de aposentadoria, do envelhecimento da população, de dívidas dos países e da assistência dos governos à população. É fundamental entender a complexidade e gravidade do cenário mundial das contas públicas e os reflexos sobre a população. Esse cenário desafiador para nós deve servir como inspiração para a construção da própria previdência e não depender do governo.

Está claro que os países estão endividados, ou seja, utilizaram recursos de gerações futuras para manter um nível de assistencialismo e de gastos públicos que não se mostrou sustentável. As gerações futuras terão que pagar essas dívidas em um cenário desafiador de renda e empregos. Grande parte dos governos estão com as dívidas públicas muito elevadas e precisam aumentar a arrecadação para honrar todos os compromissos (incluindo os juros). Como agravante, a população mundial está envelhecendo e isso implica em aumento dos gastos com previdência e uma diminuição da parcela da população na ativa.

Trazendo para a realidade do Brasil observamos um endividamento público crescente e uma pressão muito grande das forças políticas para mais gastos público. Os gastos obrigatórios, como os gastos com a previdência só aumentam, mas a economia está estagnada há anos. O desemprego tem estado em níveis elevados com muitos profissionais na informalidade. A renda média do brasileiro vem caindo e muitos estão com dificuldade de pagar as contas básicas. Para essas pessoas a luta é diária pela sobrevivência e acabam deixando de contribuir para o INSS o que agrava ainda mais o equilíbrio do sistema previdenciário público brasileiro. Olhando para o futuro, mesmo sendo otimista, é difícil acreditar que o INSS (por exemplo), conseguirá manter os benefícios atuais e prover benefícios à crescente massa de brasileiros que ingressam na previdência pública. Nem mesmo a reforma da previdência que passou a valer a partir de 13/nov/2019 resolveu o equilíbrio financeiro do INSS. Outras reformas na previdência pública provavelmente serão necessárias alongando mais a idade mínima para aposentadoria e reduzindo os benefícios através de fator redutor ou ainda desindexando a inflação nos benefícios. Além disso, os benefícios do INSS têm como balizador o salário mínimo e a tendência é ele continuar se depreciando reduzindo o poder de compra. Pagar o INSS é importante, ao menos sobre o benefício mínimo, mas na minha visão as pessoas não deveriam contar apenas com o INSS para sua aposentadoria. É importante ir construindo sua aposentadoria com aportes em ativos de valor. No período da aposentadoria o acúmulo de ativos de valor vai gerar a renda para aposentadoria e o INSS será apenas um complemento.

A situação caótica dos países em termos de contas públicas é apenas um dos problemas. Os empregos também estão cada vez mais escassos e os salários vem caindo. Além disso, a taxa de natalidade vem se reduzindo ano após ano. Na linha do assistencialismo, os gastos vêm aumentando com o envelhecimento da população que demanda mais saúde e previdência. Assim para quem possui ativos acumulados também devem ser impactados principalmente por uma maior taxação dos governos e por menores rentabilidades visto o empobrecimento e envelhecimento da população. Para exemplificar, considere um imóvel como ativo. A tendência é a população não conseguir pagar o aluguel atual corrigido pelos índices de inflação visto que os salários não são corrigidos plenamente, ou ainda devido ao aumento do desemprego. Assim, a rentabilidade gerada pelo imóvel tende a ser menor no futuro.

Ainda com relação ao Brasil, existem vários agravantes. Embora tenhamos uma população mais jovem quando comparado a países da Europa e o Japão, temos uma legislação precária, inflada de direitos, mas sem, no entanto, apontar a fonte dos recursos para honrar tantos direitos. Pela constituição, quem nasce no Brasil nasce com muitos direitos, mas não houve a preocupação de apontar na legislação a fonte dos recursos e na prática a maior parte desses direitos não são atendidos. O país também possui um funcionalismo público inflado com salários bem superiores da realidade dos empregos privados e ainda com estabilidade o que induz a improdutividade. Além disso, o país possui um judiciário complexo e caro onde cabem recursos nas decisões que gera confusão até mesmo à população mais informada. Para agravar a situação temos uma educação muito precária incluindo a educação financeira com uma parcela cada vez maior da população acreditando no estado assistencialista como salvação. Boa parte da população acredita que o governo precisa prover a saúde, a educação, a habitação, a creche, o transporte e o pão de cada dia sem questionar de onde vão sair os recursos. Os programas sociais são fundamentais até para assistir, por exemplo, pessoas com alguma deficiência. O problema é quando uma fração muito relevante da população passa a depender e exigir o assistencialismo e os políticos fazem uso dos programas para fins eleitorais. A tendência é a formação da miséria entre todos. A mentalidade e atitude diz muito sobre um país. Quando se coloca, por exemplo, que eu tenho direito a uma espiga de milho, mas eu não plantei o milho, alguém terá que plantar duas espigas e me dar uma das espigas. Quando isso se torna a regra e não a exceção, condena-se o país à miséria. Direitos e mais direitos sem os deveres cria-se um ambiente de pobreza para quase todos. Observe que existe um assistencialismo necessário, o problema está nos exageros e nos fins políticos o que traz incertezas e fuga de investidores aumentando o risco país e, consequentemente, o aumento dos juros e a redução dos empregos.

Esta seção pode ter trazido uma visão pessimista sobre o futuro, mas o objetivo é de alerta e mostrar a importância da educação financeira para uma vida mais tranquila. É possível que o futuro não seja tão complexo, mas é fato que há indicadores fortes de que a tendência é de piora em termos de empregos, de assistencialismo, de INSS, de impostos e de rentabilidade real sobre os ativos. Isso tudo fortalece a necessidade de uma vida simples de acúmulo de patrimônio para não passar necessidades básicas na fase mais complexa (na velhice). Este livro vai te ajudar no seu planejamento financeiro trazendo informações essenciais para você não depender do governo e ter a tão sonhada liberdade financeira. Essa liberdade só ocorre com a educação financeira. Invista na Educação Financeira!

IVANILTO ANDREOLLI

2 INDEPENDÊNCIA FINANCEIRA

Neste capítulo algumas definições serão apresentadas para que você construa o caminho da tão sonhada independência financeira. O capítulo é conceitual e esses conceitos serão fundamentais para você construir sua independência financeira em bases fortes igual se constrói uma edificação sólida partindo de boas fundações. Definições da própria independência financeira, da liberdade financeira, da taxa segura de retirada entre outros serão aqui apresentados. Os próximos capítulos trazem, então, ferramentas para ajudar o leitor no planejamento e na avaliação das diferentes alternativas de investimentos e, assim, acelerar a construção da sua independência financeira de forma eficiente, segura e de forma harmoniosa, sem deixar de viver cada fase da vida.

2.1 A independência financeira

O dinheiro é necessário para que possamos primeiramente atender as necessidades básica e, posteriormente, agregar qualidade de vida nas nossas vidas. Parcela significativa da população vive em constante preocupação em honrar os compromissos financeiros tais como a parcela do carro, da escola, do financiamento imobiliário ou até de colocar comida na mesa. Essas pessoas acabam se sujeitando às pressões do mundo corporativo, porque não podem deixar de trabalhar 1 (um) mês se quer, pois não possuem uma reserva financeira. Se essas pessoas conseguissem economizar continuamente parte do salário e investissem essas economias, o montante acumulado poderia trazer certa tranquilidade financeira. Se essa economia fosse significativa e consistente no tempo, após alguns anos essas pessoas não precisariam mais se submeterem a certas situações que ocorrem no mundo corporativo e poderiam buscar novos desafios. O momento que se atinge a maior tranquilidade financeira é quando o montante é tal que este gere uma renda que cubra as despesas de sua família. Essa é a definição de independência financeira (IF).

Pode parecer uma utopia conquistar a IF com o trabalho e economias, mas posso garantir a você que é sim possível e vale muito a pena. O mundo corporativo com a independência financeira ou ao menos com certa tranquilidade financeira é muito mais leve trazendo qualidade de vida para você e sua família. Não precisar se sujeitar às atitudes de certos gestores não tem preço, mas isso só é possível quando você já possui certa tranquilidade financeira. Essa tranquilidade financeira é construída com as economias do trabalho, não fazendo dívidas, cuidando da saúde e sendo econômico.

A construção da IF é feita da mesma forma que a construção de uma casa, ou seja, de tijolo a tijolo, mas na construção da IF cada economia feita pode ser investida e este investimento faz o montante crescer mais e mais através do que chamamos de juros compostos. Ou seja, o valor economizado gera juros que se soma ao valor economizado que gera ainda mais juros em um ciclo de enriquecimento. É o dinheiro trabalhando em seu favor. Observe que os juros agora estão a seu favor e estão sendo pagos pelas pessoas que estão buscando crédito. Essas pessoas que estão buscando crédito, infelizmente, têm pouca chance de adquirir a IF e terão que ficar muito mais tempo no mundo corporativo com todas as preocupações existentes nesse meio.

Como exemplo de construção da IF eu cito o meu caso. Não herdei bens, mas aprendi desde cedo a necessidade de gastar menos do que eu ganhava para poder cobrir momentos de escassez de renda. Também observei que era necessário investir na educação para conseguir um salário maior e conseguir aumentar o aporte para a construção da tranquilidade financeira. Fiz um esforço significativo na minha formação e na obtenção de uma boa vaga de trabalho, mas só isso seria em vão na construção da IF se não houvesse a consciência da necessidade do ato contínuo de economizar e de investir essas economias. Assim o fiz sempre. Foi de tijolo a tijolo que consegui adquirir a IF cedo e isso, posso afirmar, me trouxe uma tranquilidade muito grande no mundo corporativo. A decisão hoje está comigo entre permanecer ou sair do mundo corporativo, de ceder ou não a certas pressões. Na minha trajetória da busca da IF eu iniciei no mundo corporativo com salário baixo, mesmo assim economizei parte do que ganhava e sempre me preocupei com a minha saúde cuidando da alimentação e praticando esportes. Com essas economias iniciais pude me manter no início da faculdade e, além disso, me possibilitou, posteriormente adquirir um pequeno imóvel e, com isso, evitando pagar aluguel. Meu patrimônio continuou evoluindo e posteriormente, melhorando minha formação, pude ingressar em uma grande empresa e os aportes aumentaram. Diversificando esses aportes em valor fui construindo a minha IF. Observe que nessa trajetória, foi importante sempre economizar parte do salário e aportando "tijolo a tijolo" na edificação da IF. Além disso, foi fundamental construir uma reserva de emergência para não precisar mexer nos investimentos durante a construção da IF.

É importante notar que um alto salário não é sinônimo de se adquirir a IF. Salário crescente também traz, normalmente, gastos crescentes. É importante manter o foco de uma vida simples, sem excessos, aproveitando cada momento de forma harmoniosa e cuidar da saúde. Quando não há excessos de consumismo, a fração do salário acumulado é maior ajudando na antecipação da IF. É preciso também ficar claro que cada economia resulta em um aporte para a IF e este aporte, investido no longo prazo, fica trabalhando a nosso favor através dos juros compostos contribuindo para a antecipação da IF.

A IF é o mundo ideal em que na teoria não haveria mais necessidade de se trabalhar, mas mesmo que não se atinja a IF, o montante acumulado pode ajudar na renda possibilitando-se trabalhar menos. Além disso, ter uma boa reserva financeira traz tranquilidade financeira em momentos de escassez de renda salarial ou em momentos de gastos além do esperado.

Para ajudar na construção da sua IF é importante observar os seguintes aspectos:

- Cuidar da sua saúde;
- Não fazer dívidas e se houver, quitá-las;
- Investir continuamente na sua formação;
- Construir uma reserva de emergência;
- Gastar menos do que você ganha e investir as economias;
- Procurar não mexer nessas economias ao longo da fase de acumulação.

Observe que os primeiros 4 (quatro) itens acima ajudam na construção da sua IF indiretamente e reduzem o montante necessário. Por exemplo, se não cuidar da saúde, vai ser necessário um montante maior, pois os gastos com saúde serão maiores. O penúltimo item é propriamente os aportes para a IF. Os demais capítulos do livro vão abordar como investir esses aportes para fazer com que essas economias cresçam com o tempo de forma sustentável e segura.

2.2 A diversificação nos investimentos

Não menos importante do que economizar continuamente é considerar a diversificação dos investimentos. O tema é simples, mas cabe uma seção sobre o mesmo devido a sua importância na construção da IF. Ao se falar de diversificação vale o ditado popular que não se deve colocar todos os ovos em uma mesma cesta. Embora popular, esse ditado é muito válido nos investimentos. Qualquer que seja o investimento há riscos associados e é muito difícil enxergar todos os riscos envolvidos. Assim, por melhor que seja o investimento, respeite a diversificação. A diversificação nos protege dos riscos e trabalha a nosso favor na construção da IF.

Considere, para exemplificar, que você observa que uma determina empresa tem alta taxa de retorno, fabrica um determinado equipamento e não há concorrência e resolve alocar todas suas economias de uma vida nessa empresa. Ocorre que após alguns anos novas tecnologias tornaram o produto obsoleto e a empresa acaba falindo ou perdendo grande parte do seu valor. Algo que parecia muito bom se tornou ruim pelo dinamismo da economia. Esse exemplo hipotético já ocorreu inúmeras vezes no passado com empresas consideradas muito boas, lucrativas de boa governança. Agora considere que você tivesse alocado suas economias em 15 empresas consideradas boas. Provavelmente alguns negócios teriam ido mal, mas outros teriam ido muito bem e, no geral, o investimento como um todo teria sido bom. Costuma-se dizer que alguns investimentos possuem uma assimetria muito favorável ao investidor, ou seja, enquanto o limite inferior é zero (perda total do valor investido), o limite superior não há e a diversificação pode tirar proveito dessa assimetria. Investir em um único ativo traz um risco muito alto, porque pode ir a zero (perder todo o valor investido), mas investir em uma cesta de ativos, a chance de todos ir a zero é muito baixa e a chance de um ou mais desses ativos ter um retorno muito acima da média é significativo. Nessa linha de raciocínio é importante nos investimentos olhar sempre a floresta e não uma árvore individual, mas uma boa floresta só é constituída pela diversificação.

FINANÇAS INTELIGENTES

Uma sugestão é não alocar mais de 5% do patrimônio em um mesmo investimento, por melhor que possa parecer este investimento. Lembre-se que não conseguimos enxergar todos os riscos envolvidos. Muitas empresas que eram excelentes no passado, hoje não existem mais. Qualquer que seja o investimento, até mesmo a famosa poupança, há riscos envolvidos. Mesmo que você estude bastante o tema de finanças e se considere um ponto fora da curva do conhecimento, diversifique. Se você estudar bastante, provavelmente escolherá melhor os investimentos, mas, mesmo assim, há variáveis não determinísticas envolvidas. Vivemos em um mundo de baixa previsibilidade. Podemos fazer uma previsão do amanhã, mas essa previsão não é determinística. Focando nos investimentos a forma de nos proteger da imprevisibilidade da economia é a diversificação. A pandemia iniciada no começo de 2020 é um exemplo da imprevisibilidade. Assim deve-se diversificar em um mesmo investimento (por exemplo, várias ações) e entre investimentos (por exemplo, entre ações e renda fixa). A diversificação pode ser realizada inclusive entre países, montando uma carteira com ativos no Brasil e no exterior.

Na diversificação, escolha somente ativos de valor, ativos que você aceitaria ser sócio. Os ativos de valor terão robustez perante crises e nos darão tranquilidade na busca e na manutenção da IF. Ativos que não têm valor apresentam alto risco e podem nos derrubar no caminho da busca da IF ou retirar nossa tranquilidade na fase de viver a IF. Observo pessoas que correm de um investimento para outro porque naquele ano o investimento X performou melhor, o ativo Y performou melhor e ficam girando patrimônio. Um ativo ruim pode, em uma curta janela temporal, ter uma melhora e trazer um alto retorno trazendo a sensação de bom investimento, mas quando se olha o longo prazo, o desempenho é fraco. Com um ativo bom não é diferente. No curto prazo tudo pode acontecer, mas no longo prazo o retorno vem. É necessário ter a paciência e esperar o longo prazo para que os ativos de valor tragam o retorno. Diversificando, por exemplo, em ações, o risco fica baixo quando se considera mais de 10 anos. Acima de 15 anos o risco é menor do que a RF como mostrado no livro "Investindo em Ações no Longo Prazo" do autor Jeremy Siegel."

Ainda com relação a ativos de valor, pode ocorrer de algum ativo da carteira perder valor (qualidade). Se desfazer de um ativo não é simples. Saber o momento de sair e se de fato o ativo perdeu o valor é uma decisão complexa. Se a diversificação da sua carteira é forte, uma opção é simplesmente nunca se desfazer dos ativos e sim deixar o ativo duvidoso em quarentena parando de aportar nele.

A mensagem que fica dessa seção é de **diversificar** sua carteira, mas somente com **ativos de valor**. Se tiver ativos de valor, **não gire seu patrimônio**. Mantenha esses ativos o máximo tempo possível. Ao girar patrimônio, o sistema ganha através das taxas e impostos e você perde parte do patrimônio.

2.3 O que importa são taxas reais de juros

A inflação é um conceito econômico que representa o aumento persistente e generalizado do preço de uma cesta de produtos em um país ou região durante um período definido e pode ter diversas causas, como emissão exagerada e descontrolada de dinheiro por parte do governo, aumento da demanda ou ainda aumento dos custos de produção. Simplificadamente a inflação corrói o poder de compra. Por exemplo, se 1kg de arroz custava em dez/2017 R$2,00 e em dez/2018 custava R$2,1, então se alguém resolveu guardar o dinheiro em casa entre dez/2017 e dez/2018, não conseguirá comprar a mesma quantidade de arroz em dez/2018 que compraria em dez/2017. Ou seja, houve uma inflação de 5% no arroz e o dinheiro perdeu poder de compra. Na prática, a inflação é definida através de índices, como o IPCA (Índice Nacional de Preços ao Consumidor Amplo) onde entra uma cesta de produtos para o seu cálculo.

O importante na escolha dos investimentos é se ater à rentabilidade real a qual é definida como a rentabilidade isenta da inflação. De forma simplificada, considere que a inflação no ano de 2017 foi de 5%. Se alguém investiu R$2,00 em 2017 e obteve em 2018 R$2,10, esse investidor somente conseguiu manter o poder de compra. Em outras palavras, não ganhou um centavo de rentabilidade real. O conceito é muito simples, mas muito importante e muitos investidores acabam fazendo confusão na hora de investir. Se um investimento paga IPCA+6% a.a., a taxa real é de 6% a.a. Se a inflação for de 10% a.a. o investidor receberá 16% a.a. Já se a inflação for de 4% a.a. o investidor receberá 10% a.a. Para ambos os casos a rentabilidade real é a mesma. Na prática, como existem impostos sobre os juros dos investimentos, uma inflação menor aumenta a rentabilidade real após impostos. Assim, nesse exemplo seria mais vantajoso ao investidor o ambiente com IPCA de 4%. Ao longo do livro será explorado o poder dos juros compostos sobre o imposto pago no vencimento das aplicações e o cálculo preciso da correção monetária (inflação). Aqui será apresentado um exemplo simples sobre inflação já introduzindo o tema.

Exemplo 2.1: considere que no ano 1 João recebia R$5.000,00. No ano

2 João teve um aumento de salário passando a receber R$6.000,00, ou seja, um aumento de 20%. Considere que a inflação no período foi de 10%. Então, qual foi percentualmente o aumento do poder de compra de João, ou seja, qual a rentabilidade real que João obteve?

Solução: primeiramente será feita a correção da base do dinheiro. Qual o valor no ano B que equivale aos R$5.000,00 do ano A? Se a inflação foi de 10%, então, será R$5.500,00. Como João passou a ganhar R$6.000,00, então ele obteve R$500,00 de aumento real. Esses R$500,00 devem ser avaliados sobre a nova base do dinheiro, ou seja, sobre os R$5.500,00. Isso resulta em um aumento real de 9,09%.

No exemplo 2.1 é um erro comum considerar a base antiga para calcular a rentabilidade real e, nesse caso, resultaria uma rentabilidade real de 10%. No Capítulo 3 será apresentada uma equação, a TERCEIRA EQUAÇÃO PARA A VIDA, para o cálculo da correção monetária e ela será muito útil em cálculos mais complexos de investimentos. É importante essa introdução para que os conceitos de inflação e taxa real sejam assimilados e nunca esquecidos. Esse conceito é fundamental na construção da IF.

2.4 Os aportes e a independência financeira (IF)

Aportar continuamente em investimentos diversificados e de valor é necessário para se buscar a IF. É através dos aportes e da sua **rentabilidade real** que há formação do montante para a IF. A IF ocorre quando a rentabilidade real (rentabilidade descontada da inflação), obtida sobre o montante acumulado (por exemplo, 4% a.a.) é suficiente para cobrir todas as despesas anuais. Esse é um conceito profundo oriundo da **TSR (Taxa Segura de Retirada)** que será introduzida na seção 2.5. A IF ocorre quando é possível manter um fluxo de renda passiva mensal e vitalícia capaz de atender todas as suas despesas mensais e manter o seu padrão de vida por um tempo indeterminado. Considera-se seguro de que a pessoa ainda desenvolva alguma atividade que gere renda como forma de complementação da renda. Cabe aqui uma distinção entre IF e Liberdade Financeira. Considera-se que a Liberdade Financeira é quando se atinge uma TSR que permite a liberdade de escolhas sem restrições. Na realidade, esse conceito é um tanto nebuloso, porque mesmo que alguém tenha muito dinheiro, essa pessoa não pode querer comprar o mundo! Assim, entende-se aqui que a IF é o que permite a pessoa viver uma vida boa dentro dos seus padrões históricos de consumo com uma TSR segura e perpétua, devendo desenvolver alguma atividade que gere uma renda complementar. Já na Liberdade Financeira entende-se que o acumulado é tamanho que a TSR é bem maior que a necessidade de renda para viver dentro dos padrões exigidos pela pessoa. No livro, o conceito que será utilizado é da IF, como sendo aquele que permite uma TSR, sem exageros de acúmulo para que se possa adquirir a liberdade financeira o mais cedo possível.

Para exemplificar diretamente o conceito de IF com TSR, considere que hoje seu patrimônio ativo (que gere renda) seja de R$1.000.000,00. Considere que este patrimônio esteja bem diversificado em ativos de valor (de qualidade) e que gere a TSR de 4% a.a. Assim, a renda passiva gerada anualmente será de R$40.000,00, ou R$3.333,33 por mês. No longo prazo é esperado que o patrimônio seja corrigido com a inflação e essa retirada (TSR) mantenha o poder de compra do capital no longo prazo. É preciso ficar claro este conceito, o conceito de taxa real de juros. Quando se coloca que a TSR é de 4% a.a. está se supondo que a rentabilidade real do patrimônio acumulado relacionado à produção de renda é de 4% a.a. Isso em média e por isso se supõe que no longo prazo haja esta rentabilidade real. Anos ruins podem ocorrer, assim como anos bons, mas na média espera-se que esta seja a rentabilidade real no longo prazo.

Ainda do cenário anterior e para exemplificar a inflação, considere que a inflação média anual (longo prazo) seja de 3% a.a., assim, para alimentar a TSR de 4% a.a. espera-se que o patrimônio cresça em média aproximadamente 7% a.a. A rigor, para uma inflação de 3% a.a., será mostrado mais adiante que este patrimônio deveria crescer 7,12% a.a. Observe que está se considerando que o patrimônio não perde poder de compra no longo prazo. Alguém poderia questionar: mas com essa consideração de TSR vou morrer com todo o patrimônio acumulado. Sim, de fato é isso, mas é o mais seguro visto que não sabemos nosso tempo final, ou o n final. Pode ser logo ou pode ser daqui há 100 anos. O patrimônio ficará para os herdeiros com tal consideração. O importante é ter um patrimônio que lhe dê tranquilidade até o n final. Também é importante considerar que para se obter uma rentabilidade real de 4% a.a. é necessário certo conhecimento de finanças e sempre se manter atualizado. Mas este conhecimento subtende-se que foi construído ao longo da trajetória de acúmulo de patrimônio para alimentar a TSR. Este livro já vai lhe trazer um bom conhecimento da área.

O acúmulo do patrimônio para alimentar a TSR será apresentado através de um exemplo simplificado. Ao longo do livro serão mostradas formas de acúmulo de patrimônio para alimentar a TSR. Neste exemplo, considere um aporte de R$1.000/mês, ou R$12.000/ ano, um tempo de acúmulo de 35 anos e a taxa de **rentabilidade real** variável de 0% a 7% anual. Observe novamente que está se avaliando a taxa real de juros. É muito importante no longo prazo fazer investimentos que rendam acima da inflação. Se não houver a correção da inflação (também chamada de correção monetária), o dinheiro se transforma em pó, perdendo o poder de compra. Aqui está se considerando taxas de até 7% anual acima da inflação. Embora o prazo seja longo (onde pode-se buscar investimentos de maior risco), 7% a.a. é uma taxa média difícil de se obter. Com mais conhecimento sobre investimentos pode-se obter boas taxas reais acima da inflação.

Para este exemplo, os resultados são apresentados na forma de um gráfico, (figura 2.1). onde se considerou taxas reais de 0% a 7% a.a. Para facilitar a interpretação, considere que neste exemplo a inflação é nula no período. A interpretação do gráfico é simples. Por exemplo, se a taxa anual de juros real for de 6% a.a. durante esses 35 anos de aportes anuais de R$12.000,00 haverá um acúmulo de aproximadamente 1,4 milhões de reais. O cálculo foi feito através da matemática financeira considerando os juros compostos. Neste momento não é importante entender a equação que foi aplicada, mas sim os conceitos envolvidos.

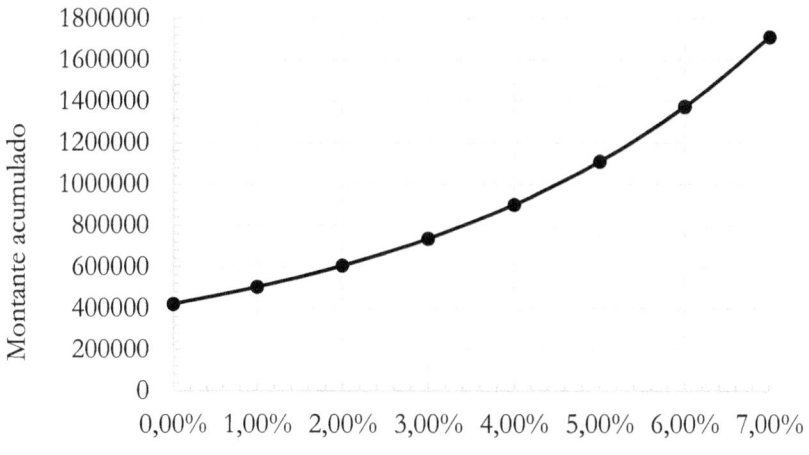

Figura 2.1: Montante acumulado variando-se a taxa de juros reais com aportes anuais de R$12.000 para n=35 anos.

Embora o exemplo seja muito simples é fundamental entender as taxas reais de juros. Quando se considera as taxas reais de juros, tudo fica na base atual. Assim, este acúmulo de 1,4 milhões de reais para a taxa de 6% a.a., é em poder de compra de hoje. Mas como que daqui a 35 anos 1,4 milhões de reais vai ter o poder de compra de hoje de 1,4 milhões de reais? Na prática haverá inflação neste período e o montante acumulado ao final de 35 anos será nominalmente muito maior que 1,4 milhões de reais. Será tanto maior quanto maior for a inflação. Mas o poder de compra será o de 1,4 milhões de reais de hoje. Assim, existindo inflação, os aportes anuais terão que ser corrigidos de tal forma que sempre será aportado o poder de compra de R$12.000,00 de hoje.

Considere que a estimativa da inflação seja feita através do arroz e hoje o quilo do arroz seja de R$5,00. Este exemplo está dizendo que investindo R$12.000,00 por ano ou o equivalente a 2.400kg de arroz por ano na taxa real de 6% a.a. o resultado após 35 anos será a possibilidade de comprar aproximadamente a quantidade de 280mil quilogramas de arroz, ou 1.400.000/5 = 280.000. Observar a necessidade de aportar sempre o equivalente a 2.400kg de arroz por ano. Observe também que atingindo o patrimônio de 2.400kg de arroz e, considerando que este patrimônio gere uma rentabilidade real de 4%a.a., resultará em R$40.000,00/ ano ou 8.000kg de arroz/ ano, a de eterno.

Com relação aos aportes é importante fazer uma avaliação nesse momento. Coloco a seguinte questão para reflexão. R$12.000,00/ ano é muito? Se a resposta for sim, avalie quanto custa manter um carro no ano, considere a depreciação do carro também. O carro traz um benefício imediato, mas é importante lembrar que provavelmente viveremos uma fase futura em que será difícil acumular e é necessário dar a importância também ao futuro construindo um patrimônio que gere renda.

Coloco aqui algumas questões para reflexão para a construção da IF. O intuito é ajudar você na construção da sua IF em um caminho mais curto e com mais qualidade de vida.

- **economizar um pouco** com comida fora de casa, com roupas de marcas, com bares caros, com férias extravagantes compensa para se ter um futuro mais tranquilo, sem a pressão do mundo corporativo;
- é importante avaliar os juros pagos aos bancos e financeiras devido a eventuais contas atrasadas, ou empréstimos. Juros é dinheiro destinado a remunerar quem conseguiu economizar. Seu trabalho suado é que pagará esses juros sem, no entanto, obter qualidade de vida adicional;
- se você conseguir economizar um pouco mais, aplicar em bons ativos

essas economias e ainda conseguir viver de forma simples hoje e no futuro, o **n** (tempo de acúmulo) será muito menor e sua juventude pode ser vivida de forma mais plena;

- mesmo que o montante final não seja suficiente para a renda mensal necessária, possuir ativos geradores de renda dará uma segurança e a renda pode ser complementada com alguma atividade extra (**precisamos de ativos para gerar renda sustentável**);

- lembre-se do tempo. Temos um início e um fim, quando será, não sabemos, embora existam projeções de aumento do n, hoje, probabilisticamente é praticamente 100% de certeza da relação n<100 (ou seja, quase certeza que vamos viver menos de 100 anos). É preciso viver cada fase da vida, mas uma vida em dívidas só traz preocupações e não será possível viver plenamente;

- não desperdice sua vida com coisas fúteis e com dinheiro mal gasto, com dinheiro mal investido, com dinheiro explorado pelo sistema financeiro. Tudo isso só roubará seu n.

2.5 Ativos versus passivos

Na educação financeira é fundamental a distinção entre ativos e passivos. Ativos é tudo aquilo que gera renda a você, por exemplo: imóveis alugados, RF, ações, fundos de investimentos imobiliários, terras arrendadas, livros publicados, entre outros. Passivos é tudo aquilo que gera despesas, por exemplo: sua casa, cartão de créditos, financiamentos imobiliários, entre outros. Ao longo do tempo de acúmulo é necessário se carregar de ativos. Quando os ativos atingirem um patamar de renda que cubra com certa segurança os passivos, você atingiu a IF. Logicamente essa análise deve ser projetada para o futuro. Coloco aqui alguns pontos importantes sobre o tema:

- ativos é tudo que gera renda a você. Passivos é tudo que gera despesas a você;

- uma mentalidade pobre financeiramente carrega você de passivos de forma crescente, tornando você escravo do trabalho;

- os bancos e financeiras podem carregar você de passivos, e seu suado trabalho, nesse cenário, será de pagar os altos juros cobrados, ou seja, sem receber algo em troca que lhe traga mais qualidade de vida;

- carro, sua casa, cartão de crédito, empréstimos são passivos;

- ações, RF, imóveis que gere renda, fundos de investimentos e previdência são ativos;

- os ativos podem não ser suficientes para a IF, mas certamente trazem mais tranquilidade e mais tempo livre visto a necessidade de menos trabalho.

Na análise da IF é avaliada a **TSR (taxa segura de retirada)**. Esse é um conceito fundamental na determinação da IF e está relacionada aos juros reais que se obtém sobre os ativos conforme visto na seção 2.4. Uma regra prática consiste em possuir ativos bem diversificados que resulte em torno de 25 vezes seus gastos anuais. Assim, se seus gastos anuais são de R$100.000,00 ($\approx$R$8.330,00/mês), você precisaria de R$2.500.000,00 de ativos bem investidos. Nessa análise considera-se em torno de 4,0% a.a. de TSR, ou de rentabilidade limpa de I.R. anual. Para se obter essa rentabilidade real líquida de I.R. é necessário distribuir corretamente os ativos, fazendo-se um gerenciamento adequado de riscos mediante diversificação. Ao longo do livro, diversos conceitos e análise serão apresentados para ajudar o leitor nesse aspecto.

A seguir são descritos alguns passos que vão te ajudar a atingir a TSR de forma eficiente e não esgotar a juventude para isso é:

- educação financeira constante, aceitando seus erros, limitações de forma a evoluir continuamente;

- não faça dívidas;

- gaste menos do que você ganha, tente investir em ativos ao menos 30% do que você ganha;

- tenha uma reserva de emergência;

- vá se carregando de ativos, investindo e diversificando. Estude para adquirir apenas bons ativos;

- não fale para as outras pessoas sobre seus investimentos. Vivemos num país em que os que economizam são criticados. Não empreste dinheiro para não perder o dinheiro e a amizade. Quem tem o papel de emprestar dinheiro são os bancos e financeiras;

- no período de acumulação onde você está buscando a TSR, reinvista os dividendos, aluguéis, juros, enfim, todos os proventos oriundos dos ativos adquiridos;

- tenha uma vida simples, sem excessos;

- CUIDE DA SUA SAÚDE;

- quando atingir a IF, mantenha em liquidez (pode ser na própria poupança) o equivalente de 1 a 2 anos de TSR para suas retiradas (para viver). Utilize para viver recursos dessa liquidez. Com a geração de receita dos ativos vá alimentando esta liquidez. Se sobrar recursos, aporte nos ativos de valor. Esta liquidez vai ficar oscilando. O ideal é que ela fique entre 0,5 e 1,5 anos. Respeite rigorosamente a TSR. NÃO ULTRAPASSE A RETIRADA MÁXIMA. Se a TSR é de 4% a.a., gaste no máximo 4% a.a. É importante lembrar que existem anos bons e anos ruins nos investimentos.

2.6 O poder dos juros compostos

Aproveite o poder dos juros compostos. Os juros compostos ocorrem através dos juros sobre juros. Esse mecanismo é potencializado com o tempo. Assim, manter bons investimentos no maior tempo possível potencializa o montante acumulado. No capítulo sobre tópicos essenciais de matemática financeira é mostrado o poder dos juros compostos considerando as variáveis taxa e tempo. Estamos em um país que se paga muitos juros. O Brasil é considerado o país da RF. Sabe-se que as taxas reais historicamente vêm caindo, mas ainda estão muito elevadas. Será mostrado ao longo do livro que rentabilidades reais por volta de 5% a.a. é possível de se obter com risco muito baixo e sem muito esforço. Aproveite essas rentabilidades para rentabilizar suas economias.

Utilize os juros compostos para investir e formar a sua previdência e não depender da previdência pública. É importante ter em mente que não existe almoço grátis, é preciso aportar e investir bem as economias para se buscar a IF, ou ao menos, no futuro precisar trabalhar menos e se ter alguma segurança. Se alguém está almoçando sem pagar (e, infelizmente tem) é porque alguém está pagando por esse almoço. Almoço grátis tem muito no governo, por exemplo, na previdência em que muitas pessoas recebem salários altos sem, no entanto, ter contribuído para recebê-los. Quem paga a conta é você através de tributos e da própria precarização da previdência pública. Considerando a previdência, suas contribuições serão em partes para patrocinar o almoço grátis e, no futuro vai receber um valor menor. Infelizmente não se tem muita saída em relação a isso. Quero dizer que o governo não está preocupado com você e dificilmente pagará o que de justo é seu. Então faça a sua previdência através de ativos diversificados e tenha uma vida simples, econômica e de busca incessante do conhecimento de finanças. Aproveite a vida de forma regrada. Muita gente que ganha salários altos, por exemplo, salários acima de R$30.000,00 por mês, vive mal, cheio de problemas de saúde, estressados, de mal com a vida e infelizes. Isso é um indício que algo não vai bem. Vale uma reflexão sobre isso!

A sua liberdade depende da IF. Se você for escravo do seu salário, não conseguirá se libertar e considerando ainda a precariedade da previdência pública, estará condenado a trabalhar a vida toda com preocupações de perder o emprego, com preocupações de contas a pagar, com preocupações de todo o lado. Fuja da corrida "dos ratos[3]" e eduque-se financeiramente. Antes de sair comprando, avalie se de fato você precisa comprar tal produto, se precisa, pesquise valores. Procure pagar sempre a vista mediante descontos concedidos. Dívidas somente em casos específicos com taxas baixas. A dívida estará atrelada a taxas compostas de juros e isso pode ter impacto muito negativo nas suas finanças. Melhor é construir ativos atrelados a boas taxas compostas de juros para aumentar o poder de compra do seu patrimônio e não fazer dívidas. Se estiver utilizando a rentabilidade de sua carteira para viver ou para complementar sua renda (IF parcial) considere retirar no máximo a taxa real de juros da carteira. É altamente recomendável que a TSR seja menor que a taxa real de juros para reservar recursos para uma situação emergencial ou quem sabe aproveitar alguma oportunidade de investimento.

2.7 Reserva de emergência

Na natureza nada é constante. Aliás, a natureza precisa das oscilações para a continuidade da vida. Conosco não é diferente, nossa vida não segue tudo conforme o planejado e estamos sujeitos a oscilações ou imprevistos. Enfrentamos imprevistos na saúde, no trabalho, com o carro, com a casa, com os filhos, entre outros. Isso indica a necessidade de acumular uma parte dos salários para utilizar nos momentos de imprevistos. Se não fizermos isso, no primeiro imprevisto será necessário buscar crédito ferindo uma premissa da busca da IF: NÃO FAZER DÍVIDAS. Os recursos guardados para cobrir

---

[3] Corrida dos ratos é um termo usado para um exercício sem fim, auto-destrutivo ou inútil. Evoca a imagem dos esforços inúteis de um rato de laboratório tentando escapar correndo em uma roda ou em volta de um labirinto. Em uma analogia com a cidade moderna, muitos dispendem um esforço intenso correndo aleatoriamente, para ao fim não atingirem nenhum objetivo coletivo ou individual.

os imprevistos que surgem na vida é designado de reserva de emergência. Antes de iniciar qualquer investimento para a busca da IF é importante constituir a reserva de emergência.

Recomenda-se que a reserva de emergência atenda os gastos entre 1 e 2 anos. Uma reserva muito curta aumenta o risco de precisar de crédito. Uma reserva muito grande acarreta alto custo de oportunidade. Parte desse dinheiro poderia estar aplicado em investimentos de longo prazo com taxas de retorno mais atrativas. A reserva de emergência deve ser aplicada em investimento de liquidez, porque pode-se precisar desses recursos a qualquer momento. Assim, a taxa de retorno desse tipo de investimento costuma ser baixa. Exemplificando, se seus gastos mensais forem de R$4.000,00, então uma reserva de emergência adequada estaria entre 48.000,00 e R$96.000,00.

2.8 Um caminho a seguir

A IF pode parecer uma utopia, mas é possível sim conquistá-la e para que o caminho seja mais curto alguns pontos essenciais a serem seguidos são listados a seguir:

- Vida simples;
- Cuidar da saúde;
- Investir continuamente na sua formação;
- Não fazer dívidas;
- Reserva de emergência;
- Gastar menos do que você ganha;
- Investir em ativos de valor as economias;
- Movimentar pouco seus ativos de valor.

Caro leitor, o caminho para a IF pode parecer espinhoso, mas posso te garantir que não é. Espinhoso mesmo é não seguir o caminho da IF, pois nesse caso boa parte do seu suado trabalho será para alimentar o sistema financeiro predatório[4] onde as taxas de juros são muito altas. Cair nesse mercado de crédito é seguir a corrida dos ratos e boa parte do seu suado

---

[4] Esse termo de mercado financeiro é para designar o mercado de altos juros onde o risco de inadimplência é alto e, assim, as instituições cobram taxas exorbitantes.

trabalho será para pagar juros comprometendo a IF ou alongando o caminho para atingi-la ou ainda, se manter para sempre no mundo corporativo.

Uma vida simples sempre gastando menos do que se ganha, ou seja, investindo parte das economias de forma contínua, traz uma vida de tranquilidade e com mais qualidade do que uma vida sem economias, mergulhada em dívidas e pagando juros. Mesmo que você não atinja a IF, só de haver um montante acumulado isso traz tranquilidade. O trabalho passa a não ser aquela obrigação, aquela pressão de não poder perder o emprego e será para complementar a renda oriunda desse montante acumulado. Assim, tenha a IF como um objetivo e siga o caminho da IF, mas tenha em mente que mesmo não chegando lá, seguir o caminho da IF (resumido nos 6 passos no início dessa seção) vai te trazer muito mais vida!

Esses dois primeiros capítulos são fundamentais para apresentar os conceitos e mostrar o caminho a seguir para uma vida mais tranquila e feliz sem a pressão do mundo corporativo e sem entrar no sistema financeiro predatório do crédito com altas taxas de juros. Os demais capítulos terão como foco o passo "Investir em ativos de valor as economias". Esse passo é importante para potencializar cada aporte feito através da maravilha dos juros compostos.

.

3 MERCADO FINANCEIRO

Existe no mercado financeiro uma grande variedade de investimentos. Tratando-se especificamente da RF, o cardápio de produtos é bastante vasto. A rentabilidade oferecida por esses produtos está atrelada ao risco. Assim, por exemplo, espera-se que ao se emprestar dinheiro para um banco pequeno, a taxa de juros paga por este banco seja superior ao do banco maior tendo em vista que o banco pequeno apresenta mais riscos de não conseguir devolver o dinheiro. Embora exista uma relação entre as taxas de juros e os riscos, há ótimos investimentos em bancos menores e financeiras, que ao se tomar alguns cuidados, acarretam, na prática, riscos praticamente iguais aos dos bancos maiores. Eu, para produtos de RF, considero que as melhores oportunidades estão nos bancos menores e financeiras. Nesse capítulo diversas fontes de informação provenientes da internet foram consultadas a fim de trazer os conceitos básicos utilizados no mercado financeiro e, assim, contribuir no entendimento dos demais capítulos. As fontes principais de consulta estão listadas abaixo podendo o leitor acessá-las para aprofundar pontos de maior interesse:

- Portal do Investidor: (www.portaldoinvestidor.gov.br);
- CVM: (www.cvm.gov.br);
- Banco Central: (www.bcb.gov.br);

- IBGE (http://www.ibge.gov.br);
- Tesouro Direto (https://www.tesourodireto.com.br);
- Google News (http://news.google.com.br);
- Debêntures (http://www.debentures.com.br/);
- B3 (http://www.b3.com.br/);
- Valor Econômico: (http://www.valor.com.br);
- Banco Data: (https://bancodata.com.br).

O capítulo traz informações sobre nomenclaturas do mercado financeiro e o papel dessas instituições nesse mercado. É importante uma leitura do capítulo para que o investidor entenda como funciona o sistema financeiro e de que forma ele pode se proteger dos riscos envolvidos. Além disso, de que forma esse investidor pode potencializar seu retorno, sem, no entanto, aumentar os riscos da sua carteira de investimentos. O capítulo traz apenas informações básicas sem esgotar o tema cumprindo o papel desse livro de trazer informações simples, úteis e indicar referências caso o investidor queira se aprofundar em determinado tema.

3.1 Sistema financeiro

Esse tópico teve por base os conteúdos disponibilizados no Portal do Investidor (www.portaldoinvestidor.gov.br). Recomenda-se fortemente uma leitura dos tópicos disponibilizados no portal.

O SFN (Sistema Financeiro Nacional) pode ser definido como o conjunto de instituições, produtos e instrumentos que viabiliza a transferência de recursos ou ativos financeiros entre os poupadores e os tomadores (agentes deficitários) da economia. O SFN é dividido em quatro grandes "mercados", que são:

Mercado Monetário: é o mercado onde se concentram as operações para controle da oferta de moeda e das taxas de juros de curto prazo de forma a garantir a liquidez da economia. O BC atua neste mercado consolidando a política monetária.

Mercado de Crédito: atuam neste mercado diversas instituições financeiras e não financeiras prestando serviços de intermediação de recursos de curto e médio prazo para os agentes deficitários que necessitam de recursos para consumo ou capital de giro. Novamente, o BC é o principal órgão responsável pelo controle, normatização e fiscalização deste mercado.

Mercado de Capitais: tem como objetivo direcionar recursos de médio e longo prazo para os agentes deficitários, através das operações de compra e de venda de títulos e valores mobiliários, efetuadas entre empresas, investidores e intermediários. A Comissão de Valores Mobiliários (CVM) é o principal órgão responsável pelo controle, normatização e fiscalização deste mercado.

Mercado de Câmbio: mercado onde são negociadas as trocas de moedas estrangeiras por reais. Novamente, o BC é o responsável pela administração, fiscalização e controle das operações de câmbio e da taxa de câmbio atuando através de sua política cambial.

O SFN é fundamental para o país. Pode-se imaginar o cenário hipotético da não existência do sistema financeiro. Cada poupador teria que encontrar um tomador de recursos com as mesmas necessidades de volume e prazo, para a realização de um empréstimo, o que seria inviável. Com o tempo e para suprir essa demanda do mercado, foram surgindo instituições para intermediar essas operações. Ou seja, pegar emprestado daqueles que poupam e emprestar para os demais, atendendo, ao mesmo tempo, as necessidades de volume financeiro e prazo de cada um. Da mesma forma, desenvolveram-se instrumentos, como também sistemas, regras e procedimentos, para organizar, controlar e aperfeiçoar esse mercado. Isso é o chamado sistema financeiro. Esse fluxo não ocorre sempre entre os mesmos tipos de agentes e com as mesmas características operacionais. Ele pode diferir em razão do prazo, tipo de instrumento utilizado para formalizar a operação, riscos, entre outros aspectos que, com o passar do tempo, foram dando origem aos mercados financeiros.

Dentre os quatro mercados acima, destaco dois que estão mais diretamente ligados aos investimentos analisados nesse livro: mercado de crédito e o mercado de valores mobiliários.

Mercado de Crédito. Esse mercado é o mais tradicional e utilizado pelas pessoas físicas e empresas quando utilizam os bancos para realizar empréstimos e financiamentos diversos. Quando uma pessoa, física ou jurídica, utiliza recursos do cheque especial, financia um carro, equipamento ou imóvel está operando no mercado de crédito. Nele, as instituições financeiras participantes têm como atividade principal a intermediação financeira propriamente dita. Essas operações caracterizam-se, em geral, por operações de curto e médio prazo, formalizadas por contratos e onde as instituições financeiras assumem os riscos de inadimplência da operação. São exemplos de instituições participantes desse mercado os bancos comerciais e as sociedades de crédito, financiamento e investimento, conhecidas como financeiras. Entretanto, em alguns casos, o mercado de crédito não é capaz de suprir as necessidades de financiamento dos agentes. Isso pode ocorrer, por exemplo, quando um determinado agente, em geral uma empresa, deseja um volume de recursos muito superior ao que uma instituição poderia, sozinha, emprestar. Além disso, pode acontecer de os custos dos empréstimos no mercado de crédito, em virtude dos riscos assumidos pelas instituições nas operações, serem demasiadamente altos, de forma a inviabilizar os investimentos pretendidos. Surgiu, com isso, o que é conhecido como Mercado de Capitais ou Mercado de Valores Mobiliários.

Mercado de Valores Mobiliários. Nesse mercado, os investidores emprestam recursos diretamente aos agentes deficitários, como as empresas. Caracterizam-se por negócios de médio e longo prazo, nos quais são negociados títulos chamados de Valores Mobiliários. Como exemplo, pode-se citar as ações que representam parcela do capital social de sociedades anônimas e as debêntures, que representam títulos de dívida dessas mesmas sociedades. Nesse mercado, as instituições financeiras atuam como prestadoras de serviço. **O risco de uma possível inadimplência dos tomadores de recursos é dos próprios investidores.** As operações são, em geral, de médio e longo prazo, e os títulos negociados são valores mobiliários. As operações que ocorrem no mercado de valores mobiliários, bem como seus participantes, são reguladas pela CVM. A CVM é órgão oficial, governamental, ou seja, uma autarquia administrativa vinculada ao Ministério da Fazenda, nos termos do art. 5º da Lei nº 6.385/76. Sua função primordial concentra-se na fiscalização das atividades do mercado de valores mobiliários. Nenhuma emissão pública de valores mobiliários poderá ser distribuída, no mercado, sem prévio registro na CVM, entendendo-se por atos de distribuição a venda, promessa de venda, oferta à venda ou subscrição, aceitação de pedido de venda ou subscrição de valores mobiliários. Para conhecer mais sobre CVM acesse o portal, (www.cvm.gov.br).

3.2 Conceitos e nomenclaturas

É importante que você domine alguns conceitos que serão úteis no decorrer do livro. Esses conceitos serão apresentados brevemente aqui. Nos capítulos específicos alguns dos pontos aqui levantados serão detalhados.

FINANÇAS INTELIGENTES

SELIC: Sistema de Liquidação e Custódia é conhecida como taxa básica de juros da economia brasileira. Essa taxa de juros fixada, pelo COPOM (Comitê de Política Monetária) do BC, remunera os investidores que compram e vendem TP (Títulos Públicos). Também é utilizada para atualizar o recolhimento em atraso de tributos e contribuições federais. É a partir da SELIC que os bancos definem a remuneração de algumas aplicações financeiras feitas pelos clientes. A SELIC também é usada como referência de juros para empréstimos e financiamentos. A Taxa SELIC não é a utilizada diretamente para empréstimos e financiamentos na ponta final (pessoas físicas e empresas). Os bancos tomam dinheiro emprestado pela Taxa SELIC, porém ao emprestar para seus clientes a taxa de juros bancários é muito maior. Isto ocorre, pois os bancos embutem seu lucro, custos operacionais e riscos de não obter de volta o valor emprestado. Um aumento da SELIC encarece os financiamentos e aumenta os juros cobrados em cartões de crédito, ficando mais caro comprar de forma parcelada. Logo, a SELIC alta desestimula o consumo, reduzindo a venda de mercadorias e serviços. As empresas brasileiras e os consumidores acabam sendo prejudicados com este fator, mas é um instrumento do BC de controle da inflação no país. Se a inflação sobe, o governo puxa o freio da economia mediante aumento da SELIC. Para acompanhar a SELIC pode-se acessar o site do BC.

Taxa CDI: Certificado de Depósito Interbancário é a principal referência para a rentabilidade dos títulos bancários, como o CDB (Certificado de Depósito Bancário), a LCI (Letras de Crédito Imobiliário), a LCA (Letras de Crédito do Agronegócio), a LC (Letras de Câmbio), e também corporativos, como as debêntures. Essa taxa é oriunda da média das taxas negociadas entre os bancos para empréstimos de curtíssimo prazo. Nas operações diárias, os bancos precisam de dinheiro para fechamento do caixa ou para sustentar algum resgate monetário elevado. Esse dinheiro é tomado emprestado de outro banco por prazos muito curto, como um (1) dia. Esse dinheiro é emprestado via CDI, também chamada simplesmente de DI (Depósito Interbancário). No final de cada dia, é realizado o cálculo da média ponderada entre as taxas negociadas no dia dando origem ao CDI. Essa taxa fica muito próxima a SELIC, normalmente em torno de 99% da SELIC. Assim, por exemplo, se um CDB paga 95% do CDI, isso significa que esse CDB remunera aproximadamente (0,95x0,99xSELIC).

IPCA: Índice Nacional de Preços ao Consumidor – Amplo. Produzido pelo IBGE (Instituto Brasileiro de Geografia e Estatística) desde 1979, é o indicador oficial do Governo Federal para aferição das metas inflacionárias. Esse índice mede a variação do custo de vida das famílias com chefes assalariados e com rendimento mensal compreendido entre 1 e 40 salários-mínimos mensais. Os preços obtidos são os efetivamente cobrados ao consumidor, para pagamento à vista. A pesquisa é realizada em estabelecimentos comerciais, prestadores de serviços, domicílios e concessionárias de serviços públicos.

IGP-M: Índice Geral de Preços do Mercado. Índice divulgado pela primeira vez em 1947 e é o indicador de movimento dos preços calculado mensalmente pela FGV (Fundação Getúlio Vargas) e divulgado no final de cada mês de referência. Atualmente é o índice de referência utilizado para o reajuste dos aumentos da energia elétrica e dos contratos de aluguéis. É um índice mais "nervoso" quando comparado ao IPCA, pois tende a oscilar mais. No longo prazo, o índice acumulado tende a seguir o acumulado do IPCA.

INPC: Índice Nacional de Preços ao Consumidor. Produzido pelo IBGE desde 1979, o INPC é um dos principais indicadores brasileiros da variação mensal dos preços. O índice mede a variação do custo de vida das famílias com chefes assalariados e com rendimento mensal compreendido entre 1 e 5 salários-mínimos mensais, o que representa aproximadamente 50% das famílias brasileiras.

INCC: Índice Nacional de Custo da Construção. O índice começou a ser divulgado em 1950 e é produzido pela Fundação Getúlio Vargas. Esse índice é o principal indicador de custo da construção civil no Brasil e mede a evolução dos custos de construções habitacionais nas sete principais capitais de estados do país.

CDB: É um dos investimentos mais populares do mercado. É normalmente indexado a um percentual da taxa DI determinado no momento da contratação ou ao IPCA somada de uma taxa. Representa, para quem aplica, uma importante alternativa de diversificação de risco e, para os bancos, um dos principais instrumentos de captação de recursos. Entre os emissores dos CDB estão bancos comerciais, múltiplos, de desenvolvimento e de investimento. É protegido pelo FGC (Fundo Garantidor de Crédito). É considerado investimento de baixo risco.

RDB: Recibo de Depósito Bancário. É um investimento de RF, no qual os investidores emprestam seu dinheiro aos bancos ou financeiras para que esses possam utilizá-lo em diversas transações, recebendo o valor aplicado corrigido no final do contrato da aplicação. É comum a indexação a taxa DI. O RDB é, juntamente com o CDB, um dos investimentos mais escolhidos por seu baixo custo e que podem ter variação e rentabilidade de acordo com diversos índices do mercado. A principal diferença entre o CDB e o RDB é que a primeira opção é negociável por meio de transferência, já que se trata de um título; já o RDB é basicamente inegociável e intransferível. É protegido pelo FGC. É considerado investimento de baixo risco.

LCI: a Letra de Crédito Imobiliário é um dos instrumentos de RF mais procurado pelo investidor pessoa física e que mais cresceu nos últimos anos. Entre os atrativos estão a isenção de I.R. para a pessoa física e a **cobertura do FGC**. A LCI é emitida por instituições financeiras que concederam crédito ao setor imobiliário. É considerado investimento de baixo risco. É comum a indexação à taxa DI, IPCA ou ainda, ao IGP-M.

LCA: a Letra de Crédito do Agronegócio possui estrutura semelhante à LCI. É um título emitido por instituições financeiras que tenham concedido crédito para a cadeia do agronegócio. A LCA apresenta o atrativo da isenção de I.R. para o investidor pessoa física e **a cobertura do FGC**. É considerado investimento de baixo risco. É comum a indexação à taxa DI, IPCA, ou ainda, ao IGP-M.

LC: a Letra de Câmbio é um título de crédito privado emitido por financeiras. As LC são lastreadas em contratos de financiamento para pessoas físicas e jurídicas. Embora tenha a palavra câmbio em seu nome, o título não tem relação com a variação de moedas estrangeiras. **É protegido pelo FGC.** É considerado investimento de baixo risco. É comum a indexação à taxa DI, IPCA ou ainda, ao IGP-M.

COPOM: é o Comitê de Política Monetária do Banco Central do Brasil.

B3: Em março de 2017 foi criada a B3. A B3 é uma das principais empresas de infraestrutura de mercado financeiro no mundo, com atuação em ambiente de bolsa e de balcão. É a antiga Bovespa, ou seja, é a bolsa de valores brasileira. Com essa junção se tornou possível visualizar os investimentos de Renda Fixa e Renda Variável diretamente no portal CEI (Canal Eletrônico do Investidor). Nesse portal é possível consultar títulos públicos, títulos privados e a posição em ações em diferentes instituições de forma integrada. Assim é um portal de muita utilidade e de grande importância ao investidor. É um portal oficial dando transparência e segurança nos investimentos no Brasil. Cabe ainda algumas informações sobre a RF. Ao investir em LC, CDB, LCI, LCA, RDB, entre outras modalidades de RF, através de uma corretora ou mesmo diretamente através de uma financeira é importante que esses investimentos sejam registrados. Com a criação da B3, esses registros são realizados na própria B3 e podem ser consultados no CEI. Em analogia, esses registros de RF funcionam como um cartório. Na compra de um imóvel, esse fica registrado no cartório. Nos investimentos, por exemplo, em CDB, é importante que esse fique registrado na B3 dando mais segurança à operação. As instituições precisam aderir ao CERTIFICA para que ocorra o registro na B3. Instituições maiores certamente possuem tal registro. Caso for investir através de uma instituição de pequeno porte, consulte antes junto a instituição se ela possui este selo, ou seja, que seu investimento poderá ser visualizado no CEI. É a garantia que o seu investimento foi feito.

Taxa pré-fixada: é uma taxa definida previamente ao investimento. Essa taxa não varia ao longo do tempo. Por exemplo, um CDB com vencimento em 5 anos, cuja taxa é pré-fixada em 10% a.a., remunera ao longo desses 5 anos 10% a.a. independente da variação da inflação ou da SELIC. Investimentos atrelados em taxas pré-fixadas são indicados em cenários econômicos em que se observa tendência de queda de juros;

Taxa pós-fixada: é uma taxa que não se conhece a priori uma vez que está indexada a algum índice, por exemplo, DI, SELIC ou IGP-M. Investimentos atrelados em taxas pós-fixadas são indicados em cenários econômicos em que se observa tendência de elevação dos juros.

3.3 Corretoras

Devido às oportunidades existentes nas corretoras de valores, optou-se por apresentar um item sobre esse assunto. Normalmente, as pessoas começam a investir nos bancos maiores (mais conhecidos). De fato, são os bancos de menor risco de crédito, mas as taxas oferecidas também costumam ser menores tendo em vista que existe uma relação entre risco e retorno. Os itens 2.4 e 2.5, mais adiante, complementam a análise risco-retorno. Além da escolha dos maiores bancos, as pessoas muitas vezes são condicionadas aos piores investimentos, como a poupança. A poupança é um dinheiro barato para o banco. O banco procura captar dinheiro barato e disponibilizá-lo com uma boa margem de tal forma a obter lucros. Aqui entra a primeira recomendação. **Tenha muito cuidado com o conflito de interesse**. É natural que, se você pedir opinião ao gerente do seu banco sobre carteira de investimentos, certamente ele tenderá a indicar investimentos de maior retorno ao banco. Assim, é importante a pessoa avaliar as possibilidades, ouvir os analistas, mas tomar cuidado com o conflito de interesse.

Voltando para as corretoras é importante que você tenha conta em uma **boa corretora de valores**, ou até mesmo em mais de uma corretora. Quase sempre os custos são nulos de manutenção de conta e os melhores produtos de investimentos costumam estar disponíveis nas corretoras. Minha sugestão

FINANÇAS INTELIGENTES

é **escolher uma boa corretora**, mesmo que esta tenha taxas mais elevadas de corretagem na compra de ações. Na escolha leve em consideração o tipo de plataforma operacional, a interface e que seja uma corretora que traga tranquilidade em aplicações ao longo do tempo buscando acumular ativos para a sua previdência. Um exemplo que coloco em relação aos custos de corretagem. Existem corretoras que permitem disponibilizar as ações[5] do cliente para aluguel e de forma automática, sendo transparente para o cliente. O termo transparente aqui utilizado é para indicar que esta forma automática permite que o cliente possa vender suas ações alugadas da mesma forma das não alugadas. Em contrapartida para essa facilidade operacional, a corretora recebe parte do aluguel. Note que os valores recebidos do aluguel são isentos de qualquer esforço do cliente e esses valores podem cobrir os custos de corretagem e ainda aumentar a rentabilidade da carteira. Existem outras formas de alugar as ações, mas que fogem do escopo desse livro. O intuito aqui foi mostrar através de um exemplo a importância de escolher uma boa corretora e essa escolha não deve ser feita apenas com base nos menores custos. Coloco quatro (4) motivos para você ter conta em uma corretora:

(1) taxas mais atraentes: por exemplo, num banco grande é difícil conseguir um CDB que pague 100% do DI. Em corretoras é comum existir CDB acima de 120% até mesmo acima de 130%. Isso também vale para outros produtos, tais como: LCI, LCA e LC. As taxas mais atraentes decorem de a corretora trabalhar com diversos bancos (normalmente pequenos e médios) e financeiras. As taxas oferecidas por essas instituições são maiores, porque apresentam maior dificuldade de captar recursos visto os riscos maiores envolvidos. Caso oferecessem as mesmas taxas dos grandes bancos não atrairiam investidores. Além disso, as corretoras disponibilizam produtos em mercado secundário, ou seja, produtos em que os investidores estão resgatando antecipadamente ao vencimento. Esses produtos podem ser identificados pelos valores não inteiros, com casas decimais e em datas que não coincidem com os demais produtos que normalmente estão disponíveis em múltiplos inteiros mensais, ou semestrais. Esses produtos são bem interessantes, porque normalmente oferecem taxas mais atrativas das existentes no mercado. Esses produtos geralmente são disponibilizados na abertura do mercado, por volta das 10:00h da manhã até as 15:00h;

(2) menores custos e taxas nas operações: por exemplo, os custos

---

[5] Ações representam uma fração do capital social de uma empresa. Ao comprar uma ação o investidor se torna sócio da empresa, ou seja, de um negócio. A seção 8.3 traz maiores informações sobre o assunto.

em operações com ações costumam ser bem menores do que em corretoras associadas a grandes bancos. Inclusive existem várias corretoras que não cobram taxa de custódia de ações. Outros produtos oferecidos pelas corretoras possuem normalmente menores taxas do que as praticadas pelos grandes bancos. Um exemplo são os fundos de investimentos cujas taxas de administração costumam ser mais atrativas nas corretoras do que nos grandes bancos. No capítulo que trata sobre fundos de investimentos esses aspectos serão retomados;

 (3) variedade de produtos: as corretoras de valores disponibilizam um verdadeiro cardápio de investimentos. Por serem plataformas abertas trabalham com diversos bancos e financeiras e conseguem disponibilizar muitos produtos. Assim, através das corretoras é possível diversificar os investimentos pela possibilidade de investir em diversos bancos, financeiras, títulos públicos, fundos de investimentos e debêntures e obtendo-se ótimas taxas com baixos custos num único local (portal da corretora). Imagine abrir conta em diversos bancos que possuem poucas agências e somente em algumas cidades. Seria impraticável. As corretoras fazem esse papel. Elas centralizam tudo num mesmo portal acessível aos seus clientes, facilitando o acesso aos diversos bancos, financeiras, fundos, debêntures, títulos, além de modalidades de renda variável. Além desses produtos listados acima, nas corretoras são disponibilizados produtos mais sofisticados, como Fundos de Crédito Estruturado e COE (Certificado de Operações Estruturadas). São produtos interessantes para diversificação, inclusive diversificação no exterior. A diversificação no exterior poderia ser feita, por exemplo, através do COE ou através de fundos que investem em produtos do exterior atrelados ao dólar. Ainda com relação ao exterior também é possível abrir conta em uma corretora no exterior aumentando enormemente as possibilidades de investimentos. Na seção 9.5 esse assunto é abordado;

 (4) facilidade de acesso: as corretoras não possuem agências físicas como ocorre com os bancos. Assim, tudo é online (inclusive a abertura de conta) e, dessa forma, o sistema online costuma ser muito amigável facilitando o acesso ao sistema, às aplicações e às transferências. Existe uma central telefônica para atendimento ao cliente. Além disso, as corretoras podem possuir sistemas de *chat* para esclarecer dúvidas e assessoria financeira. As transferências ocorrem para a mesma titularidade tornando o ambiente seguro e o serviço de TED (Transferência Eletrônica Disponível) em muitas corretoras é gratuito. Os custos ficam restritos ao banco que normalmente não isenta o cliente da taxa de TED. Uma negociação com o banco, ou a troca para um banco que não cobre essa taxa, ou a migração para contas digitais podem ser alternativas para eliminar esse custo. Assim é fortemente indicado que, além da conta bancária, você tenha uma conta numa boa corretora.

Um ponto importante e de desconhecimento da maioria das pessoas é a possibilidade de migrar produtos de RF e de renda variável entre corretoras. Assim, caso uma corretora passe a cobrar alguma taxa, ou você esteja descontente com algum aspecto é possível migrar para outra corretora. Assim, produtos tais como LCI, LCA, CDBs, LCs, debêntures, TP, ações e FIIs podem ser migrados para outra corretora sem nenhum custo.

3.4 Fundo Garantidor de Crédito (FGC)

As informações aqui contidas foram obtidas diretamente do portal do BC: https://www.bcb.gov.br e do FGC: www.fgc.org.br. O FGC é uma entidade privada, sem fins lucrativos, que administra um mecanismo de proteção aos correntistas, poupadores e investidores. O fundo permite recuperar os depósitos ou créditos mantidos em instituição financeira, até determinado valor, em caso de intervenção, de liquidação ou de falência. São instituições associadas ao FGC a Caixa Econômica Federal, os bancos múltiplos, os bancos comerciais, os bancos de investimento, os bancos de desenvolvimento, as sociedades de crédito, financiamento e investimento, as sociedades de crédito imobiliário, as companhias hipotecárias e as associações de poupança e empréstimo, em funcionamento no País. As instituições associadas contribuem mensalmente para a manutenção do FGC, com uma porcentagem sobre os saldos das contas correspondentes às obrigações objeto de garantia. Quanto às garantias do FGC, são garantidos:

- depósitos à vista ou sacáveis mediante aviso prévio;
- depósitos de poupança;
- depósitos a prazo, com ou sem emissão de certificado (CDB/RDB);
- depósitos mantidos em contas não movimentáveis por cheques, destinadas ao registro e controle do fluxo de recursos referentes à prestação de serviços de pagamento de salários, vencimentos, aposentadorias, pensões e similares;
- letras de câmbio (LC);
- letras imobiliárias;
- letras hipotecárias;

- letras de crédito imobiliário (LCI);
- letras de crédito do agronegócio (LCA).

O total de créditos de cada pessoa contra a mesma instituição associada, ou contra todas as instituições associadas do mesmo conglomerado financeiro é garantido até o valor de R$250.000,00 (duzentos e cinquenta mil reais), informação obtida em 19/01/2018. É importante se atentar ao detalhe do valor coberto em contas conjuntas. Nas contas conjuntas, o valor da garantia é limitado a R$250.000,00 (duzentos e cinquenta mil reais), ou ao saldo da conta, quando inferior a esse limite, dividido pelo número de titulares, sendo o crédito do valor garantido feito de forma individual. Por exemplo, se você e sua esposa (ou seu marido) têm um depósito garantido com saldo de R$80 mil, cada um teria direito a R$40 mil em caso de acionamento da garantia. Já se o depósito conjunto é de R$400 mil, cada um teria direito a apenas R$125 mil. Agora, se as contas fossem individualizadas (ou seja, não são contas conjuntas), e, supondo que em cada conta há R$200.000,00, ambas as contas estariam cobertas na sua totalidade, visto que a garantia é até R$250.000,00 de cada conta. **Então, cuidado com as contas conjuntas para obtenção da proteção do FGC.** Em 2017 houve alteração nas regras do FGC. Coloco abaixo em itálico o trecho extraído do portal do FGC em 19/01/2018.

Em 21 de dezembro de 2017, o Conselho Monetário Nacional (CMN) aprovou a alteração promovida no Regulamento do Fundo Garantidor de Créditos (FGC), que estabelece teto de R$ 1 milhão, a cada período de 4 anos, para garantias pagas para cada CPF ou CNPJ. A contagem do período de 4 anos se inicia na data da liquidação ou intervenção em instituição financeira onde o investidor detenha valor garantido pelo FGC, sendo que permanece inalterado o limite da garantia de R$ 250 mil por CPF/CNPJ e conglomerado financeiro. Aos investimentos contratados ou repactuados até 21 de dezembro de 2017, data da aprovação do CMN, não se aplica o teto de R$ 1 milhão a cada período de 4 anos. O teto foi aprovado na Assembleia Geral Extraordinária (AGE) do FGC, no dia 18 de dezembro, mediante alteração no Regulamento do fundo, a qual foi também aprovada pelo CMN em reunião de 21 de dezembro de 2017. Os instrumentos financeiros garantidos pelo FGC não sofreram alteração. O FGC também decidiu estender a investidores não-residentes a garantia, em consonância com as recomendações internacionais. As condições passam a ser as mesmas aplicadas ao investidor residente e os depósitos devem ser elegíveis à garantia do FGC. Aos investimentos contratados ou repactuados até 21 de dezembro de 2017 não se aplica o teto de R$ 1 milhão a cada período de 4 anos.

Essa mudança foi justificada para aumentar a robustez do sistema financeiro nacional em situações de crises sistêmicas. O que estava acontecendo é que instituições de risco mais elevado utilizavam o FGC como instrumento de *marketing* anunciando taxas elevadas com proteção do FGC. Assim, tal alteração tem suas vantagens do ponto de vista de redução de riscos sistêmicos. Quanto ao tempo de 4 anos, considera-se que, caso o investidor tenha que recorrer ao FGC para recuperar o valor financeiro, por exemplo, R$200.000,00 devido a liquidação de determinada instituição financeira, o limite, contados a partir da data da liquidação da instituição financeira passa a ser de R$800.000,00 durante os próximos 4 anos. Após esse prazo, o valor passa a ser R$1.000.000,00.

Fundos de investimentos não tem garantia do FGC, porque o patrimônio dos bancos não se confunde com o patrimônio dos fundos de investimento financeiro que eles administram. Quando um banco enfrenta problemas, os cotistas do fundo podem fazer assembleias e mudar a administração do fundo para outra instituição. Todo tipo de fundo de investimento é acompanhado e fiscalizado pela CVM. TP também não tem cobertura do FGC, mas tem uma garantia ainda maior que é o Governo Brasileiro. É o investimento financeiro mais seguro que existe no Brasil, pois é garantido pelo Tesouro Nacional. Em dificuldades de honrar os compromissos, o Governo pode imprimir mais moeda.

Obtenha mais informações sobre o FGC no próprio portal da instituição em: http://www.fgc.org.br/.

3.5 Riscos e oportunidades

A busca de maior rentabilidade vem acompanhada de maiores riscos, mas existem ótimas opções de investimentos tão seguros ou mais que a poupança, podendo render muito acima da poupança. Esse assunto será resgatado nos capítulos que tratam sobre modalidades de investimentos como LCI, LCA e CDB.

Para efeitos de simulação considere um investimento na poupança em um grande banco, cuja rentabilidade média gire em torno de 8,5% a.a. Considere a taxa SELIC em 14,25% a.a. O mesmo banco oferece uma LCI com taxa de 85% do DI. Conforme já visto adiante, a LCI é isenta de imposto. Assim a aplicação nessa LCI renderia por volta de 12% a.a., ou seja, um retorno melhor que a poupança. Agora vem algo bem interessante. Assim como a poupança, a LCI possui a garantia do FGC e mais, possui lastro em imóveis (ou seja, tem ainda a garantia vinculada aos imóveis lastreados) o que a torna ainda mais segura de que a poupança! Você pode optar por investir através de uma corretora em bancos pequenos e médios observando taxas mais atrativas do que num grande banco. Nesse cenário listo alguns cuidados que considero importante:

(1) diversificação: conforme já abordado anteriormente, através das corretoras é possível diversificar os investimentos. Vale aquele ditado: "não coloque todos os ovos numa cesta só". Bancos menores têm maior risco. Por atuarem em segmentos específicos de mercado apresentam mais dificuldades em crises de crédito do que os grandes bancos. É fato também que bancos quebram. É só observar o histórico de bancos que quebraram nos últimos anos. Todos os anos houve bancos que quebraram. Incluem-se nesse grupo as financeiras. Mas diversificando, o risco é reduzido à medida que apenas alguns "ovos" serão atingidos. Para esses ovos atingidos veja o item abaixo. A diversificação também pode ajudar no risco sistêmico em que diversas instituições enfrentam problemas. É um evento raro de ocorrer, mas se houvesse um grande colapso do sistema financeiro, eventualmente o FGC poderia sofrer alguma dificuldade em honrar todas as proteções. Em resumo, diversifique;

(2) respeite o limite do FGC. Esse cuidado vale principalmente para bancos menores. No item anterior, as aplicações atingidas pela eventual liquidação (falência) de alguma instituição são repostas integralmente até o limite do FGC e isso cobre o capital e os juros até o momento da liquidação. Alguma perda ocorrerá (perda da rentabilidade entre a data da liquidação e a data da devolução do dinheiro pelo FGC), desde que o limite do FGC tenha sido respeitado;

(3) agências de riscos: É difícil conseguir avaliar a quantidade de instituições que oferecem produtos de investimentos, mas existem algumas fontes de informação que podem ajudar bastante na redução de riscos. As agências de riscos têm o papel de avaliar a saúde das instituições e classificam as mesmas segundo uma escala composta por letras (variando de A até D) e eventualmente seguida de algum número. As três maiores agências são a Moody's, S&P e Fitch. Nem sempre é simples entender essas escalas, mas de uma forma simplificada, as melhores são AAA e as piores C e D. A classificação D na verdade é em moratória. Outra estratégia de análise é buscar informações através dos mecanismos de buscas, tais como: Google News- (https://news.google.com.br), ou no portal Valor Econômico- (http://www.valor.com.br). Através de palavras chaves pode-se fazer buscas pelas instituições e averiguar notícias recentes, como escândalos que podem trazer riscos à instituição. A procura por notícias recentes é importante principalmente porque podem ter ocorrido eventos em determinada instituição que ainda não foi capturada pelas agências devido a janela existente entre avaliações. Outra fonte de informação é no Banco Data (https://bancodata.com.br) o qual avalia o balanço de instituições financeiras e faz uma síntese das principais informações. Uma análise rápida através do Banco Data é possível avaliar se a instituição está tendo lucros ou prejuízos e avaliar o índice de Basiléia e de Mobilização detalhados a seguir;

(4) Índice de Basiléia e Índice de Mobilização. Segundo as definições do BC: "o Índice de Basiléia é um conceito internacional definido pelo Comitê de Basiléia que recomenda uma relação mínima de 8% entre o Capital Base (Patrimônio de Referência - PR) e os riscos ponderados conforme a regulamentação em vigor (Patrimônio Líquido Exigido - PLE). No Brasil exige-se um índice mínimo de 11%, excetuando-se os Bancos Cooperativos cuja exigência mínima é de 15%". Em outras palavras, no Brasil, uma instituição do tipo banco padrão pode emprestar, de forma simplificada, 100 reais a cada 11 que possui. **Quanto maior o índice, mais segura está a instituição.** Segundo as definições do BC: "o Índice de Imobilização, reflete o percentual de comprometimento do Patrimônio Líquido Ajustado (PLA) em relação ao ativo permanente imobilizado. Quanto menor, melhor. O índice máximo permitido é de 50% conforme resolução n.º 2669, de 25 de novembro de 1999. Através do site do Banco Central é possível acessar essas informações. Outra forma mais direta é fazer uma procura no Google com o nome da instituição vírgula Basiléia. Cuidado com instituições que estejam abaixo dos índices mínimos exigidos pelo BC. Normalmente são instituições com estão em dificuldades financeiras, apresentando prejuízos nos seus balanços.

3.6 Modalidades básicas de investimentos

Existem muitas modalidades de investimentos disponíveis ao investidor comum (pequeno investidor). Com o desenvolvimento das plataformas digitais ficou muito mais simples investir. Com um computador conectado à internet é possível investir facilmente em modalidades tais como: TP (Títulos Públicos), CDB, RDB, LC, LCI, LCA, FII (Fundos de Investimentos Imobiliários), fundos diversos, ações, debêntures, entre outros.

O livro traz maior ênfase a RF, embora outros investimentos sejam também abordados. Os seguintes investimentos serão abordados: Poupança, CDB, RDB, LC, LCI, LCA, FII, TP, fundos diversos, debêntures, ações, imóveis e previdência. Podemos separar os investimentos clássicos em RF e renda variável.

Renda fixa[6] **(RF)**: Nesse tipo de investimento se conhece a remuneração ou a forma de cálculo no momento da aplicação. Considera-se que os investimentos de RF são menos arriscados e são recomendados para os investidores de perfil conservador. Nessa categoria estão os seguintes investimentos: Caderneta de Poupança, TP, Debêntures, CDB, RDB, LCI, LCA, Fundos de RF e Fundos DI. Os ativos de RF podem ainda ser classificados em dois outros grupos: Pré-Fixados e Pós-Fixados. O investimento pré-fixado é aquele em que já se sabe de antemão a rentabilidade exata do título. Por exemplo, cada título de Tesouro Prefixado (antiga LTN) negociado no TD valerá R$1.000,00 na data de vencimento. Então se você comprá-lo hoje por R$700,00, já saberá que ele irá valer R$1.000,00 na data de vencimento independente do que aconteça com as taxas de juros do mercado. Nos investimentos pós-fixados não se sabe a rentabilidade do título, pois a rentabilidade depende do indexador (índice) que pode variar no tempo. Os títulos pós-fixados estão atrelados a algum índice. Um exemplo é do Tesouro SELIC também negociado no TD e está atrelado à taxa SELIC. Ou seja, a rentabilidade desse título varia de acordo com a taxa SELIC.

Renda variável: trata-se de investimentos que sofrem grandes flutuações ao longo do tempo e não é possível saber quanto valerão no futuro. É o tipo de investimento cuja remuneração ou sua forma de cálculo não é conhecida no momento da aplicação. Os investimentos de renda variável são, dessa forma, mais arriscados. O exemplo mais conhecido de investimento de renda variável é ações, mas existem muitos outros, tais como: fundos de renda variável (fundo de ações, multimercados e outros), commodities (ouro, moeda e outros), derivativos (contratos negociados nas Bolsas de valores, de mercadorias, de futuros e assemelhadas), imóveis (como os FII) e as moedas digitais.

---

[6] Deve-se tomar cuidados com o termo renda fixa. Muitos investidores consideram erroneamente que a RF não oscila de valor ao longo do tempo. O TD pré-fixado, ou que apresenta parte pré-fixada é um exemplo de produto de RF que pode apresentar grandes oscilações ao longo do tempo, convergindo para a rentabilidade pactuada no vencimento. No Capítulo 4 esse assunto é abordado.

4 TÓPICOS ESSENCIAS DE MATEMÁTICA FINANCEIRA

Neste capítulo será feita uma abordagem direta sobre a matemática financeira sem adentrar a todas as demonstrações das equações. Os conceitos desenvolvidos serão aplicados à análise de investimentos destacando-se as **5 EQUAÇÕES PARA A VIDA**. Todas as pessoas deviam conhecer ao menos as **5 EQUAÇÕES PARA A VIDA** e saber aplicá-las na tomada de decisão sobre investimentos antes de fazer qualquer investimento. Essas equações andam lado a lado com a IF. Algumas dessas equações são simples, mas muitas vezes são esquecidas do seu potencial na IF. Por isso nesse livro elas são destacadas dando-as à devida importância.

4.1 Fórmula de juros simples e juros compostos

Os juros simples na verdade é apenas uma simplificação e possui apenas fins didáticos. A equação para juros simples é dada pela equação 4.1.

$$F = P \cdot (1 + n \cdot i) \qquad \text{Eq. 4.1}$$

Na prática os juros são calculados sobre o montante, resultando nos juros compostos conforme equação 4.2. Essa é uma das mais importantes equações na análise de investimentos, sendo F o valor futuro, P o valor presente, i a taxa e n o tempo.

Essa é a **PRIMEIRA EQUAÇÃO PARA A VIDA**.

$$F = P \cdot (1+i)^n \qquad \text{Eq. 4.2}$$

Todas as equações para a vida serão tachadas de cor cinza para destacá-las. Tenha-as na sua vida hoje e sempre.

Exemplo 4.1: faça uma tabela dos juros simples e compostos ano a ano para n igual a 10 anos sobre um valor presente de R$100,00 e taxa de juros de 10% a.a.

Solução: a tabela abaixo apresenta os valores para n até 12 anos, onde as casas decimais foram omitidas. Nota-se que os juros compostos apresentam maior valor futuro comparativamente aos juros simples. A figura 4.1 apresenta os resultados do valor futuro F em forma gráfica, onde estendeu-se a análise até n=30. Note o poder do tempo sobre o montante. Para n=15 anos, o montante partiu de R$100,0 para R$417,7. Se mantivesse o investimento até n=30 anos, o montante resultaria em R$1.744,9.

Tempo em anos (n)	Taxa 10% a.a.			
	Juros compostos		Juros simples	
	F	Juros	F	Juros
0	100,0	-	100,0	-
1	110,0	10,0	110,0	10,0
2	121,0	11,0	120,0	10,0
3	133,1	12,1	130,0	10,0
4	146,4	13,3	140,0	10,0
5	161,1	14,6	150,0	10,0
6	177,2	16,1	160,0	10,0
7	194,9	17,7	170,0	10,0
8	214,4	19,5	180,0	10,0
9	235,8	21,4	190,0	10,0
10	259,4	23,6	200,0	10,0
11	285,3	25,9	210,0	10,0
12	313,8	28,5	220,0	10,0

Explorando um pouco mais o exemplo 4.1 é notável a diferença aritmética dos primeiros 15 anos dos 15 anos finais, embora o fator multiplicativo seja exatamente o mesmo entre os dois períodos, dado aproximadamente por 4,177. Ocorre que no segundo período a base que multiplica o fator 4,177 é maior do que no primeiro período. Mais adiante será visto uma grande vantagem tributária em manter os investimentos pelo maior tempo possível.

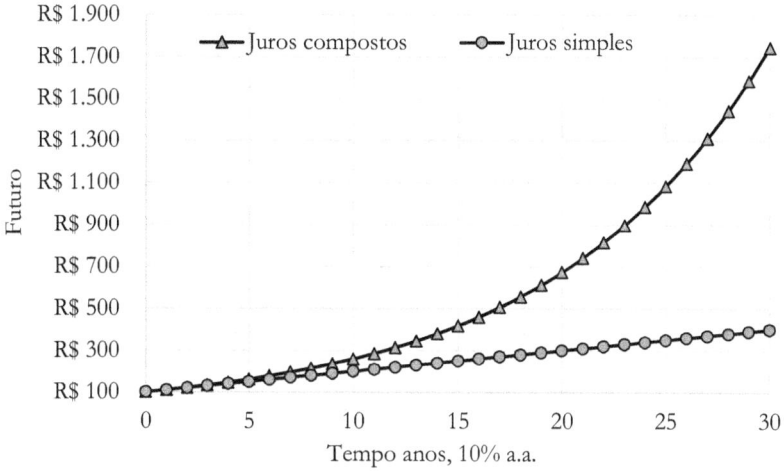

Figura 4.1: Comparação entre juros simples e compostos para a taxa de 10% a.a.

Os juros compostos são a maravilha da matemática financeira. Um n grande atrelado a uma boa taxa pode fazer o capital investido multiplicar por inúmeras vezes. Vamos considerar n=5, 10 e 20 anos e taxas variáveis de 0,5% a.m. a 3,2% a.m. Pode-se plotar o fator futuro dado pelo termo entre parêntese da equação 4.2 em função da taxa. A figura 4.2 apresenta essa análise. A escala no gráfico é logarítmica para melhor visualização da análise realizada.

Devido a escala logarítmica, as curvas se transformam em retas facilitando a visualização dos resultados. Nota-se que para um período de investimento de 20 anos, uma taxa de 1% a.m. resultaria em uma multiplicação do capital investido por volta de 10 vezes. Já se a taxa fosse dobrada resultaria em um fator de 100 vezes. Olhando as 3 linhas que representam os 3 períodos de investimentos, fica evidente o poder do tempo. A taxa também tem influência, mas considerando um bom investimento que dê um retorno real que alimente a TSR, por exemplo, 6%a.a. ou aproximadamente 0,5%a.m. resultaria em um aumento de poder de compra de 35%, 82% e 231% respectivamente para n=5, 10 e 20 anos, mostrando claramente o poder do n. Se a taxa fosse 1%, resultaria em 82%, 230% e 989% respectivamente!

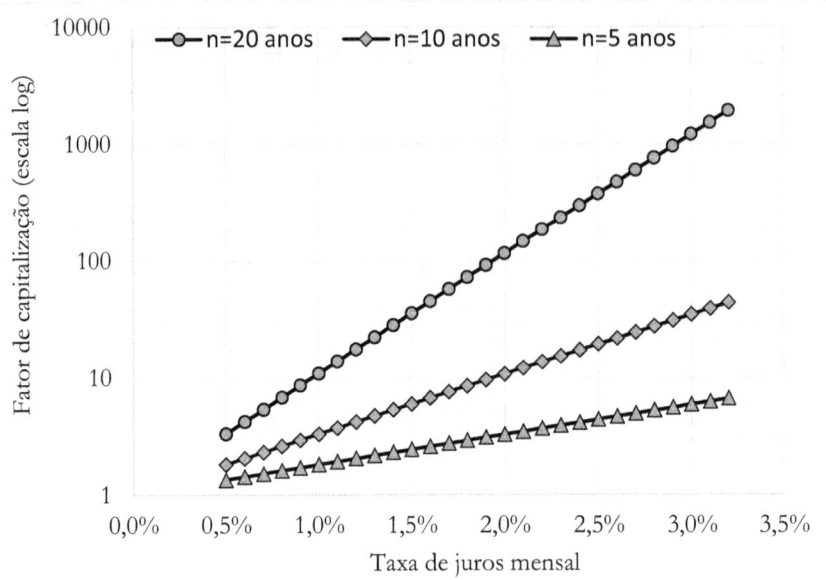

Figura 4.2: Poder dos juros compostos demonstrando a importância da taxa de juros. Aqui foram considerados períodos de 5, 10 e 20 anos.

4.2 Conceito de taxas

No mundo dos negócios utiliza-se muito o conceito de taxa nominal e taxa efetiva. A distinção é importante apenas para juros compostos. Antes de definir a taxa nominal e a taxa efetiva é necessário introduzir outro conceito que é o período de capitalização.

Período de capitalização é o intervalo de tempo entre uma capitalização de juros e a imediatamente seguinte. Salvo indicação específica, quando estivermos operando em regime de juros compostos, o período indicado na taxa de juros é o período de capitalização. Por exemplo, 4% a.m., o período de capitalização é o mês.

Taxa efetiva de juros: é a taxa de juros que coincide com o período de capitalização. Dessa forma, se for dada a taxa de juros de 1% a.m. com capitalização mensal, estamos diante de uma taxa de juros efetiva.

Taxa nominal de juros: é a taxa de juros que não coincide com o período de capitalização. Dessa maneira, se for dada a taxa de juros de 12% a.a., porém com capitalização mensal, estamos diante de uma taxa nominal de juros anual. Nesse caso 1% a.m. seria a taxa efetiva de juros.

Taxa equivalente de juros: é a taxa de juros que, solicitadas em unidades diferente de tempo da taxa efetiva, ao serem aplicadas durante aquelas unidades de tempo e sobre o mesmo capital, reproduzem a mesma quantia de juros, ou o mesmo montante. Por exemplo, 12% a.a. capitalizada mensalmente possui uma taxa efetiva de 1% a.m. que é equivalente a 12,6825% a.a. Note que a taxa equivalente é uma taxa efetiva.

Para calcular uma taxa equivalente ou efetiva em diferentes períodos utiliza-se: F(na taxa i_1)=F(na taxa i_2) onde F é o valor futuro. Ou seja, o valor futuro deve resultar o mesmo já que as taxas são equivalentes. Resulta, então a equação 4.3 onde M designa o período maior (por exemplo, anos) e m designa o período menor (por exemplo, meses)

Essa é a **SEGUNDA EQUAÇÃO PARA A VIDA**.

$$F_m = F_M \rightarrow P(1+i_m)^m = P(1+i_a)^M \qquad \text{Eq. 4.3}$$

Para entender essa importante equação, considere o exemplo 4.2 a seguir.

Exemplo 4.2: dada a taxa efetiva mensal, calcule a taxa equivalente ou efetiva anual.

Solução: nesse caso, m é meses e M é anos. No caso analisado temos m=12 e M=1 no que resulta, a partir da SEGUNDA EQUAÇÃO PARA A VIDA:

$$F_{mensal} = F_{anual} \rightarrow P(1+i_m)^{12} = P(1+i_a)$$
$$i_a = (1+i_m)^{12} - 1$$

Exemplo 4.3: dada a taxa efetiva anual pede-se a taxa equivalente ou efetiva mensal.

Solução: esse problema é semelhante ao anterior, só que se conhece o i_a e se quer o i_m, no que resulta:

$$i_m = (1+i_a)^{1/12} - 1$$

Exemplo 4.4: dado que a taxa de juros do financiamento X é de 24% a.a. com capitalização mensal. Qual a taxa efetiva mensal? Qual a taxa efetiva anual?

Solução: a taxa mensal é dada por:

$i_m = 24/12 = 2\%$ a.m.

A taxa anual é então obtida por:

$F_{mensal} = F_{anual} \rightarrow P(1+i_m)^{12} = P(1+i_a)^1$
$i_a = (1+i_m)^{12} - 1$
$i_a = (1+0,02)^{12} - 1$
$i_a = 26,82\%$ a.a

4.3 Correção monetária

Questão fundamental: suponha uma taxa pré-fixada de 15% a.a. e uma inflação de 10% a.a. Qual a taxa de juros reais dessa aplicação? A resposta a essa questão não é 5% a.a. Para se calcular a taxa real é necessário primeiramente corrigir a base do dinheiro, ou seja, aplicar a correção monetária e sobre o valor corrigido avaliar a rentabilidade real. Para entender o conceito, vamos considerar um exemplo numérico. Suponha que o valor presente seja R$100,00. Dessa maneira, tem-se:

Ao final do período de 1 ano, F=R$115,00

Poder de compra mantido após 1 ano → F_c=R$110,00.

Dessa forma, a rentabilidade real é dada por: ir=115/110-1=4,55% ≠5%! Note que os R$110,00 no final do primeiro ano equivale exatamente a R$100,00 no início do ano em termos de poder de compra. Então, a nova base, no final do primeiro ano passa a ser R$110,00 e não R$100,00.

Existe uma expressão pronta para computar essa correção. Essa expressão é dada pela equação 4.4.

Essa é a **TERCEIRA EQUAÇÃO PARA A VIDA**.

$(1+i_{ap}) = (1+i_{cm}) \cdot (1+i_r)$ \hfill Eq. 4.4

Exemplo 4.5: utilize a equação 4.4 para calcular a rentabilidade real em um ambiente inflacionário de 10% a.a. em um investimento pré-fixado de 15% a.a.

Solução: esse exemplo traz as mesmas taxas dos conceitos apresentados anteriormente. Utilizando-se a equação 4.4, resulta:

$$i_r = \frac{(1+i_{ap})}{(1+i_{cm})} - 1 = \frac{(1+0,15)}{(1+0,1)} - 1 = 4,55\% \text{ a.a.}$$

♣ ♣ ♣

Exemplo 4.6: se uma aplicação de R$100,00 rendeu ao final de um período o montante de R$150,00. Se a inflação no período foi de 10%, determine a taxa real de juros da aplicação.

Solução: $i_{ap} = 150/100 - 1 = 50\%$ $i_{cm} = 10\%$

$$i_r = \frac{(1+i_{ap})}{(1+i_{cm})} - 1$$

$$i_r = \frac{(1+50\%)}{(1+10\%)} - 1 \rightarrow i_r = 0,3636 = 36,36\%$$

Outra forma é calcular em etapas:

Correção total: $F_1 = 150$

Correção inflação: $F_2 = 110$

Rentabilidade real = $(F_1/F_2 - 1) = (150/110 - 1) = 36,36\%$

Se fosse fazer um cálculo simplificado baseado apenas na diferença entre taxa aparente e correção monetária resultaria $i_r = (50-10) = 40\%$, quando a taxa correta é de 36,36%.

Exemplo 4.7: no início de 2016, a inflação se aproximou de 11,0% a.a. e a SELIC em 14,25% a.a. Já no início de 2017, a inflação estava por volta de 5,5% a.a. e a SELIC em 12,25% a.a. Em agosto/2017, a inflação já rondava a casa dos 4,5% a.a. e a SELIC em 9,5% a.a. Qual dos 3 cenários é mais vantajoso para um investimento em RF que paga a taxa DI, ou aproximadamente a SELIC[7]?

Solução: para cada cenário será feito um cálculo simplificado e, posteriormente, um cálculo preciso enfatizando as diferenças.

---

[7] A SELIC é um balizador de RF. Veremos adiante que RF com boa taxa garante ao menos a taxa SELIC.

(a) Cálculo simplificado dos juros reais:

<u>CENÁRIOS, 1, 2 e 3</u>

(1) (14,25% - 11%)=3,25% a.a.   (2) (12,25%-5,5%)=6,75% a.a.

(3) (9,5%-4,5%)=5,00% a.a.

(b) Cálculo exato dos juros reais:

<u>CENÁRIOS 1, 2 e 3.</u>

(1) $i_r = \dfrac{(1+0,1425)}{(1+0,11)} - 1 = 2,93\%$ a.a.

(2) $i_r = \dfrac{(1+0,1225)}{(1+0,055)} - 1 = 6,40\%$ a.a. e

(3) $i_r = \dfrac{(1+0,095)}{(1+0,045)} - 1 = 4,78\%$ a.a.

No exemplo 4.7 é ainda importante calcular o I.R., mas para um cálculo preciso é necessário considerar que o I.R. é tributado ao final; assim, a própria parcela do I.R. fica rendendo ao longo do investimento. Na sequência será mostrado como considerar isso e, retomaremos esse exemplo. Antes, porém, será mostrada a importância de se considerar a correção monetária de forma exata através da equação 4.4. O gráfico da figura 4.3a compara a taxa real pelo método exato (TERCEIRA EQUAÇÃO PARA A VIDA) e pelo método simplificado em função da taxa de inflação para uma SELIC anual dada pela equação (IPCA + 5,5% a.a.) e um investimento que dá 100% da SELIC. A figura 4.3b apresenta o erro cometido em função da inflação caso se considere o método simplificado. No gráfico da figura 4.3.a, a taxa real pelo método simplificado é fixa, ela não depende da inflação visto que a taxa real nesse cálculo simplificado é obtida meramente pela diferença entre a taxa aparente e a taxa de inflação. Já a taxa real calculada através da TERCEIRA EQUAÇÃO PARA A VIDA (cálculo exato) acaba sendo impactada pela inflação. A base monetária é atualizada pela inflação. Considere como exemplo a taxa de 10% a.a. de inflação. Pela figura 4.3a, resulta uma taxa real de 5,5% a.a. pelo método simplificado e aproximadamente 5% a.a. pelo método exato.

Observando a curva do erro, através da figura 4.3b, do cálculo da taxa real exata e simplificada, observa-se que o erro pode ser bastante significativo e aumenta com o aumento da taxa de inflação. Assim, deve-se calcular a taxa real de juros através da equação 4.4.

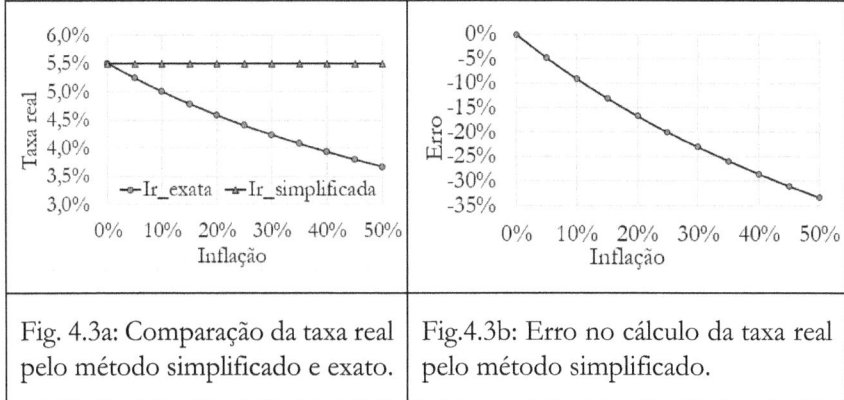

| Fig. 4.3a: Comparação da taxa real pelo método simplificado e exato. | Fig.4.3b: Erro no cálculo da taxa real pelo método simplificado. |

Obs.: a adoção da equação (SELIC = IPCA + 5,5% a.a.) para a SELIC é apenas ilustrativa. Na prática a SELIC sobe quando o IPCA sobe existindo normalmente um *spread* entre esses indexadores. Aqui considerou-se um spread fixo de 5,5% a.a. No Brasil observa-se normalmente uma taxa em torno de 4 a 6% a.a. acima do IPCA como taxa SELIC visto que o Banco Central utiliza a SELIC como forma de conter a inflação. Em períodos de recessão, esse *spread* costuma ser menor como forma de incentivar o consumo e, consequentemente, aquecer a economia. Inclusive pode ocorrer taxa SELIC abaixo da inflação, mas considerando o cenário econômico brasileiro, o BC não consegue segurar a SELIC baixa por muito tempo. Não é escopo desse livro abordar esses aspectos, mas de forma simplificada, países com economias mais desenvolvidas conseguem manter os juros baixos. Já países de maior risco precisam pagar um prêmio nos juros para captar recursos e controlar o câmbio.

4.4 Dedução da equação fundamental

Nesse tópico será deduzida uma equação com base anual para se calcular a taxa aparente, mas que leve em consideração a rentabilidade sobre o I.R. A base anual é importante para comparar diferentes alternativas de investimentos. É necessário trazer todas as taxas na mesma base temporal para ser possível avaliar a melhor alternativa em termos de rentabilidade. Com relação ao I.R., é também importante considerar a rentabilidade sobre essa parcela que só é debatida no resgate[8]. Em alguns casos essa rentabilidade adicional pode ser significativa e ainda mais importante em longos períodos de investimentos. O objetivo é se chegar a uma equação simples que permita ao investidor obter a rentabilidade final já descontada do I.R. incluindo, porém, a rentabilidade sobre o I.R. que é pago ao final do período.

$$F = P(1+k)^n$$

$$J = P(1+k)^n - P = P\left[(1+k)^n - 1\right]$$

O fator k pode ser a taxa de um CDB atrelado ao DI, por exemplo, CDB com 120% do DI, com DI de 99% da SELIC e SELIC de 10% a.a. Assim, k, nesse caso é dado por:

$$k = (SELIC \cdot DI) \cdot CDB = 10\% \cdot 99\% \cdot 120\% = 11,88\% \text{ a.a}$$

Considerando a alíquota de I.R. de z%, como 15%, sobra após I.R.:

$$Sobra = S = (1-z) \cdot P\left[(1+k)^n - 1\right]$$

Para calcular a taxa de rentabilidade (r) no período n, já descontado o I.R. utiliza-se a seguinte expressão:

$$r = \frac{S}{P} = (1-z) \cdot \left[(1+k)^n - 1\right]$$

É interessante calcular a taxa anualizada equivalente para comparação das diferentes modalidades de investimento e para isso entra, a SEGUNDA EQUAÇÃO PARA A VIDA.

$$P(1+r)^1 = P(1+i_a)^n \rightarrow i_a = (1+r)^{1/n} - 1$$

Substituindo o r na equação acima, resulta finalmente na taxa de rentabilidade anual, já descontada do I.R., mas rentabilizada no período analisado, equação 4.5.

Essa é a **QUARTA EQUAÇÃO PARA A VIDA**

---

[8] O I.R. é debitado no vencimento das aplicações de RF, como em CDB, LC, RDB e Títulos Públicos. No caso de fundos, o I.R é cobrado a cada 6 meses. A rigor, a equação 4.5 aplica-se de forma exata a modalidades de investimentos que cobram I.R. ao final do período, mas resulta em valores próximos aos valores exatos para fundos de investimentos.

FINANÇAS INTELIGENTES

$$i_a = \left\{ 1 + (1-z) \cdot \left[(1+k)^n - 1 \right] \right\}^{1/n} - 1 \qquad \text{Eq. 4.5}$$

Essa é considerada a mais importante equação para análise de investimentos e ela será muito utilizada ao longo do livro. Veja que para se chegar nessa expressão, utilizou-se as outras 2 PRIMEIRAS EQUAÇÕES PARA A VIDA.

Exemplo 4.8: a inflação em 2017 foi de 4% a.a. Um título adquirido rende IPCA + 5% a.a. Considere que esse investimento é de 10 anos e calcule: **(a)** a taxa anual aparente considerando limpa de I.R. **(b)** a taxa real anual considerando limpa de I.R.

Solução: como o investimento é de 10 anos a alíquota de I.R. é de 15%. Para se obter o k, deve-se utilizar a TERCEIRA EQUAÇÃO PARA A VIDA, equação 4.4. No uso da equação 4.4 deve-se considerar que os 5% a.a. é i_r (taxa real). Para os investimentos atrelados à indexadores de inflação, como ao IPCA é somada uma taxa pré-fixada, a taxa pré-fixada é sempre real. Assim, resulta:

$$(1 + i_{ap}) = (1 + i_{cm}) \cdot (1 + i_r) \rightarrow$$

$$i_{ap} = k = (1 + 0{,}04) \cdot (1 + 0{,}05) - 1 = 9{,}2\% \text{ a.a.}$$

Para o cálculo da taxa aparente descontada do I.R., mas considerando a rentabilidade desse, pode-se utilizar a QUARTA EQUAÇÃO PARA A VIDA, equação 4.5.

$$i_a = \left\{ 1 + (1 - 0{,}15) \cdot \left[(1 + 0{,}092)^{10} - 1 \right] \right\}^{1/10} - 1 = 8{,}201\% \text{ a.a.}$$

Finalmente, pode-se determinar a taxa real isenta de I.R., utilizando-se novamente a TERCEIRA EQUAÇÃO PARA A VIDA, equação 4.4.

$$(1 + i_{ap}) = (1 + i_{cm}) \cdot (1 + i_r) \rightarrow$$

$$i_r = \frac{(1 + i_{ap})}{(1 + i_{cm})} - 1 = \frac{(1 + 0{,}08201)}{(1 + 0{,}04)} - 1 = 4{,}04\% \text{ a.a.}$$

Para fixar os conceitos faremos mais dois exemplos.

Exemplo 4.9: tem-se as seguintes alternativas de investimentos: três (3)

CDB cujas taxas são (i) Pré fixado a 12% a.a., (ii) IPCA + 6% a.a. e (iii) CDB a 120% do DI. Além de uma LCI a IPCA + 5,5% a.a. (investimento isento de I.R.). Ranqueie os investimentos, considerando que os prazos de todos são de 3 anos, IPCA=5% e SELIC de 10% a.a.

Solução: para esse exemplo é necessário calcular a rentabilidade anual já líquida de I.R. visto que se têm investimentos que não incidem I.R., no caso a LCI.

Alternativa A

i_{ap}=12% a.a.   (bruto)

$$i_a = \left\{ 1 + (1-z) \cdot \left[(1+k)^n - 1\right] \right\}^{1/n} - 1$$

$$i_a = \left\{ 1 + (1-0,15) \cdot \left[(1+0,12)^3 - 1\right] \right\}^{1/3} - 1 = 10,36\% \text{ a.a.}$$

Alternativa B

$$(1+i_{ap}) = (1+i_{cm}) \cdot (1+i_r) \rightarrow i_{ap} = (1+0,05) \cdot (1+0,06) - 1 = 11,3\% \text{ a.a.}$$

$$i_a = \left\{ 1 + (1-z) \cdot \left[(1+k)^n - 1\right] \right\}^{1/n} - 1 \rightarrow$$

$$i_a = \left\{ 1 + (1-0,15) \cdot \left[(1+0,113)^3 - 1\right] \right\}^{1/3} - 1 = 9,75\% \text{ a.a.}$$

Alternativa C

$$k = i_{ap} = (\text{SELIC} \cdot \text{DI}) \cdot \text{CDB} = (0,10 \cdot 0,99) \cdot 1,20 = 11,88\% \text{ a.a.}$$

$$i_a = \left\{ 1 + (1-z) \cdot \left[(1+k)^n - 1\right] \right\}^{1/n} - 1 \rightarrow$$

$$i_a = \left\{ 1 + (1-0,15) \cdot \left[(1+0,1188)^3 - 1\right] \right\}^{1/3} - 1 = 10,26\% \text{ a.a.}$$

Alternativa D

$$(1+i_{ap}) = (1+i_{cm}) \cdot (1+i_r) \rightarrow$$

$$i_{ap} = (1+0,05) \cdot (1+0,45) - 1 = 9,73\% \text{ a.a.}$$

FINANÇAS INTELIGENTES

Exemplo 4.10: para o exemplo 4.9, calcule a rentabilidade real já descontada do I.R.

Solução: nesse caso pode-se utilizar a TERCEIRA EQUAÇÃO PARA A VIDA, equação 4.4.

Alternativa A, i_{ap}=10,36% a.a.

$$(1+i_{ap})=(1+i_{cm})\cdot(1+i_r) \rightarrow$$

$$i_r = \frac{(1+i_{ap})}{(1+i_{cm})} - 1 = \frac{(1+0,1036)}{(1+0,05)} - 1 = 5,11\% \text{ a.a.}$$

Alternativa B, i_{ap}=9,75% a.a.

$$(1+i_{ap})=(1+i_{cm})\cdot(1+i_r) \rightarrow$$

$$i_r = \frac{(1+i_{ap})}{(1+i_{cm})} - 1 = \frac{(1+0,0975)}{(1+0,05)} - 1 = 4,52\% \text{ a.a.}$$

Alternativa C, i_{ap}=10,26% a.a.

$$(1+i_{ap})=(1+i_{cm})\cdot(1+i_r) \rightarrow$$

$$i_r = \frac{(1+i_{ap})}{(1+i_{cm})} - 1 = \frac{(1+0,1026)}{(1+0,05)} - 1 = 5,01\% \text{ a.a.}$$

Alternativa D, i_{ap}=9,73% a.a.

$$(1+i_{ap})=(1+i_{cm})\cdot(1+i_r) \rightarrow$$

$$i_r = \frac{(1+i_{ap})}{(1+i_{cm})} - 1 = \frac{(1+0,0973)}{(1+0,05)} - 1 = 4,50\% \text{ a.a.}$$

4.5 Principal sistema para análise de prestações

Quando se faz prestações em lojas, empréstimos ou financiamento imobiliário, resulta em um fluxo de caixa de pagamentos. É muito comum as prestações serem constantes no tempo gerando um fluxo que se designa de sistema PRICE, ou seja, sistema da prestação constante. O fluxo de caixa desse sistema é desenhado pela figura 4.4, onde P é o valor do produto à vista e R as prestações. Esse P pode ser o valor do imóvel ou de uma televisão no tempo presente financiado em n prestações cujo valor da parcela é R devido a taxa de juros i.

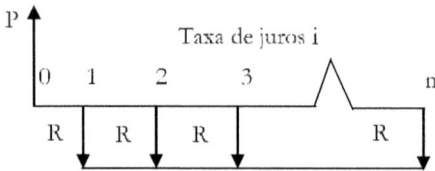

Figura 4.4: Fluxo de caixa do sistema PRICE (prestação constante)

Existem outros sistemas como o SAC (Sistema de Amortização Constante) muito utilizado em financiamentos habitacionais. Nesse sistema a amortização é constante e as prestações vão diminuindo uma vez que a dívida vai diminuindo e, consequentemente, a parcela de juros diminui de a cada prestação paga para uma taxa fixa de juros na contratação. Os sistemas são equivalentes, mas o SAC imprime uma prestação maior inicialmente e assim, tende a ser preferido por muitas instituições financeiras como forma de proteção da inadimplência. Se o cliente consegue honrar inicialmente essa prestação elevada, existe mais chances de honrar as prestações seguintes comparativamente ao PRICE. Esse fato justifica, porque as instituições financiam uma fração menor do imóvel quando o cliente escolhe o sistema PRICE ao invés do SAC. Voltando ao PRICE, esse sistema é fundamental por ser o sistema de dívidas comuns, como a compra de uma televisão. Para o sistema PRICE, a equação que resulta do fluxo da figura 4.4 é a equação 4.6.

$$P = \frac{R}{(1+i)} + \frac{R}{(1+i)^2} + \frac{R}{(1+i)^3} + \cdots + \frac{R}{(1+i)^n} \rightarrow$$

$$P = R\left[\frac{1}{(1+i)} + \frac{1}{(1+i)^2} + \frac{1}{(1+i)^3} + \cdots + \frac{1}{(1+i)^n}\right] \rightarrow$$

Pode-se usar a equação de soma de uma progressão geométrica da seguinte forma:

$$S = \text{soma dos termos P.G.} = P = a_1 \cdot \frac{(q^n - 1)}{q - 1} \qquad \text{Eq. 4.6}$$

Onde: $a_1 = 1°\text{termo} = \frac{1}{(1+i)}$ e $q = \text{razão} = \frac{1}{(1+i)}$

Substituindo tudo na equação 4.6, resulta:

$$P = R \cdot \left[\frac{(1+i)^n - 1}{i \cdot (1+i)^n} \right] \qquad \text{Eq. 4.7}$$

Essa é a **QUINTA EQUAÇÃO PARA A VIDA**

Exemplo 4.11: na compra de um computador no valor de R$2.400,00, podendo ser pago em 10 vezes mensais sem juros, sendo a primeira prestação paga após 1 mês da compra. A loja oferece um desconto de 10% se for pago no boleto bancário à vista. Determine a taxa de juros embutida no financiamento.

Solução: os cálculos são realizados com auxílio de uma planilha. Na equação 4.7 o valor de P é R$2.160,00, R é R$240,00, n é 10 e i é a variável a ser determinada. A tabela abaixo exibe a análise realizada. Os campos em cinza indicam os cálculos. A célula convergência ilustra o cálculo iterativo relacionado à taxa. Para isso os dois termos da equação 4.7 são deixados de um lado igualando a zero e iterando a taxa para a convergência. Nota-se que a taxa obtida que atende a igualdade nula da equação 4.7 é de 1,96% a.m.

Variável	Valor
Valor prazo	R$ 2.400,00
Desconto R$	R$ 240,00
n	10
P	R$ 2.160,00
R	R$ 240,00
i (tentativa)	1,96%
Convergência	R$ 0,000002

Observação: pode-se utilizar uma planilha eletrônica para programar a QUINTA EQUAÇÃO PARA VIDA. Também é interessante programá-la em uma calculadora programável e quando for às compras utilizá-la. Especificamente no software Excel®, pode-se utilizar a função atingir meta para a convergência. Pode-se inclusive utilizar uma pequena macro programando em VB (Visual Basic) mantendo um botão de comando ativo com a macro atingir meta. No penúltimo capítulo será apresentada uma equação para análise de ações a qual poderia ser designada de SEXTA EQUAÇÃO PARA A VIDA e onde é sugerido a utilização desse ferramental de convergência e esse assunto será resgatado.

IVANILTO ANDREOLLI

5 TÍTULOS PÚBLICOS (TP)

Este capítulo teve base no conteúdo disponibilizado no Portal do Tesouro Direto- TD: (www.tesourodireto.gov.br). Recomendo um estudo aprofundado sobre TP, pois apesar de ser classificado como uma modalidade de RF (pela segurança da aplicação e da garantia da rentabilidade pactuada, desde que mantido o título até o final), a venda antecipada pode gerar grandes lucros como grandes prejuízos. Isso porque as taxas de rentabilidades dos TP variam continuamente em função da conjuntura econômica do país. Se o risco país aumenta, as taxas aumentam, pois os investidores exigem um prêmio maior pelo aumento do risco. Mais adiante será mostrado o impacto das oscilações das taxas sobre os TP. Escolher o momento certo de se posicionar em TP pode efetivar seu objetivo, que pode ser: garantir um bom retorno em benefício do tipo previdenciário, aumento de capital com boas taxas reais de juros e ganhos expressivos em prazos curtos pela venda antecipada.

Os TP podem ser acompanhados pela plataforma do TD que é um Programa do Tesouro Nacional desenvolvido em parceria com a B3 para venda de TP para pessoas físicas, por meio da internet. O programa foi concebido em 2002 e surgiu com o objetivo de democratizar o acesso aos TP. Antes do TD, o investimento em TP por pessoas físicas era possível somente indiretamente, por meio de fundos de RF que, por cobrarem elevadas taxas de administração, especialmente em aplicações de baixo valor, reduziam a atratividade desse tipo de investimento. Independentemente do valor aplicado (poucas dezenas de reais ou até milhares de reais) as taxas de juros oferecidas são as mesmas o que torna o investimento atrativo a todas as pessoas. Imagine que você aplique hoje R$1.000,00 e seu amigo aplique R$100.000,00 em um título pré-fixado com vencimento para daqui 8 anos. A rentabilidade oferecida pelos TP será exatamente a mesma. Isso nem sempre ocorre com outras modalidades de investimentos que concorrem com os TP, como LCI, LCA, CDB e LC. Principalmente nos grandes bancos, quem tem dinheiro conseguem isenção de taxas, cartão de créditos bons e sem anuidades e, além disso, conseguem investimentos com menores taxas de administração e maiores rentabilidades. Já nos TP, as taxas são as mesmas, independente do montante aplicado.

Os TP não possuem FGC, mas existe uma garantia ainda maior que é a garantia do Governo Federal. Entre as modalidades de investimentos de RF no Brasil, esse é considerado o de menor risco de calote. Os TP, negociados através da plataforma do TD, são ativos de RF, ou seja, seu rendimento pode ser calculado no momento do investimento, ao contrário dos ativos de renda variável (como ações), cujo retorno não pode ser estimado no instante da aplicação.

Ao comprar um TP, você empresta dinheiro para o Governo Brasileiro em troca do direito de receber, no futuro, uma remuneração por este empréstimo, em outras palavras; você receberá o que emprestou mais os juros sobre esse empréstimo. Com esse dinheiro que você investe, o Governo financia a dívida pública federal oriunda de investimentos em saúde, educação, infraestrutura, entre outros, indispensáveis ao desenvolvimento do Brasil.

Os TP adquiridos através do sistema online ficarão registrados no seu CPF, podendo ser consultados a qualquer momento por meio do seu extrato no portal CEI. Nesse portal é possível investir e resgatar TP. Algumas corretoras permitem apenas a compra e resgate através desse portal. Outras permitem efetuar compra e venda também internamente na plataforma da corretora. Para consultar apenas o extrato uma opção é acessar diretamente o portal da CEI onde a posição consolidada de mais investimentos está também disponível, como as ações e os títulos privados (LC, CDB, LCI e LCA).

Dois custos estão embutidos nas aplicações em TP: taxa da B3 e taxa do agente de custódia. A primeira, não há como fugir, pois, sempre será cobrada e corresponde a 0,25% a.a. É referente aos serviços de guarda dos TP e às informações e movimentações dos saldos. Essa taxa é provisionada diariamente a partir da liquidação da operação de compra (D+2). Por ser provisionada diariamente, é cobrada proporcionalmente ao período em que o investidor mantiver os TP, sendo essa cobrança até o saldo de R$1.500.000,00 por conta de custódia. A segunda taxa vai depender do agente de custódia. Aqui, o investidor pode obter vantagens escolhendo adequadamente o agente de custódia. Agente de custódia são as corretoras e os bancos de investimentos. Os agentes de custódia são responsáveis por realizar o cadastro dos investidores junto a B3 e intermediar a transferência dos recursos financeiros e títulos. Algumas dessas instituições possuem seus sistemas integrados ao sistema do TD, sendo chamadas de Agentes Integrados. A integração dos sistemas se traduz em maior facilidade para o investidor, pois as compras de TP poderão ser feitas diretamente no site da própria instituição.

5.1 Segurança

Já foi comentado que, entre os investimentos de RF, os TP são considerados os mais seguros do país por ser um título soberano, garantido pelo Governo Federal. Poderia ser questionada a segurança da compra através de corretoras, cujas taxas de custódia tendem a ser menores do que dos bancos de investimentos ou até nulas. Porém, quando você compra TP, estes ficam guardados em uma conta de custódia na B3 aberta em seu nome pelo seu agente de custódia. Essa conta é semelhante a uma conta corrente, porém, em vez de guardar dinheiro, guarda títulos. Uma vez adquiridos os TP, eles são registrados sob titularidade do comprador no ambiente seguro da B3. Isso reforça a segurança do programa, pois permite ao investidor mudar de instituição financeira, na eventualidade de problemas com o seu agente intermediário original, sem colocar em risco a sua aplicação. Você pode consultar seus TP pelo seu CPF através do portal do TD ou da B3 já citados anteriormente, o que aumenta a segurança. Assim, recomenda-se utilizar agentes de custódia que cobrem baixas taxas, preferencialmente nenhuma taxa nesse tipo de aplicação visto que a segurança da aplicação não está atrelada ao agente de custódia, e sim, ao título, que é um título soberano. Para mais informações sobre o agente de custódia, especificamente corretoras, veja o item 3.3 que trata sobre o assunto.

5.2 Tributação

A tributação dos TP é semelhante aos investimentos de RF, como CDB. Os impostos são cobrados apenas no resgate segundo a tabela 5.1.

Imposto sobre a rentabilidade	Tempo da aplicação
22,5%	Até 180 dias
20,0%	De 181 a 360 dias
17,5%	De 361 a 720 dias
15,0%	Acima de 720 dias

Tabela 5.1: Taxas de I.R. para investimentos em TP.

Note que, devido à cobrança ocorrer ao final do período, rendimentos são gerados também sobre a parcela do imposto e quanto maior o prazo do título maior será a rentabilidade para uma mesma taxa pactuada.

5.3 Liquidez

Uma das grandes vantagens dos TP é a liquidez garantida pela recompra dos TP pelo Governo Federal. Essa garantia é formidável e traz consigo um dos grandes potenciais dos TP: a possibilidade de ganhar muito dinheiro com a venda antecipada. Mas, a venda antecipada pode também acarretar grandes perdas inclusive do capital investido. É o que se chama de **marcação a mercado**. Ou seja, os TP apresentam valores que variam ao longo do tempo conforme as taxas de juros praticadas no mercado. Essas taxas oscilam diariamente conforme a percepção de riscos pelos investidores. A venda antecipada é garantida pelo Governo Federal, mas a preço de mercado, o que pode acarretar perdas ou ganhos. Existem, porém, um tipo de TP, também bastante rentável, e que praticamente não flutua com o mercado. Esse é um título pós-fixado e indexado à SELIC. Esse assunto será retomado quando for abordado individualmente cada TP e, assim as flutuações dos valores dos TP ficará clara. Dessa forma, investir em TP é uma ótima opção e devido à diversidade de prazos, indexadores e natureza (pós e pré) atende a diferentes objetivos. Em outras palavras, é provável que você encontre um TP adequado ao seu perfil.

5.4 Pagamento de juros e indexadores

Os juros dos TP podem ser pré-fixados (se conhece exatamente a taxa de juros que o investidor receberá no momento da aplicação) ou pós-fixadas (taxa atrelada a algum indexador). Os indexadores utilizados são a SELIC e o IPCA. Além disso, os juros dos TP podem ser disponibilizados na data do resgate do título ou a cada semestre. A primeira alternativa se torna mais interessante em relação à segunda alternativa pela rentabilidade a mais obtida pelo pagamento do I.R. só no vencimento. Não fazendo o resgate dos juros semestrais, o I.R. que seria cobrado dessa parcela é cobrado somente no resgate do título e acaba aumentando a rentabilidade dele. A segunda alternativa se torna interessante às pessoas que vivem de renda (por exemplo, pessoas que se aposentaram e precisam receber proventos ao longo do tempo). Os juros pagos são apenas uma parte dos juros totais. No item que aborda os TP semestrais o assunto será resgatado.

5.5 Tipo de títulos públicos

Os TP podem ser: (i) SELIC, (ii) Pré-fixados e (iii) IPCA+, sendo que nos dois últimos o pagamento dos juros pode ser no semestre ou no vencimento do investimento. Na sequência cada um desses títulos será detalhado. Aqui será feita uma abordagem dos conceitos fundamentais de cada um desses títulos. O intuito inicialmente (seções 5.5 e parte da seção 5.6) é trazer as informações essenciais. Assim, para os leitores que possuem maior dificuldade com a matemática poderão focar nessas seções iniciais deixando as demais seções referentes dos TP para uma leitura futura sem que haja uma perda do entendimento da essência dos TP.

Os títulos SELIC são títulos que seguem a taxa SELIC. São títulos que praticamente não apresentam marcação a mercado como ocorre com demais tipos de TP. Assim são títulos ditos de liquidez visto que podem ser resgatados a qualquer momento sem o risco forte da marcação a mercado. A marcação a mercado será abordada na seção 5.6. Simplificadamente a marcação a mercado é o valor do TP no tempo, o qual sofre flutuações muito significativas em função da variação das taxas de juros. Por exemplo, vamos supor que um TP comprado hoje por um investidor por R$400,00 com vencimento de 10 anos pagará a esse investidor, daqui a 10 anos, R$1.000,00. É possível que no próximo mês esse TP esteja valendo apenas R$300,00. Se esse investidor precisasse resgatar esse TP após 1 mês da compra, nesse exemplo hipotético, ele teria uma grande perda do capital investido. Note que se o investidor mantiver esse TP até o vencimento ele receberá os R$1.000,00. O TP SELIC não possui essas flutuações acentuadas por seguir unicamente um indexador, ou seja, por não possuir parcela pré-fixadas de juros. Ainda assim, este título pode apresentar alguma flutuação que pode ter alguma relevância em prazos curtos de investimentos devido ao ágio/deságio e isso será abordado posteriormente ainda neste capítulo. Assim, no exemplo acima, se esse investidor possuísse um TP SELIC ao invés de um título sujeito a marcação a mercado, ele poderia resgatá-lo sem o risco grande da perda de capital. Assim, o **TP SELIC** é um título bastante conservador e apresenta boa rentabilidade, porque paga aproximadamente a taxa SELIC. **É um investimento que pode ser resgatado a qualquer momento sem o risco da marcação a mercado que ocorre com os demais títulos.** Se fosse plotado o valor desse TP no tempo se notaria uma tendência de crescimento com oscilação muito pequena e esse crescimento seguiria a taxa SELIC. Investimentos de RF que pagam a taxa SELIC são considerados de boa rentabilidade.

Os TP pré-fixados são títulos que apresentam uma taxa definida no momento da compra. Sabe-se exatamente a rentabilidade ao se manter o TP até o final por possuir unicamente taxa pré-fixada de rentabilidade. Existem dois riscos principais nesse tipo de título. O primeiro está associado à fixação de uma taxa de juros. Imagine a compra de um TP pré-fixado na taxa de 10% a.a. para 10 anos cuja inflação é de 4% a.a. Parece um ótimo investimento. Agora imagine que daqui há 2 anos a inflação esteja em 14% a.a. e se mantenha nesse patamar. A rentabilidade real nesse cenário será negativa. O segundo risco é da marcação a mercado. Se a taxa de juros desse TP subir ocorrerá redução do valor do TP como será mostrado matematicamente na seção 5.6. Nesse cenário se houver necessidade de resgate antecipado do TP haverá alguma perda de rentabilidade ou do próprio capital. Esse tipo de TP pode ser interessante para prazos mais curtos, ou em algum cenário de incerteza no país cujas taxas subam muito e o investidor atendo poderia, como diversificação, aproveitar essas oportunidades.

Os TP atrelados aos IPCA+ são títulos que possuem a mesma natureza de marcação a mercado dos títulos pré-fixados, porque possuem uma parcela pré-fixada. Se essa parcela flutuar, o valor do título flutua também. Dois pontos desse tipo de TP merecem destaque: (i) o prazo e (ii) a proteção da inflação. Existem TP desse tipo com prazos bem longos com vencimento de mais de 30 anos. Será mostrado matematicamente na próxima seção que a marcação a mercado é muito sensível ao tempo que falta para o vencimento do título. Quanto maior o tempo, para uma mesma variação da taxa de juros do TP, maior é a variação do valor do TP. Assim, o investidor deve tomar muito cuidado ao investir nesse tipo de TP se pretende resgatar antes do vencimento. Não é incomum nesses tipos de títulos se observar variações de mais de 20% em curtos períodos, como em alguns meses. Novamente, se o investidor mantiver o TP até o vencimento receberá a taxa pactuada. O segundo ponto de destaque desse TP é o indexador. Esse tipo de título oferece uma rentabilidade real mais a inflação. Por exemplo, se um TP oferece IPCA+6% a.a., a rentabilidade real bruta desse TP mantido até o vencimento é de 6% a.a. Se a inflação subir ao longo do período do investimento, esse investidor estará protegido da inflação, porque esse TP paga o IPCA + 6% a.a. Assim é um TP muito interessante para longo prazo, pensando, por exemplo, para aposentadoria. Note que o I.R. incide sobre o total dos juros (inflação e da parte pré-fixada), mas somente será cobrado no resgate. Assim, o investidor pode aproveitar dessa vantagem tributária mantendo o título pelo maior tempo possível. O pagamento do I.R. no final acarreta um aumento da rentabilidade real limpa de I.R. como já mostrado na seção 4.4 onde foi deduzida a QUARTA EQUAÇÃO PARA A VIDA. Ao longo do livro a vantagem tributária de pagar o I.R. ao final será resgatada através de exemplos. Para entender a marcação a mercado é importante o leitor ler com atenção a seção 5.6, principalmente entender os exemplos 5.1 a 5.3.

5.6 Títulos Públicos pré-fixados

Se encaixam nessa categoria os TP cuja taxa de juros é conhecida no ato da aplicação. Em outras palavras, aplicando nesse tipo de título você saberá exatamente o que vai receber no futuro. Esses TD são chamados de LTN e NTN-F. Esses últimos pagam juros semestrais. Cada unidade desse título vale exatamente R$1.000,00 no resgate e é indicado para quem acredita que os juros vão cair. Note que pré-fixar uma taxa pode ser arriscado. Imagine que você escolha um título pré-fixado na data de hoje à taxa de 12% a.a. para um prazo de 8 anos. Imagine que a inflação hoje seja de 7% a.a. Hoje, parece atrativo esse título e de fato é; se nos próximos anos a inflação cair, esse título se tornará ainda mais atrativo visto que a rentabilidade real se tornará maior. Agora, imagine que a inflação nos próximos anos aumente, por exemplo, para 12% a.a. Nesse caso, devido ao imposto que deverá ser pago sobre a rentabilidade do título ao resgatá-lo, poderá haver uma perda do poder de compra resultante. Sugiro somente investir nesse tipo de título se você é uma pessoa atenta ao mercado de juros. Além disso, procurar investir em prazos não muito longos.

A marcação a mercado é um dos pontos mais importantes nos TP e para abordar esse tema de forma quantitativa será escolhido um título puramente pré-fixado para tornar mais didática a análise. Essa análise é apresentada na seção 5.6.1 onde será mostrado o que ocorre com o valor desse tipo de título no cenário de subida e no cenário de descida dos juros. Ficará mais simples entender a marcação à mercado e o impacto sobre o valor dos TP. Embora a análise tenha sido feita para título LTN os mesmos conceitos se aplicam aos títulos IPCA+.

Na escolha dos TP pré-fixados e os indexados à inflação é necessário optar pelo pagamento dos juros semestrais ou pelo pagamento dos juros no vencimento do investimento. O resgate ao final apresenta uma vantagem tributária. Porém, o fluxo semestral se torna interessante para aqueles que necessitam de recursos dos investimentos para viver de renda. Os juros pagos semestralmente correspondem aos juros de 6% a.a., ou 2,956% a.s. para os títulos atrelados à inflação e de 10% a.a., ou 4,881% a.s. Uma possibilidade é investir apenas em TP com pagamento dos juros ao final e o fluxo de recursos poderia ser obtido pela venda de parte dos TP. Quanto à marcação a mercado dos TP com juros semestrais, eles flutuam menos do que os que pagam juros no vencimento. Isso ocorre, porque o fluxo semestral está antecipando os recursos[9]. A seção 5.7.2 aborda quantitativamente essa questão. O exemplo 5.7 faz uma comparação de um TP semestral e um TP principal.

5.6.1 Título pré-fixado (LTN)

Esse título apresenta um fluxo de caixa simples, ou seja, o investimento é resgatado junto com os juros no vencimento do investimento. O fluxo de pagamento dado pela figura 5.1 ilustra o fluxo desse título. O valor F é também chamado de valor de face ou valor nominal (VN). Assim, na data da compra do título, o investidor compra títulos LTN pelo preço total P, fazendo o investimento. Ao final do prazo no tempo n, ele resgata o valor F que é oriundo do capital investido e da rentabilidade obtida.

Figura 5.1: Fluxo de caixa para o título LTN.

A melhor maneira de entender esse título é através de um exemplo.

---

[9] Existe um termo técnico em investimentos de Renda Fixa para definir o tempo médio de um investimento, designado de *duration*. A *Duration* corresponde ao tempo médio de um título de Renda Fixa vai reaver o capital investido mais os juros. Então, a *duration* de um título de Renda Fixa, ou até mesmo de uma carteira de Renda Fixa, representa a média ponderada do tempo em que o investidor vai aguardar para resgatar, a valor presente, o principal mais os juros do investimento.

Porém, vamos considerar inicialmente um exemplo mais simples com o intuito de mostrar um dos grandes potenciais dos TP que é a possibilidade da venda antecipada com rentabilidade muito atrativa. O oposto também ocorre, ou seja, existe a possibilidade de perdas muito significativas. Embora existam alguns detalhes a mais nos cálculos, a análise que será feita aqui vale também para os títulos NTN-B, ou seja, títulos indexados ao IPCA somados de uma taxa pactuada na compra. Em outras palavras, existe potencial de ganho ou de perdas na venda antecipada também nos títulos NTN-B o que é designado tecnicamente de marcação a mercado. A análise será feita para o título LTN cujos cálculos são bem simples e facilita o entendimento e os conceitos relacionados às flutuações do valor do título no decorrer do investimento valem da mesma forma para os demais TP que apresentam alguma parcela pré-fixada. Considerando os títulos LTN para a análise que será feita a seguir, esse título tem a particularidade de valer R$1.000,00 no resgate e a taxa é pré-fixada no momento da compra. A partir do momento da compra, novas taxas são praticadas pelo mercado e isso faz com que o valor do título flutue ao longo do tempo, embora o valor no final seja exatamente os R$1.000,00. Vamos considerar dois exemplos para enfatizar a flutuação.

Exemplo 5.1: considere que um investidor comprou um título LTN em t=0 anos (hoje). O vencimento hipoteticamente desse título será daqui a 8 anos. A taxa pré-fixada é de 14% a.a. Calcule o valor do título que foi pago hoje.

Solução: tendo em vista que o valor final é R$1.000,00, então, o cálculo é muito simples, bastando aplicar a equação base de juros compostos.

$$F = P \cdot (1+i)^n \rightarrow$$

$$P = \frac{F}{(1+i)^n} = \frac{1000}{(1+0,14)^8} \rightarrow$$

P= R$350,56

Assim, o valor a ser pago pelo título em t=0 anos foi de R$350,56.

Exemplo 5.2: considere que um investidor comprou um título LTN em t=0 anos. O vencimento hipoteticamente desse título será daqui a 8 anos. A taxa pré-fixada é de 14% a.a. Supondo que o investidor resolva vender esse título exatamente no início do segundo ano quando a taxa pré-fixada de

negociação da venda do título é de 12% a.a., calcule o valor do título (valor bruto que o investidor receberá na venda antecipada) e a rentabilidade.

Solução: valor pago pelo título em t=0 anos: R$350,56. O valor de venda antecipada do título em t=2 anos é exatamente o valor de R$1.000,00 descontada à taxa de 12% a.a. do tempo t=8 anos para t=2 anos (intervalo de 6 anos).

$$F = P \cdot (1+i)^n \rightarrow$$

$$P = \frac{F}{(1+i)^n} = \frac{1000}{(1+0,12)^6} \rightarrow$$

P= R$506,63

Veja que, se a taxa contratada de 14% a.a. não se alterasse ao longo da permanência do título, o valor ficaria:

$$P = \frac{F}{(1+i)^n} = \frac{1000}{(1+0,14)^6} \rightarrow \quad P= R\$455,59$$

Ou seja, houve um ganho adicional na venda antecipada desse título. Além da taxa de 14% a.a. pactuada e recebida até o resgate, houve um ganho adicional de rentabilidade devido à queda da taxa de juros dos pré-fixados. É isso que se chama de **marcação à mercado**. Em t=2 anos, a oportunidade de compra de LTN já não existe com a taxa de 14% a.a. Ninguém seria louco de vender um título com essa taxa para comprar um título que remunera a 12% a.a. Como o Governo se compromete a recomprar antecipadamente, o preço praticado é o de mercado e o investidor, nesse caso, recebe uma valorização adicional pela venda antecipada, e nesse caso, pode ser vantajoso ao investidor. A rigor, existe uma pequena diferença entre o preço de venda e de compra devido ao *spread* praticado pelo governo. Dessa forma, o valor obtido é um pouco menor que R$506,63. Digamos que é o preço a ser pago pela antecipação, ou seja, uma certa penalização do Governo devido o investidor resgatar o título antes do prazo. Esse *spread* costuma ser por volta de 0,12% a.a.

Para o cálculo da rentabilidade total obtida em termos anuais pode-se calcular a rentabilidade total e após aplicar a equação de taxas equivalentes:

Rentabilidade total no resgate antecipado:

$$i = \left(\frac{506{,}63}{350{,}56} - 1\right) \cdot 100 = 44{,}52\%$$

Rentabilidade anual no resgate antecipado:

$$i_a = \left((1 + i_2)^{1/2} - 1\right) \cdot 100 = 20{,}22\% \text{ a.a.}$$

Veja que, de fato, a rentabilidade no período de t=0 anos até t=2 anos a taxa de rentabilidade foi bem superior a pactuada inicialmente, 14% a.a.

Em relação ao exemplo 5.2 cabem alguns comentários adicionais. Foi demonstrado o cenário de queda dos juros mostrando que há ganhos na venda antecipada do título. Embora esse ganho de fato ocorra, ao resgatar o título o investidor não terá disponível a mesma oportunidade de reinvestir em TP com a taxa de 14% a.a. Poderá fazê-lo, mas à taxa de 12% a.a., o que não representaria vantagem alguma ao investidor. Pode sim o investidor ter vislumbrado uma oportunidade melhor ou então estar precisando do dinheiro para honrar algum compromisso e aí justifica-se a antecipação. Justifica-se também esse resgate antecipado se o investidor vislumbra uma subida nas taxas de juros no curto prazo. Assim o valor resgatado poderia ser reaplicado a uma taxa melhor. Também é importante lembrar que, se no resgate antecipado, a taxa na marcação à mercado for superior, haverá perda para o investidor. Por fim, é fundamental que fique claro nessa análise que, quanto maior o **n** (tempo do vencimento do título), mais "nervoso" se comporta o título com a variação da taxa de juros. Pré-fixados costumam ter prazos mais curtos, de poucos anos até por volta de 10 anos, mas existem outros tipos de títulos (NTN- B) que possuem prazos muito maiores, como 20 anos, e os NTN- B com juros semestrais com prazos por volta de 35 anos. Embora esses TP sejam pós-fixados, atrelados ao IPCA, eles possuem uma taxa que flutua com o mercado, (a parte acima do IPCA). Imagine um investidor que aplicou em um título para 35 anos e precisou resgatar 1 ano depois cuja taxa aumentou de IPCA+6% a.a. para IPCA+8% a.a. Haverá uma grande desvalorização do título e certamente esse investidor perderá, não só em rentabilidade, mas também grande parte do seu capital investido. Ao se avaliar os títulos NTN- B esse assunto será resgatado, embora, a essência da análise de valorização e desvalorização seja essa mostrada no exemplo 5.2. Para enfatizar a importância e a sensibilidade do valor do título com o fator n, veja o exemplo 5.3.

Exemplo 5.3: considere que um investidor comprou um título LTN em t=0 anos. Considere, apenas para fins didáticos que, o vencimento desse título será daqui a 30 anos[10]. A taxa pré-fixada é de 8% a.a. Supondo que o investidor resolva vender esse título exatamente no início do segundo ano quando a taxa pré-fixada de negociação de TP é de 10% a.a., calcule o valor do título (valor bruto que o investidor receberá na venda antecipada) e a rentabilidade.

Solução: tendo em vista que o valor final é R$1.000,00, então, o cálculo é muito simples, bastando aplicar a equação base de juros compostos.

$$F = P \cdot (1+i)^n \rightarrow$$

$$P = \frac{F}{(1+i)^n} = \frac{1000}{(1+0,08)^{30}} \rightarrow P = R\$99,377$$

Assim, o valor a ser pago pelo título em t=0 anos é de R$99,377.

O valor de venda antecipada do título em t=2 anos é exatamente o valor de R$1.000,00 descontada na taxa de 10% a.a. do tempo t=30 anos para t=2 anos (intervalo de 28 anos).

$$F = P \cdot (1+i)^n \rightarrow$$

$$P = \frac{F}{(1+i)^n} = \frac{1000}{(1+0,1)^{28}} \rightarrow P = R\$ 69,343$$

Note que o valor de venda antecipada será bem inferior ao valor investido, mesmo 2 anos depois do investimento! Um cálculo rápido mostra que a perda de capital no período foi de -30,22%, ou seja, houve uma perda de capital de 30,22%! O cálculo da rentabilidade no resgate antecipado pode ser feito da seguinte forma:

$$i = \left(\frac{69,343}{99,377} - 1 \right) \cdot 100 = -30,22\%$$

Também pode-se calcular a rentabilidade anual no resgate antecipado

---

[10] Na prática não existe LTN com prazo tão longo, mas existem título indexados ao IPCA (NTN- B principal e NTN- B com juros semestrais) com prazos tão longos ou mais e que possuem a mesma natureza de flutuação. Aqui a análise hipotética está sendo feita para o título LTN cuja análise é mais ilustrativa.

(período de 2 anos). Para isso, deve-se utilizar a equação de taxas equivalentes, no que resulta em:

$$i_a = \left((1+i_2)^{1/2} - 1\right) \cdot 100 = -16,47\% \text{ a.a.}$$

♣ ♣ ♣

Os exemplos 5.1, 5.2 e 5.3 ilustram as flutuações dos valores dos TP. Esse fato também pode ser comprovado avaliando-se as planilhas disponibilizadas no portal do TD. Pelo portal do TD pode-se baixar as planilhas de diversos TP onde é possível avaliar o comportamento do passado das taxas de mercado e, consequentemente, das flutuações dos valores dos TP. Será feita uma análise gráfica de um título através dos dados obtidos das planilhas disponibilizadas pelo TD. O exemplo é semelhante ao disponibilizado pelo próprio portal do TD, sendo aqui adaptado segundo os objetivos do livro. Coloca-se como opcional esse trecho que contempla o exemplo 5.4 para os leitores que possuem alguma dificuldade com a matemática. O essencial é entender os exemplos vistos anteriores. Ao longo do livro, outros trechos serão também sinalizados como opcionais. O exemplo 5.4 procura mostrar graficamente e de uma forma mais precisa como é realizada a marcação a mercado, mas a essência do funcionamento dos TP está nos exemplos anteriores.

A parte essencial do TD termina aqui e o restante do capítulo pode ser deixado de lado. Nesse caso o leitor pode ir para o Capítulo 6. Ainda destaco alguns trechos como "opcional" para aqueles que querem seguir neste capítulo e têm dificuldade com a matemática. Esses tópicos podem apresentar um pouco mais de complexidade matemática e são destacados com setas onde se inicia e onde termina. O intuito aqui foi de trazer o essencial do TD para todas as pessoas, mesmo para aquelas que têm dificuldades com a matemática visto a importância desse tipo de investimento para a IF. Para os que possuem uma base boa de matemática de nível médio (o antigo segundo grau) recomendo fortemente ler com atenção o capítulo inteiro.

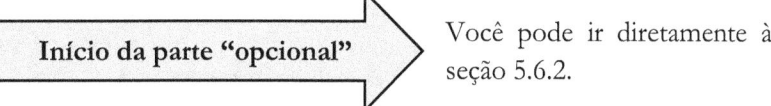

Início da parte "opcional" — Você pode ir diretamente à seção 5.6.2.

Exemplo 5.4: considere a análise de um título TP Prefixado 2015 (LTN) nas seguintes condições de compra: compra foi feita em 02/01/2012 (liquidação em 03/01/2012). Preço do título na data da compra: R$733,56 com taxa da 10,88% a.a. Data do vencimento do título: 01/01/2015. Plote em um mesmo gráfico ao longo dos 3 anos (03/01/2012 a 01/01/2015) a taxa de mercado do título, o valor de mercado do título, a taxa pactuada da compra e o valor do título segundo essa taxa.

Solução: no portal do TD pode-se baixar as planilhas de 2012, 2013 e 2014 (embora para a análise desse exemplo, não há necessidade de baixar essas planilhas para entendimento). Em cada planilha pode-se avaliar as abas relativas ao título de 2015 (data do vencimento). Consolidando os dados dos 3 anos em uma única planilha, pode-se construir um gráfico do valor e das taxas do título. A figura 5.2 apresenta o gráfico construído a partir das informações disponibilizadas pelo TD.

Figura 5.2: Análise do título LTN a partir de dados baixados do portal do TD.

No gráfico foram plotados: **(i)** a taxa flutuante do título ao longo do período (taxa de mercado), **(ii)** o valor do título no mercado devido à flutuação da taxa, **(iii)** a taxa fixa pactuada na data da compra do título (linha pontilhada) e **(iv)** o valor do título segundo a taxa pactuada (essa curva do valor do título foi calculado). A linha vertical se refere a uma venda antecipada que o investidor fez e será avaliado no exemplo 5.5.

As curvas (taxa pactuada e valor do título mercado) são obtidas diretamente a partir dos dados disponibilizados nas planilhas do TD. A curva (valor do título na taxa pactuada) pode ser obtida a partir da equação 5.1.

$$\text{preço} = \frac{VN}{(1+\text{taxa})^{\frac{DU}{252}}}$$

Eq. 5.1

Na equação 5.1, tem-se: (preço) é o preço do título em um tempo qualquer, (VN) é o preço do título ao final (R$1.000,00), (taxa) é a taxa em um tempo qualquer, (DU) é a quantidade de dias úteis e os 252 é a quantidade de dias úteis dentro do ano.

A equação 5.1 é a mesma equação utilizada nos exemplos 5.1 e 5.2. Apenas aqui foi considerado uma forma um pouco mais precisa nos cálculos considerando dias úteis. A analogia com os exemplos anteriores resulta que o "preço" é o P, VN é o F e DU/252 seriam substituídos pelo tempo em anos. Utilizando a equação 5.1 deve-se calcular a quantidade de dias úteis do período da análise. Essa quantidade pode ser obtida a partir do Portal da Anbima (http://www.anbima.com.br/feriados/feriados.asp). A partir da seguinte função do Excel (=DIATRABALHOTOTAL(data inicial;data final-1;ki:kn)) pode-se obter a quantidade de dias úteis, onde: ki:kn refere-se à matriz de feriados obtidos do Portal da Anbima.

A quantidade de dia úteis entre a data da liquidação (inclusive) e a data de vencimento (exclusive) é de 756. A curva (valor título na taxa pactuada) é então obtida a partir de:

$$\text{preço} = \frac{1000}{(1+0{,}1088)^{\frac{(DU)}{252}}}$$, sendo DU variando de 756 até 0.

Algumas observações em relação à figura 5.2:

- quando a taxa de juros cai, os TP se valorizam e a venda antecipada nesse cenário acarreta rentabilidade acima da pactuada incialmente;

- independente das flutuações das taxas e preço dos TP, se o investidor mantiver o título até o final, o valor recebido é exatamente os R$1.000,00 o que corresponde exatamente a rentabilidade da taxa pactuada na compra (10,88% a.a.);

- à medida que o prazo se aproxima do vencimento, há uma convergência (menos oscilação) do preço do título para o preço segundo a taxa pactuada.

Exemplo 5.5: considere o exemplo anterior (exemplo 5.4 cuja taxa de compra do título foi de 10,88% a.a.), mas agora com venda antecipada do título em 07/02/2013. **(a)** Mostre que o preço do título é de aproximadamente R$860,95 (venda antecipada) dado que a taxa de venda nessa data é de 8,16% a.a. **(b)** Mostre que o preço do título nessa data segundo a taxa pactuada (10,88% a.a.) é de aproximadamente R$821,08. **(c)** Calcule a rentabilidade anual da venda antecipada.

Solução (a): primeiramente, é necessário calcular o número de dias úteis, que pela função apropriada do Excel chega-se a 276 dias. Mas o valor do título é calculado partindo dos R$1.000,00 no tempo n=756 e descontando o mesmo até 07/02/2013 à taxa de 8,16% a.a. (756-276+1=481dias). Utilizando-se a equação 5.1, resulta em:

$$\text{preço} = \frac{VN}{(1+\text{taxa})^{\frac{(DU)}{252}}}$$

$$\text{preço} = \frac{1000}{(1+0,0816)^{\frac{(481)}{252}}} = R\$860,95$$

Solução (b): aqui a taxa é fixa variando-se DU. Utilizando-se a mesma equação 5.1, tem-se:

$$\text{preço} = \frac{VN}{(1+\text{taxa})^{\frac{(DU)}{252}}} = \frac{1000}{(1+0,1088)^{\frac{(DU)}{252}}}$$

$$\text{preço} = \frac{1000}{(1+0,1088)^{\frac{(481)}{252}}} = 821,08$$

Solução (c): para calcular a rentabilidade pode-se utilizar a equação de taxas equivalentes. Para isso, é necessário calcular antes a rentabilidade do período.

$$i_p = \left(\frac{860,95}{733,56} - 1\right) \cdot 100 = 17,37\%$$

$$(1+i_p) = (1+i_a)^{p/n} \rightarrow (1+i_p) = (1+i_a)^{276/252} \rightarrow$$

$$i_a = (1+i_p)^{252/276} - 1 = (1+0,1737)^{252/276} - 1$$

$i_a = 15{,}74\%$ a.a.

Note que, devido à queda dos juros, houve uma rentabilidade maior que a inicialmente pactuada (10,88% a.a.). Os cálculos acima são bem próximos aos disponibilizados no Portal do TD. Alguma divergência nos cálculos na casa decimal pode ocorrer, porque pode haver algum dia útil não considerado nas planilhas disponibilizadas.

♣ ♣ ♣

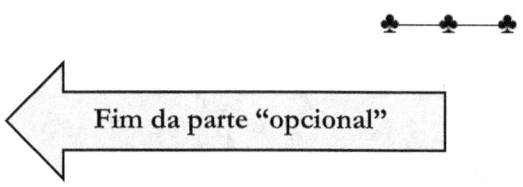
Fim da parte "opcional"

5.6.2 Título pré-fixado com juros semestrais

Existem TP que são recomendados para pessoas que precisam complementar sua renda no decorrer da vida. Funciona como uma espécie de aposentadoria (o investidor recebe proventos relacionados ao investimento). Um dos TP que pagam juros semestrais é o título pré-fixado NTN-F. Isso significa que o rendimento é recebido pelo investidor ao longo do período da aplicação. Os pagamentos semestrais[11], nesse caso, representam uma antecipação da rentabilidade contratada. O título NTN-F possui valor fixo nominal no vencimento equivalente a R$1.000,00. Os fluxos de caixa semestrais são conhecidos como "cupom de juros" e a taxa é de 10% a.a., com possível ajuste no primeiro período de fluência. O primeiro cupom de juros a ser pago contemplará a taxa integral definida para seis meses, independente da data de liquidação da compra. As datas de pagamento dos cupons são definidas retrospectivamente a cada seis meses a partir da data de vencimento do tesouro prefixado com juros semestrais (NTN-F). Caso essa data não seja dia útil, o pagamento ocorrerá no primeiro dia útil subsequente. Ex.: tesouro prefixado com juros semestrais 2023 (NTN-F): pagamento de cupom nos dias 01/01 e 01/07 entre a data da liquidação e a data de vencimento. O pagamento do último cupom de juros coincide com o resgate do principal na data de vencimento. O fluxo de caixa trazido para o valor presente resulta na taxa de retorno desse título e é conhecida como TIR (taxa interna de retorno). A figura 5.3 ilustra o fluxo de pagamento do tesouro prefixado com juros semestrais (NTN-F). Considerando o fluxo

---

[11] O primeiro cupom de juros a ser pago contemplará a taxa integral definida para seis meses, independente da data de liquidação da compra.

dessa figura, inicialmente é feito um investimento. O valor final do título é R$1.000,00. As parcelas pagas semestralmente são na taxa de 10% a.a. (trecho adaptado de: www.tesourodireto.gov.br).

A pergunta a ser respondida para determinar o valor de um título dessa natureza é: **qual o valor P** que forneça parcelas semestrais de juros de 10% a.a. além do principal de R$1000,00 no vencimento se a taxa de juros do investimento é de TIR, por exemplo, 14% a.a.? Para resolver esse problema é só equacionar o fluxo de caixa dado pela figura 5.3.

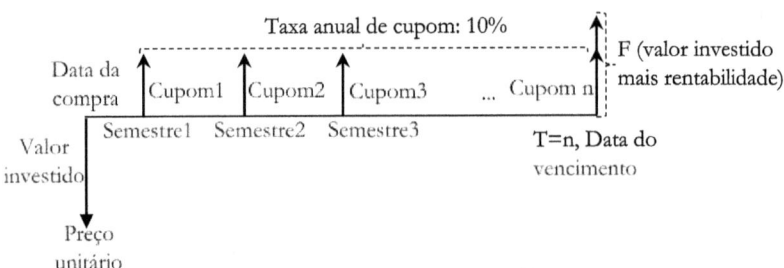

Figura 5.3: Fluxo de caixa para a NTN-F. (Adaptado de www.tesourodireto.gov.br).

O fluxo de caixa desse investimento, trazido ao valor presente, é dado pela equação 5.2, onde: DU representa dias úteis entre a data da liquidação (inclusive) e a data do vencimento (exclusive) e P é o preço pago pelo título em n=0.

$$P = 1000 \cdot \left[(1,1)^{0,5} - 1\right] \cdot \left[\frac{1}{(1+TIR)^{\frac{DU1}{252}}}\right] + 1000 \cdot \left[(1,1)^{0,5} - 1\right] \cdot \left[\frac{1}{(1+TIR)^{\frac{DU2}{252}}}\right] + \cdots \text{Eq. 5.2}$$
$$+ 1000 \cdot \left[(1,1)^{0,5} - 1\right] \cdot \left[\frac{1}{(1+TIR)^{\frac{DUn}{252}}}\right] + 1000 \cdot \left[\frac{1}{(1+TIR)^{\frac{DUn}{252}}}\right]$$

Note que na equação 5.2, o termo $\left[(1,1)^{0,5} - 1\right]$ é o fator que gera a parcela do cupom a partir dos R$1.000,00. Ou seja, é o cálculo dos juros semestrais a partir dos R$1.000,00 e a taxa anual de 10% a.a. O fator fornece aproximadamente 4,88% a.s. de taxa. Já o termo $1/(1+TIR)^{\frac{DU1}{252}}$ traz cada parcela do cupom ao valor presente à taxa pactuada no momento da compra do título, designada de TIR. Será apresentado um exemplo para facilitar o entendimento desse título.

Exemplo 5.6: considere um título NTF-2025 (vencimento em 01/01/2025), comprado em 04/01/2016 cuja taxa estava em 16,51% a.a. e o

FINANÇAS INTELIGENTES

valor do título estava em R$715,59. Mostre que a TIR desse investimento é de fato 16,51% a.a.

Solução: utilizando a função (=DIATRABALHOTOTAL(data inicial;data final-1;ki:kn)) e a matriz (ki:kn) a partir da série de feriados do Portal da Anbina disponibilizado em (http://www.anbima.com.br/feriados/feriados.asp), pode-se calcular cada DUi, considerando que os pagamentos dos cupons ocorrem em 01/01 e 01/07 de cada ano. Apresentam-se os cálculos na forma de tabela de forma a mostrar os cálculos intermediários. A tabela abaixo apresenta os cálculos.

Ocorrência	Data	DU	is	Cupom	Fator P	Produto
Data liquidação	05/01/2016					
DU1	01/07/2016	123	4,88%	48,81	0,928	45,301
DU2	01/01/2017	250	4,88%	48,81	0,859	41,943
DU3	01/07/2017	374	4,88%	48,81	0,797	38,905
DU4	01/01/2018	499	4,88%	48,81	0,739	36,065
DU5	01/07/2018	623	4,88%	48,81	0,685	33,453
DU6	01/01/2019	749	4,88%	48,81	0,635	30,992
DU7	01/07/2019	872	4,88%	48,81	0,589	28,765
DU8	01/01/2020	1002	4,88%	48,81	0,545	26,584
DU9	01/07/2020	1125	4,88%	48,81	0,506	24,674
DU10	01/01/2021	1253	4,88%	48,81	0,468	22,831
DU11	01/07/2021	1376	4,88%	48,81	0,434	21,190
DU12	01/01/2022	1504	4,88%	48,81	0,402	19,608
DU13	01/07/2022	1628	4,88%	48,81	0,373	18,187
DU14	01/01/2023	1755	4,88%	48,81	0,345	16,839
DU15	01/07/2023	1879	4,88%	48,81	0,320	15,620
DU16	01/01/2024	2004	4,88%	48,81	0,297	14,479
DU17	01/07/2024	2128	4,88%	48,81	0,275	13,431
DU18	01/01/2025	2258	4,88%	48,81	0,254	12,413
DU18	01/01/2025	2258	4,88%	1000	0,254	254,310
Soma						**715,59**

Na tabela, tem-se:

- cálculo da taxa equivalente semestral referente aos 10% a.a.;

$$is = \left[(1,1)^{0,5} - 1\right]$$

- cálculo do cupom;

cupom = 1000 · is

- cálculo do fator que traz cada parcela ao valor presente;

$$\text{fator } P = \left[\frac{1}{(1+\text{TIR})^{\frac{DU_i}{252}}}\right]$$

- cálculo do valor presente de cada parcela do fluxo de caixa;

produto = cupom x fator P.

A penúltima linha da tabela traz o valor de R$1.000,00 para o valor presente. A soma das parcelas da coluna "Produto" resulta no **valor R$715,59**, que é exatamente o valor do título. Assim, comprova-se que a TIR é de fato 16,51% a.a., ou seja, aplicando-se essa taxa no fluxo de caixa da tabela acima chega-se ao valor do título original (R$715,59).

O valor P, pode também ser calculado diretamente pela equação 5.2, no que resulta em:

$$P = 1000 \cdot \left[(1,1)^{0,5} - 1\right] \cdot \left\{ \left[\frac{1}{(1+\text{TIR})^{\frac{123}{252}}}\right] + \left[\frac{1}{(1+\text{TIR})^{\frac{250}{252}}}\right] + \left[\frac{1}{(1+\text{TIR})^{\frac{374}{252}}}\right] + \left[\frac{1}{(1+\text{TIR})^{\frac{499}{252}}}\right] + \left[\frac{1}{(1+\text{TIR})^{\frac{623}{252}}}\right] + \left[\frac{1}{(1+\text{TIR})^{\frac{749}{252}}}\right] + \left[\frac{1}{(1+\text{TIR})^{\frac{872}{252}}}\right] + \left[\frac{1}{(1+\text{TIR})^{\frac{1002}{252}}}\right] + \left[\frac{1}{(1+\text{TIR})^{\frac{1125}{252}}}\right] + \left[\frac{1}{(1+\text{TIR})^{\frac{1253}{252}}}\right] + \left[\frac{1}{(1+\text{TIR})^{\frac{1376}{252}}}\right] + \left[\frac{1}{(1+\text{TIR})^{\frac{1504}{252}}}\right] + \left[\frac{1}{(1+\text{TIR})^{\frac{1628}{252}}}\right] + \left[\frac{1}{(1+\text{TIR})^{\frac{1755}{252}}}\right] + \left[\frac{1}{(1+\text{TIR})^{\frac{1879}{252}}}\right] + \left[\frac{1}{(1+\text{TIR})^{\frac{2004}{252}}}\right] + \left[\frac{1}{(1+\text{TIR})^{\frac{2128}{252}}}\right] + \left[\frac{1}{(1+\text{TIR})^{\frac{2258}{252}}}\right] \right\} + 1000 \cdot \left[\frac{1}{(1+\text{TIR})^{\frac{2258}{252}}}\right]$$

Através da equação acima, pode-se substituir 16,51% a.a. no lugar da TIR e calcular o valor P no que resulta R$715,59. Outra forma é substituir no lugar de P o valor do título pago e utilizar uma função iterativa para calcular a TIR. No Excel existe a função atingir meta que resolve facilmente a equação acima.

Será que as mesmas flutuações do valor dos títulos NTN à marcação a mercado ocorrem com os títulos NTN-F? Para avaliar essa questão será feito um exemplo simples no estilo do exemplo 5.3 com os dois tipos de TP.

Exemplo 5.7: considere que um investidor comprou um título LTN-F em t=0 anos. Considere apenas para fins didáticos que o vencimento desse título será daqui a 30 anos[12]. A taxa pré-fixada é de 11% a.a. Supondo que o investidor resolva vender esse título logo após a compra (alguns dias após a compra) cuja taxa pré-fixada de negociação de TP subiu para 13% a.a., calcule o valor do título (valor bruto que o investidor receberá na venda antecipada) e a rentabilidade. Para esse exemplo não está sendo considerado o I.R., a taxa de custódia e a taxa da B3.

Solução: para calcular o valor do título pago e o valor do título no resgate é só aplicar o fluxo de caixa desse título, ou seja, a equação:

$$P = 1000 \cdot \left[(1,1)^{0,5} - 1\right] \cdot \left[\frac{1}{(1+TIR)^{\frac{DU1}{252}}}\right] + 1000 \cdot \left[(1,1)^{0,5} - 1\right] \cdot \left[\frac{1}{(1+TIR)^{\frac{DU2}{252}}}\right] + \ldots$$

$$1000 \cdot \left[(1,1)^{0,5} - 1\right] \cdot \left[\frac{1}{(1+TIR)^{\frac{DUn}{252}}}\right] + 1000 \cdot \left[\frac{1}{(1+TIR)^{\frac{DUn}{252}}}\right]$$

Por ser um cenário hipotético será considerado os juros semestrais sempre no meio do período de DU, ou seja, 126 dias, 252 dias, 378 dias, 554 dias e assim por diante. O valor P é calculado substituindo cada DU e a TIR de 11% a.a. e de 13% a.a. A tabela a seguir ilustra os cálculos. A última linha mostra o valor presente para as referidas taxas.

O valor do título à taxa de TIR de 11% a.a. é de R$942,47. Já o valor do título à taxa de TIR de 13% a.a. é de R$840,98. A variação no período foi de:

$$i = \left(\frac{840,98}{942,47} - 1\right) \cdot 100 = -10,77\%$$

Como comparação, vamos avaliar um título LTN com o mesmo prazo e mesmas taxas.

$$P_{i=11\%} = \frac{F}{(1+i)^n} = \frac{1000}{(1+0,11)^{10}} \rightarrow P = R\$352,185$$

---

[12] Na prática não existe LTN-F com prazo tão longo, mas existem título indexados ao IPCA (NTN-B com juros semestrais) com prazos tão longos ou mais e que possuem a mesma natureza de flutuação. Aqui a análise hipotética está sendo feita para o título LTN-F cuja análise é mais ilustrativa.

$$P_{i=13\%} = \frac{F}{(1+i)^n} = \frac{1000}{(1+0,13)^{10}} \rightarrow P= R\$294,588$$

$$i = \left(\frac{294,588}{352,185} - 1\right) \cdot 100 = -16,35\%$$

				P com taxa de 11%		P com taxa de 13%	
DU (dias)	is	Cupom		Fator P	Produto	Fator P	Produto
0							
126	4,88%	R$48,81		0,949	R$46,33	0,941	R$45,92
252	4,88%	R$48,81		0,901	R$43,97	0,885	R$43,19
378	4,88%	R$48,81		0,855	R$41,74	0,832	R$40,63
504	4,88%	R$48,81		0,812	R$39,61	0,783	R$38,22
630	4,88%	R$48,81		0,770	R$37,60	0,737	R$35,96
756	4,88%	R$48,81		0,731	R$35,69	0,693	R$33,83
882	4,88%	R$48,81		0,694	R$33,87	0,652	R$31,82
1008	4,88%	R$48,81		0,659	R$32,15	0,613	R$29,94
1134	4,88%	R$48,81		0,625	R$30,52	0,577	R$28,16
1260	4,88%	R$48,81		0,593	R$28,97	0,543	R$26,49
1386	4,88%	R$48,81		0,563	R$27,49	0,511	R$24,92
1512	4,88%	R$48,81		0,535	R$26,10	0,480	R$23,44
1638	4,88%	R$48,81		0,507	R$24,77	0,452	R$22,05
1764	4,88%	R$48,81		0,482	R$23,51	0,425	R$20,75
1890	4,88%	R$48,81		0,457	R$22,31	0,400	R$19,52
2016	4,88%	R$48,81		0,434	R$21,18	0,376	R$18,36
2142	4,88%	R$48,81		0,412	R$20,10	0,354	R$17,27
2268	4,88%	R$48,81		0,391	R$19,08	0,333	R$16,25
2394	4,88%	R$48,81		0,371	R$18,11	0,313	R$15,28
2520	4,88%	R$48,81		0,352	R$17,19	0,295	R$14,38
2520	4,88%	R$1.000		0,352	R$352,18	0,295	R$294,59
Soma					R$942,47		R$840,98

Note que a flutuação do título com cupom semestral apresenta flutuação bem menor do que o título principal. Isso decorre pelo fluxo de caixa antecipado de parte do pagamento do título.

5.7 Títulos Públicos pós-fixados

Se encaixam nessa categoria os TP cuja taxa de juros não é conhecida no ato da aplicação. Em outras palavras, aplicando nesse tipo de título, você não saberá exatamente o que vai receber no futuro devido aos indexadores (SELIC e IPCA) que variam no tempo. Esses TP são chamados de LFT (tesouro SELIC), NTN- B Principal (Tesouro IPCA+) e NTN- B (Tesouro IPCA+ com juros semestrais). Esses últimos pagam juros semestrais. Os TP atrelados à taxa SELIC são interessantes, porque praticamente não apresentam flutuações de valor ao longo do tempo da aplicação uma vez que a rentabilidade do título muda conforme a SELIC. Assim, um resgate antecipado de um título SELIC não acarreta praticamente em perdas ou ganhos adicionais ao indexador (SELIC). Já os TP atrelados ao IPCA possuem uma taxa de juros fixa (pactuada no momento do investimento) e uma taxa do indexador IPCA. Como a taxa pactuada varia de acordo com a marcação a mercado, esse título flutua e, assim, uma venda antecipada pode acarretar perdas ou ganhos adicionais em relação à taxa pactuada. Uma analogia é considerar o IPCA um indexador como é a SELIC (não flutua). Já a taxa pré-fixada faz o papel do título pré-fixado, flutuar e, consequentemente, flutuando o valor do título. Uma particularidade dos TP indexados ao IPCA são os prazos mais longos em relação aos demais TP. É possível comprar títulos IPCA com prazos superiores a 30 anos. Consequentemente, TP longos, apresentam grandes flutuações. São títulos mais "nervosos", ou seja, mais sensíveis às variações das taxas de juros. Um prazo maior pode ser interessante em cenários de queda de juros, mas uma inversão de tendência da curva de juros indica um bom ponto de saída do título (venda antecipada) de acordo com a marcação a mercado. Manter o título IPCA até o final garante proteção da inflação com ganhos de juros reais. Investimentos de baixo risco com taxa real garantida é cada vez mais raro. Vivemos tempos complexos de dívidas crescentes e com bancos centrais expandindo freneticamente a emissão monetária. Isso traz inflação e baixo retorno real. Assim, investimentos protegidos da inflação, com retorno real e de baixo risco como ocorre com os títulos públicos IPCA+, são interessantes.

5.7.1 Título SELIC (LFT)

O Tesouro SELIC ou LFT é um título pós-fixado cuja rentabilidade segue a variação da taxa SELIC. A remuneração do título é dada pela variação da taxa SELIC diária, registrada entre a data de liquidação da compra e a data de vencimento do título, acrescida, se houver, de ágio ou deságio no momento da compra. O deságio e ágio do Tesouro SELIC é uma taxa acrescida e deduzida à variação da SELIC para aferir a rentabilidade do título de acordo com uma menor e maior demanda pelo Tesouro SELIC. Se ocorrer deságio, o investidor recebe a SELIC mais o valor do deságio. Se ocorrer ágio, o investidor recebe a SELIC menos o ágio. Na página de consulta de preços e taxas dos TP do site do TD, a coluna da taxa de venda ou compra do Tesouro SELIC apresenta o valor 0,00% caso o título esteja sendo negociado ao par, ou seja, sem ágio ou deságio. A taxa pode estar preenchida com valores positivos, como 0,03%, o que significa deságio de 0,03% ao ano sobre a taxa SELIC, ou valores negativos, o que significa ágio sobre a taxa SELIC registrada para remuneração do título. Se a taxa é positiva (deságio), o investidor recebe um pouco mais do que a SELIC e quando em ágio (taxa negativa), recebe um pouco menos do que a SELIC. Na prática, esses percentuais podem ter algum impacto importante quando o resgate ocorre muito antes do vencimento. À medida que o prazo se alonga, mesmo em poucos meses de aplicação, essa taxa praticamente não impacta no investimento. Ainda nesse item será avaliado o impacto dessa taxa com um exemplo.

O título SELIC é o mais conservador que existe no mercado, pois pode ser vendido a qualquer instante, sem incorrer em perdas de rentabilidade pela marcação a mercado como ocorre com os demais TP. Além disso, esse título praticamente paga 100% do DI, o que é uma ótima rentabilidade. Dificilmente o investidor, principalmente o pequeno investidor, consegue rentabilidades próximas a 100% do DI em RF com baixo risco na linha de um título público. É sim possível obter rentabilidades acima do DI como em CDB, porém, em bancos menores onde o risco de crédito costuma ser maior. Além disso, trata-se de um título público, garantido pelo Governo, ou seja, com risco muito baixo. Obter praticamente 100% do DI e com a segurança do Tesouro Nacional para qualquer que seja o valor investido (pequeno ou grande investidor) é algo raro. Com relação à rentabilidade, considerando ágio/ deságio nulo o percentual fica um pouco abaixo do DI devido a taxa da B3 de 0,25% a.a. O impacto dessa pequena taxa sobre a rentabilidade do título SELIC é função da taxa SELIC. A tabela 5.2 apresenta aproximadamente a rentabilidade do título SELIC como percentual do DI (considerando ≈ 99% da SELIC) para diversas taxas SELIC (terceira coluna da tabela). A quarta coluna mostra o cálculo considerando ainda uma taxa de custódia de 0,5% a.a. totalizando 0,75% a.a. Note que a taxa B3 e a taxa do agente de custódia tem mais impacto na taxa de rentabilidade quando os juros são menores, pois essas duas taxas (por serem fixas), proporcionalmente à rentabilidade representam uma parcela maior.

A análise do impacto das taxas da B3 e do agente de custódia é importante. O investidor atento, que possui uma conta em uma boa corretora, pode avaliar também os fundos de RF com baixo risco e alguns desses fundos rendem levemente acima de 100% do DI, como 105% do DI e com baixa volatilidade. São fundos com liquidez imediata e que seguem o DI e assim podem ser considerados produtos na linha do TP SELIC. O importante é o conceito do investimento em SELIC. Deve ser visto como um investimento de alta liquidez, de boa rentabilidade, baixo risco, baixa volatilidade para que possa ser resgatado de imediato em eventual necessidade ou oportunidade. São vários produtos que seguem a SELIC, sendo o mais clássico o TP SELIC.

SELIC	DI	(DI-0,25%)/DI	(DI-0,75%)/DI
20,00%	19,80%	98,74%	96,21%
16,00%	15,84%	98,42%	95,27%
14,00%	13,86%	98,20%	94,59%
12,00%	11,88%	97,90%	93,69%
10,00%	9,90%	97,47%	92,42%
8,00%	7,92%	96,84%	90,53%
6,00%	5,94%	95,79%	87,37%

Tabela 5.2: Análise do impacto da taxa B3 e da taxa de custódia sobre a rentabilidade do Tesouro SELIC.

O Tesouro SELIC possui fluxo de pagamento simples, ou seja, o investidor faz a compra e recebe o rendimento apenas uma vez, na data de vencimento do título, junto com o valor do principal. A figura 5.4 ilustra o fluxo de pagamentos do Tesouro SELIC:

Figura 5.4: Fluxo de caixa para o título SELIC.

Para precificar o Tesouro SELIC, ou seja, calcular a quanto uma LFT deve ser vendida, o Tesouro Nacional estabeleceu que uma unidade do Tesouro SELIC equivale a R$1.000,00 em 1º de julho de 2000, (chamada de data-base). A partir dessa data, este valor é atualizado pela variação da taxa SELIC diária. Ao valor encontrado, definido como Valor Nominal Atualizado (VNA), é aplicada uma taxa de ágio ou deságio, de acordo com a demanda pelo Tesouro SELIC no momento, sendo, então, obtido o preço do título para venda. Por exemplo, um título LFT em 03/01/2011 vale R$4.501,44. Isso significa que o fator SELIC de 01/07/2000 até 04/01/2011 é de 4,50144, ou seja, o percentual acumulado da SELIC foi por volta de 350,14%.

Exemplo 5.8: considere um título SELIC comprado em 03/01/2011 com vencimento em 07/03/2013. Calcule a rentabilidade bruta anual desse título considerando que no portal do TD, pode-se obter o valor dos títulos. Assim em 03/01/2013 o valor da compra foi de: R$4.501,44 (liquidação em 04/01/2011). Em 07/03/2013 o valor da venda foi de R$5.514,92. Esse valor de R$5.514,92 pode ser verificado fazendo os cálculos através da taxa SELIC acumulada no período disponível no portal do Banco Central do Brasil. Fazendo os cálculos resulta o fator acumulado de 1,22514330198042 (período de 04/01/2011 a 07/03/2013). Multiplicando esse fator pelo valor de R$4.501,44 obtém-se R$5.514,92.

Solução: para o cálculo da rentabilidade anual no período deve-se calcular o número de dias úteis entre a liquidação e o vencimento e os cálculos resultam em 545 dias úteis. A rentabilidade no período (i_P) é obtida por:

$$i_p = \left(\frac{5514,92}{4501,44} - 1\right) \cdot 100 = 22,51\%$$

A partir dessa taxa, pode-se aplicar a equação de taxas equivalentes para obter a rentabilidade anual, ainda bruta de IR:

$$(1+i_p) = (1+i_a)^{p/n} \rightarrow (1+i_p) = (1+i_a)^{546/252} \rightarrow$$

$$i_a = (1+i_p)^{252/546} - 1 = (1+0,2251)^{252/546} - 1$$

$$i_a = 9,83\% \text{ a.a.}$$

O exemplo 5.9 avalia o impacto da taxa de ágio/deságio devido à operação de compra e venda de títulos SELIC. Em geral, essa taxa é baixa e impacta muito pouco na rentabilidade do título, exceto em vendas muito próximas à data da compra ou em cenários de desequilíbrio de taxas de juros no país. Em alguns cenários de estresse da economia, como ocorreu no início da pandemia do coronavírus, a taxa de ágio pode aumentar de forma significativa podendo trazer certo retorno negativo por alguns meses ao investidor.

Exemplo 5.9: considere que o título SELIC comprado em 03/01/2011 com vencimento em 07/03/2013 foi resgatado antecipadamente. Considere hipoteticamente algumas datas de resgate e compare com a taxa SELIC acumulada em cada período. As datas de resgate são as seguintes: 01/02/2011, 01/03/2011, 01/04/2011, 01/11/2011, 01/08/2012 e 01/02/2013.

Solução: o valor de compra e de venda foram obtidos do portal do TD. O fator SELIC foi obtido do portal do BC. O cálculo da i_SELIC representa a taxa SELIC em cada intervalo de tempo e é calculada diretamente pela divisão de cada campo da quarta coluna da tabela abaixo pelo primeiro campo (4,50143706). O cálculo da i_títulos representa a rentabilidade bruta do título na referida data do resgate e é obtida pela divisão de cada campo da terceira coluna pela segunda coluna. Da análise dessa tabela, nota-se que o impacto do ágio/deságio ocorre para resgates iniciais, principalmente nos 4 primeiros meses. Uma sugestão é manter os títulos SELIC ao menos por 6 meses para aproveitar também o benefício fiscal (veja seção de tributação).

Observação: essa tabela é apenas ilustrativa e representa alguns exemplos de resgate de um determinado título. As flutuações da rentabilidade devido ao ágio/deságio podem variar e é esperado que com maior tempo de permanência do título o impacto do ágio/deságio diminua.

Data	Compra	Venda	Fator SELIC	i_SELIC	i_títulos
03/01/2011	4.501,44	4.498,52	4,50143706	-	-
01/02/2011	4.540,34	4.537,51	4,54033346	0,86%	0,80%
01/03/2011	4.578,66	4.575,91	4,57865136	1,72%	1,65%
01/04/2011	4.620,89	4.619,11	4,62087821	2,65%	2,61%
01/11/2011	4.937,03	4.935,71	4,93701255	9,68%	9,65%
01/08/2012	5.294,16	5.293,85	5,29321834	17,59%	17,60%
01/02/2013	5.483,43	5.483,39	5,48336226	21,81%	21,81%
07/03/2013	5.514,92	5.514,92	5,51490546	22,51%	22,51%

Ainda com relação ao ágio/deságio, no portal do TD pode-se averiguar como o ágio/deságio afeta a rentabilidade do Tesouro SELIC, onde é mostrado através de cálculos diretamente no preço dos TP. Aqui, pela proposta do livro de ser um material de simples entendimento, preferiu-se apresentar através de um exemplo onde mostra-se que o impacto é pequeno, principalmente quando o investidor fica ao menos 6 meses com o título.

5.7.2 Título IPCA principal (NTN-B principal)

Título NTN-B principal é um tipo de título pós-fixado, cuja rentabilidade é composta por uma taxa anual definida no momento da compra mais a variação do IPCA. Esses títulos não possuem fluxos periódicos de pagamento ao investidor (cupom semestral de juros) e sua rentabilidade é dada pela taxa anual de juros, que determina sua cotação, mais a variação do indexador até o vencimento, que altera o valor de seu VNA (Valor Nominal Atualizado). Com relação ao seu VNA, a data base é 15/07/2000, quando seu valor, por definição, foi estabelecido em R$1.000,00. Desde então, mensalmente esse valor é atualizado pela variação mensal do IPCA, divulgada entre os dias 10 e 15 de cada mês pelo IBGE. Notar que a divulgação do IPCA ocorre em meados do mês e se refere sempre ao IPCA do mês anterior (mês inteiro).

Os cálculos desses títulos são um pouco mais complexos, mas também aqui os cálculos serão apresentados através de exemplos simples omitindo detalhes que não são muito importantes. Esses cálculos, inclusive, podem ser deixados de lado na leitura, sem comprometer o entendimento da essência desse título. Algumas características desses títulos são:

- proteção contra inflação. Esses títulos, por estarem atrelados ao IPCA protegem contra inflação. Dessa forma, é importante obter uma boa taxa real na compra do título para garantir boa rentabilidade real;

- os prazos são bem mais longos quando comparados aos títulos SELIC e aos títulos pré-fixados. Assim são títulos interessantes para aposentadoria e novamente, uma boa taxa pactuada na compra potencializa os ganhos.

Devido aos prazos mais longos, as flutuações do valor dos títulos são significativas. Podem ocorrer flutuações em poucos meses de mais de 30% do valor do título. Logo, a venda antecipada pode acarretar perdas severas, mas também ganhos. Manter os títulos até o final é garantia do ganho do IPCA mais a taxa pactuada na compra. O fluxo de caixa desse tipo de título é simples, pois não há pagamentos semestrais. A figura 5.5 apresenta o fluxo.

O exemplo 5.10 mostra como é calculado o valor do título e é útil para atender o fluxo desse título. Para quem tem alguma dificuldade com matemática, pode deixar esse exemplo e ir direto ao exemplo seguinte.

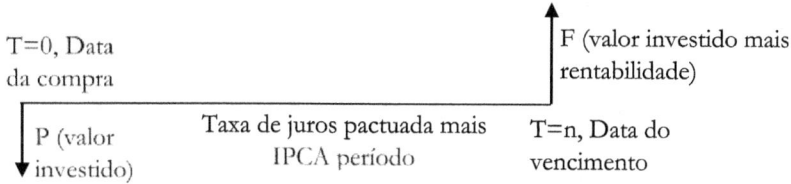

Figura 5.5: fluxo de caixa do título IPCA-principal. (Adaptado de: www.tesourodireto.gov.br)

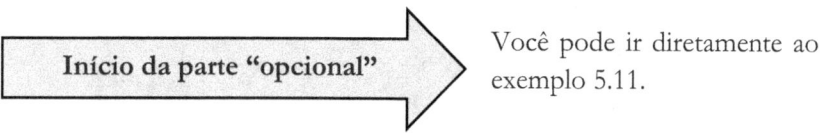

Exemplo 5.10: considere um título NTB-principal comprado em 01/09/2011 (liquidação em 02/09/2011) com prazo de vencimento em 15/05/2035, conforme a tabela abaixo que traz as informações obtidas do portal do TD. Comprove que o valor do título na data da compra é de fato o valor R$557,34.

Título	IPCA 2035 (NTN-B)
Data da compra	01/09/2011
Data da liquidação	02/09/2011
Quantidade	1
VNA na data-base, 15/07/2000	R$1.000,00
VNA até jul/11 (incluso jul., VNA 15/08/11)	R$2.059,221364
Data de vencimento	15/05/2035
Dias úteis entre liq. (inclusive) e de vencimento (exclusive)	5950
Taxa pactuada	5,70%
Preço do título na data da compra	**R$557,34**
IPCA projetado para ago/11 (estimada mercado)	**0,34%**

Solução: é necessário calcular o VNA para o dia da liquidação, mas só se conhece o VNA de 15/08/2011 (IPCA do mês 07, ou julho de 2011), ou seja, o indexador é ex post (conhecido posteriormente). Assim, é necessário projetar (estimar) o VNA para o dia da liquidação da compra.

Parte 1: será calculado o VNA até a data que se tem informações de IPCA (IPCA do mês 07 ou julho de 2011).

Para se chegar ao fator de variação do IPCA entre o dia 15/07/2000 e o dia 15/08/2012 (IPCA do mês 07 ou julho/2011), basta dividir os respectivos números-índice da série disponibilizada pelo IBGE no endereço: http://www.ibge.gov.br/home/estatistica/indicadores/precos/inpc_ipca/defaulttab.shtm.

Índice IPCA 15/jul/2000: 1614,62

Índice IPCA 15/ago/2011: 3324,86 (IPCA até final de julho)

Fator=3324,86/1614,62= 2,059221365

O VNA é então calculado como:

VNA=R$1.000,00 x 2,059221365

VNA=R$2.059,221365

Esse valor bate exatamente com o VNA divulgado no portal do TD em balanço e estatísticas.

Parte 2: será projetado o VNA com base na projeção do IPCA de agosto/2011. Imagine que na época não existia esse índice e era necessário fazer uma projeção. Essa projeção é de 0,34%.

$$VNA_{proj} = VNA \cdot (1 + IPCA_{proj})^k$$

O expoente **k** da equação representa a razão entre o número de dias corridos entre a data de liquidação e o dia 15 do mês em questão (agosto/2011) e o número de dias corridos entre o dia 15 do mês seguinte (setembro/2011) e o dia 15 do mês em questão (agosto/2011). Ou seja:

$$x = \frac{\text{N° de dias corridos entre 15/08/2011 e 02/09/2011}}{\text{N° de dias corridos entre 15/08/2011 e 15/09/2011}}$$

$$x = \frac{18}{31}$$

$$VNA_{proj} = 2059,221365 \left(1 + \frac{0,34}{100}\right)^{\frac{18}{31}}$$

$VNA_{proj} = 2063{,}283773$

Parte 3: finalmente, para encontrar o valor do título a ser pago na referida data da compra, deve-se aplicar a taxa de desconto pactuada na compra do título do vencimento até a data da compra (5950 dias úteis).

$$Valor = \frac{2063{,}283773}{(1+5{,}7\%)^{5950/252}}$$

Valor = R$557,34

Esse valor bate exatamente com o valor do título em 01/09/2011 que pode ser consultado em balanço e estatísticas no portal do TD.

♣ ♣ ♣

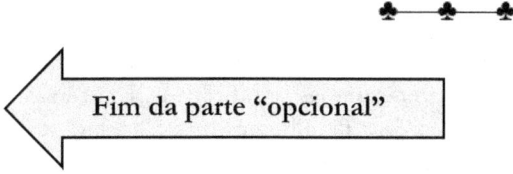

Fim da parte "opcional"

Exemplo 5.11: considere um título NTB-principal comprado em 01/09/2011 (liquidação em 02/09/2011) com prazo de vencimento em 15/05/2035. Esse título foi pago R$557,34, conforme mostrado no exemplo 5.10, ou comprovado através do portal do TD. A taxa de juros desse título é IPCA + 5,7% a.a. Considere que no dia da liquidação houve uma variação da taxa de juros para 6,7% a.a. Calcule aproximadamente o valor do título nessa data.

Solução: esse exemplo tem por objetivo mostrar a flutuação do valor do título com a flutuação da taxa. O cenário é hipotético. É difícil (mas não impossível, vide 18/maio/17 com a divulgação da gravação dos irmãos Batista da JBS sobre o governo do Brasil) ocorrer uma variação dessa magnitude em apenas 1 dias, mas é possível em poucos meses. Uma variação dessa ordem em poucos meses, normalmente torna insignificante a rentabilidade do título nesses meses frente a flutuação devido a variação da taxa, porque o prazo de vencimento do título é muito longo. Nesse exemplo específico, a rentabilidade de 1 dia é ainda mais desprezível e pode-se avaliar somente o impacto da variação da taxa.

-Valor do título comprado em 01/09/2011:

Valor = R$557,34

-Valor do título em 15/05/2035 com base na taxa pactuada sem inflação:

$$\text{Futuro} = 557{,}34 \cdot (1+5{,}7\%)^{5950/252} = R\$2.063{,}283773$$

-Valor do título após a subida da taxa de juros:

$$\text{Presente} = \frac{2063{,}283773}{(1+6{,}7\%)^{5950/252}} = R\$446{,}235561$$

-Desvalorização:

$$D = \frac{446{,}235561}{557{,}34} - 1 = 20\%$$

Ou seja, uma variação de 1% a.a. na taxa de juros acarretou uma desvalorização de 20% no título. Isso mostra que esse tipo de título, se resgatado antecipadamente pode acarretar perdas significativas. Em cenários de instabilidades econômica, as taxas dos TP flutuam muito inclusive em períodos curtos, como 1 ano, podendo ocorrer flutuações absolutas de mais de 2% a.a. Por exemplo, um título comprado a taxa IPCA + 5% a.a., pode em menos de 1 ano passar para nova taxa de IPCA +7% a.a. Se o resgate fosse feito nesse cenário, a perda seria enorme.

Exemplo 5.12: como ocorre com os demais TP, existe uma variação entre taxa de compra e venda de TP. Considere o exemplo anterior, título NTB-principal comprado em 01/09/2011 (liquidação em 02/09/2011) com prazo de vencimento em 15/05/2035. Esse título foi pago R$557,34 cuja taxa de compra estava em 5,7% a.a. e a taxa de venda 5,8% a.a. Calcule o valor do título logo após a compra.

Solução: esse é um exemplo real e pode ser verificado no portal do TD. Os cálculos a seguir mostram como é simples calcular a queda do valor devido a diferença de taxa de compra e venda.

-Valor do título comprado em 01/09/2011:

Valor = R$557,34

-Valor do título em 15/05/2035 com base na taxa pactuada sem inflação, 5,7% a.a.:

$$\text{Futuro} = 557{,}34 \cdot (1+5{,}7\%)^{5950/252} = R\$2.063{,}283773$$

-Valor do título logo após a compra, (taxa de 5,8% a.a.):

$$\text{Presente} = \frac{2063,283773}{(1+5,8\%)^{5950/252}} = R\$545,03$$

-Desvalorização:

$$D = \frac{545,03}{557,34} - 1 = 2,21\%$$

Ou seja, a perda em caso de venda logo após a compra seria de 2,21%! Na prática, é necessário aguardar a liquidação da compra e a atualização no sistema para a venda, o que leva cerca de 2 dias úteis. Esse prazo é tão curto que pode ser desprezado. Assim, a venda logo após a compra de um título longo implica também em perdas significativas pela própria diferença entre taxas de compra e venda (ágio/deságio).

O exemplo 5.13 procura mostrar os cálculos envolvidos na venda antecipada dos TP atrelados ao IPCA em um tempo qualquer entre o período de compra e vencimento. Essa metodologia pode ser útil para fazer estimativas de resgate antecipados com flutuações das taxas de juros. Por exemplo, um investidor pode adotar a estratégia de comprar um título longo para vendê-lo antecipadamente daqui a 2 anos buscando a rentabilidade alta pela queda dos juros. Mas, pode ocorrer uma elevação da taxa de juros ao invés de uma queda. Uma análise expedita pode ser feita pelo investidor antes dessa compra para avaliar o ganho ou perda na venda antecipada. O exemplo 5.13 ilustra a metodologia que foi aplicada em um período em que se conhecia as taxas (histórico). No caso de um cálculo para o futuro é necessário estimar as taxas.

Exemplo 5.13: considere o título anterior, um título NTB-principal comprado em 01/09/2011 (liquidação em 02/09/2011) com prazo de vencimento em 15/05/2035. Esse título foi pago R$557,34 cuja taxa de compra estava em 5,7% a.a. Considere que esse título foi resgatado antecipadamente em 31/12/2015 cuja taxa de venda estava em 7,50% a.a. Calcule a rentabilidade do período.

Solução: pelo portal do TD é possível obter diretamente o valor de venda do título em 31/12/2015 (R$687,99). Com esse valor pode-se calcular a rentabilidade. Mas vamos mostrar nesse exemplo como se pode chegar a esse valor. Isso é importante para que o investidor possa fazer previsões do comportamento do valor do título antes de comprar um título desse tipo.

Parte 1: Correção do título pelo IPCA e da rentabilidade pactuada (5,7% a.a.).

IPCA ago/11: 3337,16

IPCA dez/15: 4493,17

Fator: 4493,17/3337,16= 1,34640532668497

DU entre compra (liquidação) e resgate antecipado: 1088 dias

Correção no período: essa correção é feita com base na equação de correção monetária vista no Capítulo 3, onde Vta é o valor do título atual na taxa pactuada e com correção monetária.

$$Vta = 557,34 \cdot (1 + IPCA)^n \cdot (1 + i_p)^n$$

$$Vta = 557,34 \cdot 1,3464053 \cdot (1 + 5,7\%)^{\frac{1088}{252}}$$

$$Vta = 953,32029$$

Em analogia ao exemplo 5.4 e figura 5.2, esse valor representaria o valor na curva de juros calculado de acordo com a taxa pactuada que aqui é o IPCA + 5,5% a.a., porém, o valor de mercado desse título nessa data não é esse e será calculado no passo 2 (cálculos intermediários) e 3 (cálculos finais) a seguir.

Parte 2: Cálculos intermediários

DU entre resgate antecipado (31/12/2015) e vencimento (15/05/2035): 4862 dias

Correção do valor de (R$953,32029) levado até o vencimento na rentabilidade pactuada (5,7% a.a.), onde Vtav é o valor teórico do título no vencimento aplicado a taxa pactuada de 5,7% a.a.

$$Vtav = 953,32029 \cdot (1 + 5,7\%)^{\frac{4862}{252}}$$

$$Vtav = 2778,006354$$

Novamente, em analogia ao exemplo 5.4 e figura 5.2, esse valor representa o valor na curva de juros calculada de acordo com a taxa pactuada que agora é apenas os 5,5% a.a. O IPCA é considerado nulo nos cálculos futuros (entre resgate e prazo de vencimento).

FINANÇAS INTELIGENTES

Parte 3: Cálculos finais - Cálculos do título no resgate antecipado (Vt)

Aqui basta aplicar a nova taxa de desconto (7,5% a.a.) do período do resgate antecipado (31/12/2015) até o vencimento (15/05/2035) sobre o Vtav.

$$Vt = \frac{2778,006354}{(1+7,5\%)^{\frac{4862}{252}}}$$

$$Vt \approx 688,25$$

Em analogia ao exemplo 5.4 e figura 5.2, esse valor representa o valor na curva de juros do mercado calculada de acordo com a taxa de mercado 7,5% a.a.

Existe uma pequena diferença, por volta de 0,04% entre o valor real do título na referida data. Essa diferença se deve a algumas aproximações nos cálculos, mas é desprezível. A rentabilidade do período pode ser obtida facilmente como:

$$\text{Rentabilidade} = (688,25/557,34 - 1) \cdot 100\% \approx 23,49\%$$

Note que, se a taxa tivesse se mantido em 5,7%, a rentabilidade teria sido: $\text{Rentabilidade} = (953,32/557,34 - 1) \cdot 100\% \approx 71,05\%$

O exemplo 5.14 apresenta um exemplo semelhante ao anterior. Mas esse exemplo procura mostrar uma análise feita no momento de investir em um título NTB-principal, não se conhecendo as taxas futuras. Considere que o investidor hoje está avaliando investir em uma NTB-principal de longo prazo (30 anos) pensando em resgatá-la em 1 ano, pois avalia que os juros devam cair e então absorveria uma ótima rentabilidade pela marcação a mercado da curva de juros. Porém, existem incertezas nessas taxas e pode ocorrer de os juros subirem. A análise do investidor é avaliar os dois cenários. Note que esse é o cenário real de riscos quando se investe nesse tipo de título com possibilidade de resgatá-lo antecipadamente. O exemplo 5.14 ilustra essa análise de uma forma bastante completa, avaliando também as taxas reais.

Início da parte "opcional" ➡ Você pode ir diretamente à seção 5.7.3.

Exemplo 5.14: considere o título anterior, um título NTB-principal comprado hoje e liquidação em D+1, com prazo de vencimento em 30 anos. Considere como base de análise que esse título foi pago R$1.000,00 (pode ser qualquer outro valor) cuja taxa de compra estava em 6% a.a. Considere a possibilidade de resgate antecipadamente em 2 anos e considere duas taxas nesse resgate 4% a.a. e 8% a.a. Calcule a rentabilidade total e a real do período para ambas as taxas. Para a análise considere que a inflação no período foi de 7% a.a.

Solução: vamos seguir o fluxo do exemplo anterior para tornar mais simples a análise, embora alguns passos adicionais sejam necessários. Vamos analisar no detalhe esse exemplo, pois ele pode ser muito útil para análise de TP, principalmente para NTBs. Vamos omitir o símbolo monetário (R$) nos cálculos.

Parte 1: correção do título pelo IPCA e da rentabilidade pactuada (6% a.a.).

Essa correção é feita com base na equação de correção monetária vista no Capítulo 3, onde Vta é o valor do título atual na taxa pactuada e com correção monetária.

$$Vta = 1000 \cdot (1 + IPCA)^n \cdot (1 + i_p)^n$$

$$Vta = 1000 \cdot (1 + 7\%)^2 \cdot (1 + 6\%)^2$$

$$Vta = 1286,40964$$

Em analogia ao exemplo 5.4 e figura 5.2, esse valor representaria o valor na curva de juros calculado de acordo com a taxa pactuada que aqui é o IPCA + 6% a.a., porém, o valor de mercado desse título nessa data não é mais esse e será calculado nos passos 2 e 3 a seguir.

Parte 2: cálculos intermediários

DU entre resgate antecipado e vencimento: 28 anos

Correção do valor de (R$1.286,40964) levado até o vencimento na rentabilidade pactuada (6% a.a.), onde Vtav é o valor teórico do título no vencimento aplicado à taxa pactuada de 6% a.a. com IPCA nulo.

$$Vtav = 1286,40964(1 + 6\%)^{28}$$

$$Vtav = 6575,72304$$

FINANÇAS INTELIGENTES

Novamente em analogia ao exemplo 5.4 e figura 5.2, esse valor representa o valor na curva de juros calculada de acordo com a taxa pactuada que agora é apenas os 6% a.a. O IPCA não entra nos cálculos futuros (entre resgate e prazo de vencimento), pois é apenas um indexador, como ocorre com título SELIC.

Parte 3: cálculos do título no resgate antecipado (Vt)

Aqui basta aplicar a nova taxa de desconto (4% a.a. ou 8% a.a.) do período do resgate antecipado (t=2 anos) até o vencimento (t=30 anos) sobre o Vtav.

$$Vt_{4\%} = \frac{6575,72304}{(1+4\%)^{28}}$$

$$Vt_{4\%} \approx 2192,85549$$

$$Vt_{8\%} = \frac{6575,72304}{(1+8\%)^{28}}$$

$$Vt_{8\%} \approx 762,21652$$

Parte 4: cálculos da rentabilidade total do período

Valor pago pelo título: R$1.000,00

Valor vendido do título a taxa 4% a.a.: R$2.192,85549

Valor vendido do título a taxa de 8% a.a.: R$762,21652

Rentabilidade a taxa de 4% a.a.

$$R_{4\%} = \left(\frac{2192,855549}{1000} - 1\right) \cdot 100 = 119,29\%$$

Rentabilidade a taxa de 8% a.a.

$$R_{4\%} = \left(\frac{762,21652}{1000} - 1\right) \cdot 100 = -23,78\%$$

Parte 5: cálculos da rentabilidade real do período

Para calcular a taxa real é necessário retirar a "rentabilidade" devido à correção monetária, visto que a correção monetária não representa ganho real. Existem duas formas de se calcular a rentabilidade real; uma é levar os valores (R$2.192,85549 e R$762,21652) para o tempo zero e avaliar frente ao valor pago de R$1.000,00; a outra forma é levar o valor R$1.000,00 para o tempo 2 anos e avaliar frente aos valores (R$2.192,85549 e R$762,21652). Os resultados são exatamente iguais. Abaixo estão as duas formas de cálculo.

Cálculo para t=0 anos:

$$Vt_{4\%t=0} = \frac{2192,85549}{(1+7\%)^2} = 1915,32491$$

$$Vt_{8\%t=0} = \frac{762,21652}{(1+7\%)^2} = 665,74943$$

Assim, as taxas reais são dadas por:

$$ir_{4\%} = \left(\frac{1915,32491}{1000} - 1\right) \cdot 100 = 91,53\%$$

$$ir_{8\%} = \left(\frac{665,74943}{1000} - 1\right) \cdot 100 = -33,43\%$$

Cálculo para t=2 anos:

$$V_{t=2} = 1000(1+7\%)^2 = 1144,9$$

Dessa forma, as taxas reais são dadas por:

$$ir_{4\%} = \left(\frac{2192,85549}{1144,900} - 1\right) \cdot 100 = 91,53\%$$

$$ir_{8\%} = \left(\frac{762,21652}{1144,900} - 1\right) \cdot 100 = -33,43\%$$

O exemplo 5.15 procura, a partir dos exemplos anteriores, principalmente a partir do exemplo 5.14, apresentar algumas equações diretas para se avaliar o valor do título no resgate antecipado, a rentabilidade total e a rentabilidade real desse resgate antecipado. Essas equações são úteis para analisar o que ocorre com a flutuação das taxas prevendo um resgate antecipado pelo investidor.

Exemplo 5.15: a partir do exemplo anterior em que um título de valor V foi comprado na taxa i_p com vencimento no tempo N, deduza **(i)** uma equação para o valor do título (Vt) no resgate antecipado no tempo (n), **(ii)** uma equação para a rentabilidade total nesse período (n) e **(iii)** uma equação para a rentabilidade real nesse período (n). A taxa no resgate do título estava em i_k.

Solução: o fluxograma da figura 5.6 apresenta as variáveis em cada tempo. As equações na sequência mostram como se obter as principais variáveis calculadas.

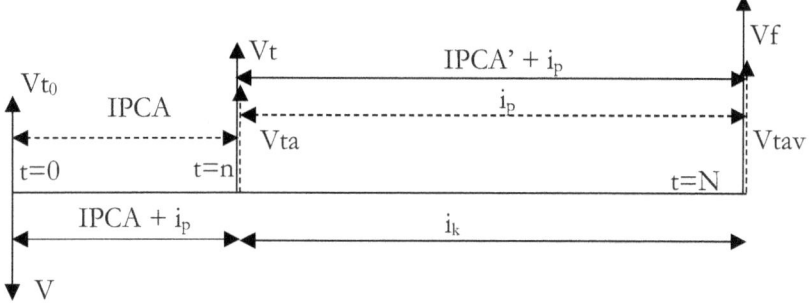

Figura 5.6: Fluxograma temporal e variáveis do título IPCA-principal.

Passo 1: cálculo do valor do título na taxa pactuada inicialmente (i_p) no tempo n (Vta), no tempo N (Vtav) e do valor de mercado do título no tempo n (Vt).

O valor (Vta) é dado por:

$$Vta = V \cdot (1+IPCA)^n \cdot (1+i_p)^n$$

Esse valor levado ao tempo N, intervalo (N-n), ou seja, (Vtav) é dado por:

$$Vtav = V \cdot (1+IPCA)^n \cdot (1+i_p)^n \cdot (1+i_p)^{N-n}$$

$$Vtav = V \cdot (1+IPCA)^n \cdot (1+i_p)^N$$

O valor de mercado do título no tempo n (Vt) é obtido trazendo o (Vtav) para o tempo n, intervalo (N-n) na taxa de mercado (i_k):

$$Vt = \frac{V \cdot (1+IPCA)^n \cdot (1+i_p)^N}{(1+i_k)^{N-n}}$$

Note que esse é o valor do título resgatado antecipadamente. Uma análise rápida pode ser feita comparando Vt com V, ou seja, o valor do resgate (Vt) com o valor pago (V).

Passo 2: Cálculo da rentabilidade total (it) do título no período n.

A rentabilidade total (it) no período n pela venda antecipada é dada por:

$$it = \left(\frac{Vt}{V} - 1\right) \cdot 100$$

$$it = \left[\frac{(1 + IPCA)^n \cdot (1 + i_p)^N}{(1 + i_k)^{N-n}} - 1\right] \cdot 100$$

Passo 3: Cálculo da rentabilidade real (ir) do título no período n.

A rentabilidade real no período n (ir) pela venda antecipada é dada por:

$$ir = \left(\frac{Vt_0}{V} - 1\right) \cdot 100$$

O valor (Vt$_0$) é calculado a partir do Vt e da equação da correção monetária (TERCEIRA EQUAÇÃO PARA A VIDA), levando para o tempo inicial do investimento, resultando em:

$$Vt_0 = \frac{V \cdot (1 + i_p)^N}{(1 + i_k)^{N-n}}$$

Finalmente, pode-se calcular o (ir) como:

$$ir = \left[\frac{(1 + i_p)^N}{(1 + i_k)^{N-n}} - 1\right] \cdot 100$$

Notar que a (ir) não depende da taxa de inflação (IPCA). Ou seja, para se avaliar a rentabilidade real do período não é necessário considerar a taxa de inflação. Deve-se observar que em todas as equações acima está se considerando a rentabilidade bruta, sem considerar o I.R.

♣ ♣ ♣

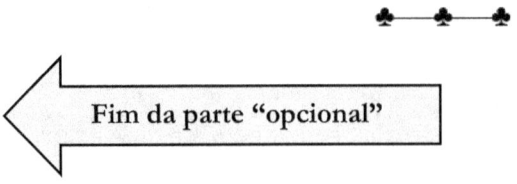

Fim da parte "opcional"

5.7.3 Título IPCA com juros semestrais (NTN-B)

O Tesouro IPCA+ com juros semestrais (NTN-B) é um título pós-fixado sendo a sua rentabilidade composta por uma taxa anual pactuada no momento da compra mais a variação do IPCA, índice de inflação oficial do Governo Brasileiro, calculado pelo IBGE. Esse título é interessante para quem precisa complementar a renda continuamente no tempo), por exemplo, aposentadoria, pois possui fluxos periódicos de pagamento ao investidor (cupom semestral de juros). A taxa de juros dos cupons semestrais é de 6% a.a. A exemplo do título IPCA principal, a rentabilidade desse título é dada pela taxa anual de juros, que determina a cotação do título, mais a variação do indexador até o vencimento, que altera o valor de VNA[13] do título. Além disso, semestralmente são pagos os cupons de juros. O primeiro cupom a ser pago contemplará a taxa integral definida para seis meses, independente da data de liquidação da compra. A figura 5.7 apresenta o fluxo de caixa do Tesouro IPCA+ com Juros Semestrais (NTN-B):

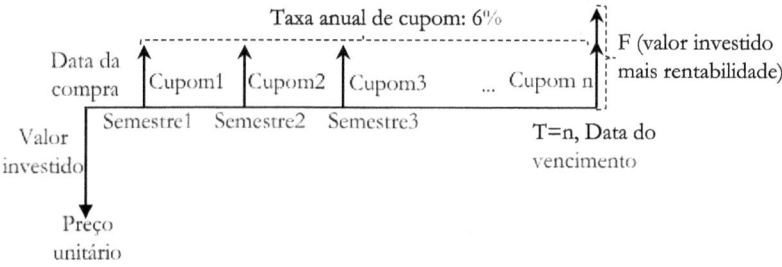

Figura 5.7: Fluxo de caixa do título IPCA com juros semestrais. (Adaptado de: www.tesourodireto.gov.br)

Matematicamente o fluxo de caixa da figura 5.7 é representado pela equação 5.3, onde o VNAproj é o VNA projetado para a data da compra do título. Não é o valor pago pelo título, o valor pago é o P. O VNAproj é um valor muito próximo ao VNA, apenas se chama projetado porque não se conhece a taxa de juros do período completo até a liquidação a exemplo do título IPCA-principal. Ou seja, trata-se de indexador ex post (conhecido posteriormente). Assim, é necessário projetar (estimar) o VNA para o dia da

---

[13] A data base do VNA é 15/07/2000, como ocorre com IPCA principal, quando seu valor, por definição, foi estabelecido em R$ 1.000,00. Desde essa data, mensalmente esse valor é atualizado pela variação mensal do IPCA, divulgada entre os dias 10 e 15 de cada mês pelo IBGE.

liquidação da compra o que chamamos de VNAproj.

$$P = VNA_{proj} \cdot \left[(1+6\%)^{0,5} - 1\right] \cdot \left\{\frac{1}{(1+TIR)^{DU1}} + \frac{1}{(1+TIR)^{DU2}} + ... + \frac{1}{(1+TIR)^{DUn}}\right\} +$$
$$VNA_{proj} \frac{1}{(1+TIR)^{DUn}}$$

Eq. 5.3

No fluxo da equação 5.3, nota-se que o termo entre colchetes é a taxa equivalente semestral relacionada a taxa efetiva de 6% a.a. Esse termo resulta na taxa de 2,956% a.s.

Todas as características dos títulos IPCA-principal também se aplicam aos títulos IPCA-semestral e adicionam-se ainda a característica de complementação de renda pelos juros semestrais, assim esses TP apresentam:

- proteção contra inflação. Esse título por estar atrelado ao IPCA protege contra inflação. Portanto, é importante obter uma boa taxa real na compra do título para garantir boa rentabilidade real;

- prazos bem mais longos que os títulos SELIC e os títulos pré-fixados. Dessa forma são títulos interessantes para aposentadoria e novamente, uma boa taxa pactuada na compra potencializa os ganhos;

- flutuações do valor do título são significativas devidos aos prazos longos. Podem ocorrer flutuações em poucos meses muito significativas do valor do título. Assim, a venda antecipada pode acarretar perdas severas, mas também ganhos. Manter o título até o final é garantia do ganho do IPCA mais a taxa pactuada na compra;

- fluxo semestral de cupom de juros o que serve de complemento de renda, característica interessante para quem quer se aposentar e gostaria de fazer investimento com retornos periódicos de juros para complementar a renda.

O exemplo 5.16 apresenta a metodologia de como se calcula o valor do título. Esse exemplo é interessante para entender o fluxo de caixa de título. Os cálculos são um pouco complexos e aqueles que tem mais dificuldades com matemática pode pular o exemplo sem comprometer o entendimento do restante.

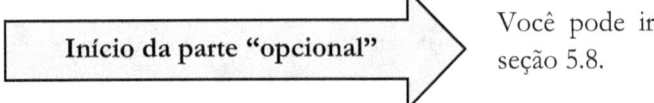

Início da parte "opcional"

Você pode ir diretamente a seção 5.8.

FINANÇAS INTELIGENTES

Exemplo 5.16: considere um título NTB-semestral comprado em 01/09/2011 (liquidação em 02/09/2011) com prazo de vencimento em 15/05/2035, conforme a tabela abaixo que traz as informações obtidas do portal do Tesouro. Comprove que o valor do título na data da compra é de fato o valor R$2.191,84.

Título	IPCA+ 2035 (NTN-B semestral)
Data da compra	01/09/2011
Data da liquidação	02/09/2011
Quantidade	1
VNA na data-base, 15/07/2000	R$1.000,00
VNA até jul/2011 (incluso julho, data VNA 15/ago/2011)	R$2.059,221364
Data de vencimento	15/05/2035
Dias úteis entre a data da liquidação (inclusive) e de vencimento (exclusive)	5950
Taxa pactuada	5,67%
Preço do título na data da compra	**R$2.191,84**
IPCA projetado para ago/2011 (estimada pelo mercado)	**0,34%**

Solução: os cálculos até o VNAproj são exatamente iguais aos títulos IPCA-principal, como segue. É necessário calcular o VNA para o dia da liquidação, mas só se conhece o VNA de 15/08/2011 (IPCA de julho de 2011), ou seja, o indexador é ex post (conhecido posteriormente). Assim, é necessário projetar (estimar) o VNA para o dia da liquidação da compra.

Parte 1: será calculado o VNA até a data que se tem informações de IPCA (IPCA de julho de 2011).

Para se chegar ao fator de variação do IPCA entre o dia 15/07/2000 e o dia 15/08/2012 (IPCA de julho/2011), basta dividir os respectivos números-índice da série disponibilizada pelo IBGE.

Índice IPCA 15/jul/2000: 1614,62

Índice IPCA 15/ago/2011: 3324,86 (IPCA até final de julho)

Fator=3324,86/1614,62= 2,059221365

O VNA é então calculado como:

VNA=R$1.000,00 x 2,059221365

VNA=R$2.059,221365

Esse valor bate exatamente com o VNA divulgado no portal do TD.

Parte 2: será projetado o VNA com base na projeção do IPCA de agosto/2011. Imagine que na época não existia esse índice e era necessário fazer uma projeção. Essa projeção é de 0,34%.

$$VNA_{proj} = VNA \cdot (1 + IPCA_{proj})^k$$

O expoente k da equação representa a razão entre o número de dias corridos entre a data de liquidação e o dia 15 do mês em questão (agosto/2011) e o número de dias corridos entre o dia 15 do mês seguinte (setembro/2011) e o dia 15 do mês em questão (agosto/2011). Ou seja:

$$x = \frac{N° \text{ de dias corridos entre } 15/08/2011 \text{ e } 02/09/2011}{N° \text{ de dias corridos entre } 15/08/2011 \text{ e } 15/09/2011}$$

$$x = \frac{18}{31}$$

$$VNA_{proj} = 2059,221365 \left(1 + \frac{0,34}{100}\right)^{\frac{18}{31}}$$

$$VNA_{proj} = 2063,283773$$

Note que até aqui nada mudou em relação ao título IPCA-principal, feito no exemplo 5.10 no qual se manteve as datas, apenas alterando o tipo de título e, consequentemente, o valor do título de R$557,34 para R$2.191,84.

Parte 3: para encontrar o valor do título na data da compra é necessário aplicar o fluxo de caixa desse título. O IPCA-semestral possui fluxo de pagamentos semestrais. Representam-se apenas algumas parcelas devido ao grande número de parcelas.

Aplicando a taxa de compra de 5,67% a.a. no lugar da TIR na expressão abaixo, resulta finalmente no valor do título da data da compra (P). Esse valor bate exatamente com o valor do título em 01/09/2011 que pode ser consultado em balanço e estatísticas no portal do TD.

P = R$2.191,84

FINANÇAS INTELIGENTES

$$P = 2063{,}283773 \cdot \left[(1{,}06)^{0{,}5} - 1\right] \cdot \left\{ \left[\frac{1}{(1+\text{TIR})^{\frac{49}{252}}}\right] + \left[\frac{1}{(1+\text{TIR})^{\frac{174}{252}}}\right] + \left[\frac{1}{(1+\text{TIR})^{\frac{302}{252}}}\right] + \right.$$

$$\left[\frac{1}{(1+\text{TIR})^{\frac{424}{252}}}\right] + \left[\frac{1}{(1+\text{TIR})^{\frac{555}{252}}}\right] + \left[\frac{1}{(1+\text{TIR})^{\frac{676}{252}}}\right] + \left[\frac{1}{(1+\text{TIR})^{\frac{807}{252}}}\right] + \left[\frac{1}{(1+\text{TIR})^{\frac{929}{252}}}\right] +$$

$$\left[\frac{1}{(1+\text{TIR})^{\frac{1056}{252}}}\right] + \left[\frac{1}{(1+\text{TIR})^{\frac{1180}{252}}}\right] + \left[\frac{1}{(1+\text{TIR})^{\frac{1307}{252}}}\right] + \left[\frac{1}{(1+\text{TIR})^{\frac{1430}{252}}}\right] + \left[\frac{1}{(1+\text{TIR})^{\frac{1558}{252}}}\right] +$$

$$\left[\frac{1}{(1+\text{TIR})^{\frac{1680}{252}}}\right] + \left[\frac{1}{(1+\text{TIR})^{\frac{1808}{252}}}\right] + \left[\frac{1}{(1+\text{TIR})^{\frac{1930}{252}}}\right] + \left[\frac{1}{(1+\text{TIR})^{\frac{2061}{252}}}\right] + \left[\frac{1}{(1+\text{TIR})^{\frac{2183}{252}}}\right] +$$

$$\left[\frac{1}{(1+\text{TIR})^{\frac{2310}{252}}}\right] + \left[\frac{1}{(1+\text{TIR})^{\frac{2434}{252}}}\right] + \left[\frac{1}{(1+\text{TIR})^{\frac{2560}{252}}}\right] + \left[\frac{1}{(1+\text{TIR})^{\frac{2685}{252}}}\right] + \left[\frac{1}{(1+\text{TIR})^{\frac{2812}{252}}}\right] + \ldots +$$

$$\left.\left[\frac{1}{(1+\text{TIR})^{\frac{5950}{252}}}\right]\right\} + 2063{,}283773 \cdot \left[\frac{1}{(1+\text{TIR})^{\frac{5950}{252}}}\right]$$

Caso se queira saber o valor do cupom, esse muda a todo semestre, pois o título é corrigido conforme o IPCA do período. O cálculo do primeiro cupom (pago em 15/11/2011) é feito com base no VNA dessa data (R\$2.086,732481), obtido do portal do TD ou calculado através do IPCA acumulado obtido do portal do IBGE (variação dos números-índices do IPCA entre 15/julho/2000, R\$1.614,62 e 15/nov/2011, R\$3.369,28).

$$\text{VNA}_{c1} = \frac{3369{,}28}{1614{,}62} \cdot 1000 = R\$2.086{,}732481$$

$$\text{cupom}_1 = 2086{,}732481 \cdot 2{,}9563\% = R\$61{,}69$$

Note que a taxa de 2,9565% a.s. é a taxa de juros equivalente semestral da taxa efetiva de 6% a.a. Observe também que os próximos cupons terão valores crescentes, pois o VNA é atualizado continuamente pela inflação.

♣ ♣ ♣

Quando se avaliou os títulos pré-fixados com juros semestrais foi demonstrado através de um exemplo que o as flutuações do valor daquele título devido às flutuações das taxas de juros eram menos sensíveis do que os títulos principais. A questão agora recai sobre os títulos IPCA semestrais. Será que também com os TP atrelados ao IPCA as oscilações daquelas que pagam juros semestrais são menores do que os títulos IPCA principal? Para avaliar será feito um exemplo hipotético, exemplo 5.17.

Exemplo 5.17: considere um título IPCA semestral com taxa

IPCA +7% a.a. com prazo de 10 anos. Considere que logo após a compra (alguns dias após a compra) a taxa subiu para IPCA+9% a.a. Caso o investidor resolva resgatar esse título, calcule a rentabilidade.

Solução: para resolver esse exemplo, deve-se considerar o fluxo de caixa desse título e calcular o valor presente para ambas as taxas. Como o resgate foi logo após a compra, pode-se desprezar a rentabilidade desses poucos dias (é praticamente insignificante, além do que a IOF incidiria na quase totalidade desse rendimento). Para o VNAproj pode ser adotado qualquer valor. Será adotado o valor de R$1.000,00. Poderia também ser deixado na forma analítica, pois, ao final o termo se cancela.

$$P = VNA_{proj} \cdot \left[(1+6\%)^{0,5} - 1\right] \cdot \left\{\frac{1}{(1+TIR)^{DU1}} + \frac{1}{(1+TIR)^{DU2}} + ... + \frac{1}{(1+TIR)^{DUn}}\right\} + VNA_{proj} \frac{1}{(1+TIR)^{DUn}}$$

O fluxo de caixa está representado na próxima tabela onde "is" é a taxa semestral calculado na segunda coluna, "Fator P" é cada um dos termos entre colchetes da equação acima e "Produto" é a multiplicação de "is" pelo respectivo "Fator P". A soma de cada termo da coluna "Produto" resulta no valor presente do título. A coluna 5 apresenta o produto para a taxa de 7% a.a. e a coluna 7 apresenta o produto para a taxa de 9% a.a.

Para calcular a rentabilidade, utiliza-se:

$$i_p = \left(\frac{810,22}{930,77} - 1\right) \cdot 100 = -12,95\%$$

Observe que houve uma perda do valor investido de aproximadamente 13%. Vamos comparar com o título principal para averiguar qual título flutua mais. Para esse cálculo se poderia utilizar diretamente a equação deduzida no exemplo 5.15. Nesse cenário, n=0, N=10, i_p=7% e i_k=9%.

$$it = \left[\frac{(1+IPCA)^n \cdot (1+i_p)^N}{(1+i_k)^{N-n}} - 1\right] \cdot 100$$

Substituindo, resulta it ≈ -16,91%

Outra forma de calcular é aplicar diretamente a equação de juros compostos ao valor adotado, R$1.000,00 nas duas TIR. Disso resulta:

$$P1 = \frac{1000}{(1+7\%)^{10}} = 508{,}349$$

$$P2 = \frac{1000}{(1+9\%)^{10}} = 422{,}411$$

$$i_P = \left(\frac{508{,}349}{422{,}411} - 1\right) \cdot 100 = -16{,}91\%$$

DU	is	Cupom	Fator P	Produto	Fator P	Produto
0						
126	2,96%	29,56	0,967	R$28,58	0,958	R$28,32
252	2,96%	29,56	0,935	R$27,63	0,917	R$27,12
378	2,96%	29,56	0,903	R$26,71	0,879	R$25,98
504	2,96%	29,56	0,873	R$25,82	0,842	R$24,88
630	2,96%	29,56	0,844	R$24,96	0,806	R$23,83
756	2,96%	29,56	0,816	R$24,13	0,772	R$22,83
882	2,96%	29,56	0,789	R$23,33	0,740	R$21,87
1008	2,96%	29,56	0,763	R$22,55	0,708	R$20,94
1134	2,96%	29,56	0,738	R$21,80	0,679	R$20,06
1260	2,96%	29,56	0,713	R$21,08	0,650	R$19,21
1386	2,96%	29,56	0,689	R$20,38	0,623	R$18,40
1512	2,96%	29,56	0,666	R$19,70	0,596	R$17,63
1638	2,96%	29,56	0,644	R$19,04	0,571	R$16,88
1764	2,96%	29,56	0,623	R$18,41	0,547	R$16,17
1890	2,96%	29,56	0,602	R$17,80	0,524	R$15,49
2016	2,96%	29,56	0,582	R$17,21	0,502	R$14,84
2142	2,96%	29,56	0,563	R$16,63	0,481	R$14,21
2268	2,96%	29,56	0,544	R$16,08	0,460	R$13,61
2394	2,96%	29,56	0,526	R$15,55	0,441	R$13,04
2520	2,96%	29,56	0,508	R$15,03	0,422	R$12,49
2520	2,96%	1000,00	0,508	R$508,35	0,422	R$422,41
Total				**R$930,77**		**R$810,22**

A oscilação foi maior no título principal. Isso decorre pelo fato de os títulos semestrais pagarem parte do valor ao longo do período através das parcelas mensais. Interpreta-se matematicamente que está ocorrendo uma antecipação (redução de prazo) em relação ao título principal e, por conseguinte, a oscilação é menor nesse tipo de título.

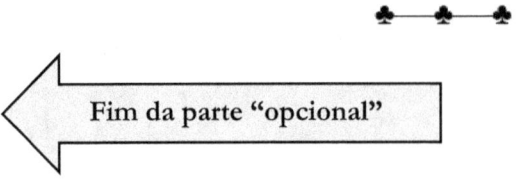

5.8 O essencial sobre Títulos Públicos (TP)

Todos esses 17 exemplos tiveram por finalidade mostrar o fluxo dos TP e as oscilações que ocorrem nos seus valores devido às flutuações das taxas de juros (marcação a mercado). TP é um ótimo investimento, pois é um dos investimentos de menor risco de crédito do país. Além disso, as taxas são muito atrativas e independem do tamanho do investimento. Ou seja, seja um pequeno ou um grande investidor, a rentabilidade do título é a mesma, com os mesmos custos. Cito, a seguir alguns pontos a serem observados na escolha de TP:

- escolha um bom agente de custódia, de preferência que não cobre taxa de custódia;

- caso precise de liquidez curta, ou seja, pode ser necessário resgatar o dinheiro a qualquer momento, um título totalmente pós-fixado é o ideal, pois esse praticamente não oscila. As pequenas oscilações observadas são devido ao ágio e deságio, mas impactam muito pouco na rentabilidade principalmente após alguns meses do investimento. Nesse caso recomenda-se título SELIC;

- os títulos pré-fixados oferecem uma taxa fixa de juros e os prazos podem ser razoavelmente longos o que traz algumas incertezas em relação à proteção do valor de compra. Em um cenário da inflação disparar, a taxa pré-fixada pode não ser suficiente para proteção do poder de compra. O contrário também vale. Em um cenário de queda da inflação, a taxa pré-fixada pode ser um ótimo investimento visto que os juros de mercado devem também cair;

- os TP atrelados à inflação oferecem proteção do poder de compra à medida que estão atrelados à inflação. Oferecem uma taxa pré-fixada somada do IPCA. São títulos que oferecem tanto prazos curtos como longos, como, 30 anos;

- os TP com taxas pré-fixadas (total ou parcial), títulos LTN ou os atrelados ao IPCA tem seus valores sujeitos a grandes oscilações. Essas oscilações são tão maiores quanto maiores forem os prazos de vencimento. A venda antecipada desses TP pode acarretar grandes perdas ou grandes ganhos;

- a manutenção dos TP até o vencimento, independente das oscilações do mercado, garantem a rentabilidade pactuada inicialmente;

- os TP com fluxo semestral de juros oferecem uma antecipação dos valores e, por isso, apresentam menores oscilações de valor frente aos títulos principais.

Os 17 exemplos anteriores trazem informações importantes de como funciona o fluxo de cada título. Além disso, os exemplos mostram uma importante característica dos TP: as flutuações do valor em função da marcação a mercado. É importante ao investidor saber equacionar a rentabilidade/ valor dos TP em função do resgate antecipado, além de entender as variações dos valores dos TP devido ao ágio/deságio entre compra e venda. Para entender por que ocorrem as flutuações dos valores dos TP e, consequentemente na rentabilidade devido ao resgate antecipado, deve-se consultar ao menos os seguintes exemplos:

- Título LTN. Consultar exemplo 5.2;

- Título LTN-F. Consultar exemplo 5.7. Esse exemplo também mostra as diferenças de oscilações entre esse título e o anterior;

- LFT, SELIC. Consultar o exemplo 5.9. Esse título não oscila, pois é totalmente pós fixado. O exemplo mostra a influência do ágio/ deságio;

- NTN-B Principal. Consultar o exemplo 5.14. Também o exemplo 5.15 apresenta equações para calcular a rentabilidade do título no resgate antecipado em função das taxas de mercado;

- (NTN-B). Consultar o exemplo 5.17. Esse exemplo também mostra as diferenças de oscilações entre esse título e o anterior.

No portal do TD também pode-se fazer uso da calculadora do Tesouro para avaliar a rentabilidade dos TP.

IVANILTO ANDREOLLI

6 MODALIDADES CLÁSSICAS DE INVESTIMENTOS

Neste capítulo serão apresentadas as opções de investimento em RF bastante populares. Ao final serão analisados alguns exemplos confrontando as diversas opções e ficará mais claro avaliar as melhores opções para tomada de decisão. Entre as modalidades clássicas de investimentos estão os seguintes investimentos: poupança, LCI, LCA, CDB, LC e RDB.

6.1 Poupança

A poupança está entre as modalidades de investimentos mais populares do Brasil. Esse investimento possui FGC e é muito indicado pelos bancos em decorrência da baixa rentabilidade oferecida. A baixa rentabilidade oferecida pelo dinheiro resulta em um dinheiro barato para o banco e, consequentemente, maior lucro para a instituição. O rendimento da poupança está atrelado a TR (Taxa Referencial) que é uma taxa criada pelo governo, para complementar os juros pagos na poupança e é calculado a partir da SELIC e da média das taxas de CDB, pré-fixado, de 30 dias. No Brasil, as contas de poupança que também são chamadas de "cadernetas de poupança", são historicamente destinadas à pequenos depositantes e investidores financeiros. Geralmente não concede uma remuneração atraente aos depositantes, mas quando há uma tendência de redução da taxa SELIC (indicador das taxas de juros), a poupança pode se tornar um investimento atraente, pois é isenta de I.R. e imposto sobre operações financeiras.

A poupança é regulamentada pelo BC e de acordo com a legislação atual, a remuneração dos depósitos de poupança é composta de duas parcelas: (i) a remuneração básica, dada pela TR (Taxa Referencial), e (ii) a remuneração adicional, correspondente a: (a) 0,5% a.m. (6,17% a.a.), enquanto a meta da taxa SELIC ao ano for superior a 8,5% a.a.; ou (b) 70% da meta da taxa SELIC ao ano, mensalizada, vigente na data de início do período de rendimento, enquanto a meta da taxa SELIC ao ano for igual ou inferior a 8,5% a.a.

A remuneração dos depósitos de poupança é calculada sobre o menor saldo de cada período de rendimento. O período de rendimento é o mês corrido, a partir da data de aniversário da conta de depósito de poupança, para os depósitos de pessoas físicas e de entidades sem fins lucrativos. Para os demais depósitos, o período de rendimento é o trimestre corrido, também contado a partir da data de aniversário da conta. A data de aniversário da conta de depósito de poupança é o dia do mês de sua abertura. Considera-se a data de aniversário das contas abertas nos dias 29, 30 e 31 como o dia 1° do mês seguinte. A remuneração dos depósitos de poupança é creditada ao final de cada período de rendimento, ou seja: (i) mensalmente, na data de aniversário da conta, para os depósitos de pessoa física e de entidades sem fins lucrativos; e (ii) trimestralmente, na data de aniversário no último mês do trimestre, para os demais depósitos.

6.2 LCI e LCA

LCI ou Letras de Crédito Imobiliário são títulos de crédito lastreados por créditos imobiliários, garantidos por hipoteca ou por alienação fiduciária da coisa imóvel. Quando se diz lastreado por créditos imobiliários é porque esse dinheiro só pode ser emprestado pela instituição financeira para alguma modalidade de crédito imobiliário. Assim, a instituição financeira só pode ofertar LCI se possuir algum imóvel físico como garantia da operação. A LCI também conta com o FGC.

Um dos grandes diferenciais da LCI é a isenção de I.R. para pessoa física. Embora não haja I.R. para pessoa física, deve-se avaliar bem as taxas oferecidas pelas instituições financeiras e confrontar com outros investimentos. Existem LCI pós e pré-fixadas. Normalmente, as pós-fixadas são indexadas à SELIC, ao IGP-M ou ao DI, sendo mais comuns as indexadas ao DI. As taxas costumam variar em função do prazo e do tipo de instituição. Instituição menores apresentam mais riscos de crédito e assim, oferecem maiores taxas. Pode-se considerar 3 proteções nos investimentos em LCI: a instituição, o FGC e o lastro em imóveis. Um fator importante é a liquidez das LCI. Pela legislação brasileira, o prazo mínimo para aplicação em LCI é de 3 meses. Outro fator importante é o valor mínimo aceito pelas instituições financeiras. Algumas instituições só aceitam volume grandes de aportes o que dificulta aplicações para pequenos investidores.

Já a LCA ou Letras Letra de Crédito do Agronegócio é um título de crédito emitido por instituições financeiras públicas ou privadas (bancos), com o objetivo de obter recursos para financiar o setor agrícola. Ao comprar uma LCA, o cliente está emprestando dinheiro para o agronegócio e recebe, em troca, seu dinheiro acrescido de uma taxa de juros. Esse investimento também conta com FGC. A LCA também é isenta de I.R. para pessoa física e também possui valores mínimos de aplicações que são altos em diversas instituições.

6.3 CDB, LC e RDB

CDB ou Certificado de Depósito Bancário são títulos que os bancos emitem para captar dinheiro das pessoas. O banco remunera com juros o cliente que emprestou dinheiro, que varia de acordo com o valor emprestado e os prazos (liquidez). A tabela de I.R. do CDB é a tabela 6.1. É importante saber que o I.R. sobre CDB incide apenas no final do período. Assim, um prazo maior de investimento traz vantagens, pois há rentabilidade também sobre a parcela de I.R. ao longo do tempo.

Taxa de imposto sobre a rentabilidade	Tempo da aplicação
22,5%	Até 180 dias
20,0%	De 181 a 360 dias
17,5%	De 361 a 720 dias
15,0%	Acima de 720 dias

Tabela 6.1: Tabela de I.R. para investimentos em TD.

Os CDB podem ser pré-fixados ou pós-fixados. No caso de CDB pós fixados os indexadores mais comuns são o DI e o IPCA. Normalmente, os grandes bancos pagam percentuais abaixo de 100% do DI para CDB. Uma análise deve ser feita para confrontar, por exemplo, com a poupança. Um investimento de curto prazo em CDB como baixa taxa atrelada ao DI, pode ser pior do que a poupança, uma vez que que existe I.R. sobre a rentabilidade do CDB. Nas corretoras os CDB costumam ser bem atrativos podendo pagar taxas acima de 120% do DI.

LC ou Letras de Câmbio são títulos de RF semelhante ao CDB. Esses títulos são oferecidos por sociedades de crédito, investimento e financiamento, conhecidas como financeiras. Assim, ao investir num CDB, o investidor empresta o dinheiro a um banco. Ao investir numa LC, o investidor empresta dinheiro a uma financeira. A LC também possui garantia do FGC. Dessa maneira, o risco é muito baixo, resguardado cuidados conforme regras do FGC. Assim como CDB, as LC podem ser pré ou pós fixados, essas normalmente atreladas ao DI, IPCA ou IGP-M e é um produto muito comercializado através das corretoras com ótimas taxas. As taxas variam com o prazo e instituição. Também é possível investir em LC abrindo conta diretamente nas financeiras, onde as taxas podem ser um pouco mais atrativas. Avalie com parcimônia se vale a pena abrir contas em diversas financeiras para obter uma pequena rentabilidade adicional. Abrir mão dessa rentabilidade adicional, mas contar com uma plataforma única e amigável da corretora pode ser mais interessante.

RDB ou Recibo de Depósito Bancário são títulos de RF emitidos por instituições financeiras como banco e financeiras. São muito semelhantes aos CDB. A principal diferença que caracteriza o CDB e o RDB é que a primeira opção é negociável por meio de transferência. Já o RDB é basicamente inegociável e intransferível. A venda antecipada de um RDB somente é possível mediante negociação com a instituição financeira emitente. Por sua natureza inegociável, esse produto não existe na plataforma das corretoras. Para aplicar nessa modalidade somente é possível abrindo conta diretamente na instituição emitente. Algumas instituições emitem RDB com ótimas taxas, principalmente com prazos mais alongados competindo com os CDB.

6.3.1 Cálculo da rentabilidade do CDB

Considere uma determinada SELIC e determinada taxa de CDB, por exemplo, 120% do DI. Considere a variável k, dada por: k=(CDB*X)*SELIC, por exemplo, (120%*0,99)*15%, onde X representa a taxa DI, a qual é levemente menor que a SELIC. No caso exemplificado, 99% da SELIC. Se ao invés do indexador DI for o IPCA, ou o IGP- M, k assume a seguinte forma: k=(IPCA + F), onde F é a parcela fixa da rentabilidade oferecida pelo CDB. Por exemplo, um CDB que paga IPCA + 8% a.a., F=8%. Se o CDB for pré-fixado, por exemplo, 16% a.a., k

FINANÇAS INTELIGENTES

assume esse valor. Assim, k é uma taxa aparente.

A equação 4.5, QUARTA EQUAÇÃO PARA A VIDA, pode ser utilizada para o cálculo da rentabilidade do CDB já limpa de I.R., onde z representa o I.R., por exemplo, 15%.

$$i_a = \left\{ 1 + (1-z) \cdot \left[(1+k)^n - 1 \right] \right\}^{1/n} - 1$$

A taxa calculada dessa forma é interessante, porque pode ser comparada com a LCI e LCA já que a taxa acima é limpa de I.R., mas considera o ganho dos juros resultante do I.R. decorrente do fato do I.R. só ser cobrado no vencimento do CDB. Esse incremento na rentabilidade não é muito, mas traz uma vantagem adicional ao se aplicar em prazos mais longos. Existe uma forma simplificada para confrontar o investimento em CDB com LCI e LCA. A complexidade dos cálculos se deve ao se considerar a rentabilidade sobre o I.R. Como essa rentabilidade normalmente é pouca, pode-se desprezar e considerar diretamente o I.R. O resultado obtido é conservador, ou seja, a rentabilidade obtida será um pouco menor do que a rentabilidade real. O exemplo 6.1 ilustra as duas formas de cálculo onde pode-se comparar os resultados.

Exemplo 6.1: qual é a taxa anual isenta de I.R. de um CDB que paga 120% do DI. Considere que a taxa de DI é 99% da SELIC e que a SELIC é de 14,25% a.a. Considere um CDB de 4 anos. Utilizando o método simplificado, qual a taxa anual isenta de I.R.?

Solução: (a) considerando o método completo (método exato) pode-se escrever:

$$i_a = \left\{ 1 + (1-z) \cdot \left[(1+k)^n - 1 \right] \right\}^{1/n} - 1$$

Onde:

k = 1,2 · (14,25 · 0,99) = 16,929%

A variável z é igual a 15% visto que o CDB é de 4 anos, ver tabela 6.1.

$$i_a = \left\{ 1 + 0,85 \cdot \left[(1+0,16929)^4 - 1 \right] \right\}^{1/4} - 1 = 14,834\% \text{ a.a.}$$

(b) considerando o método simplificado pode-se escrever:

$$i_a = k \cdot (1-z)$$

$i_a = 16,929\% \cdot 85\% = 14,390\%$ a.a.

Note que de fato existe uma diferença de rentabilidade devido à rentabilidade sobre a parcela do I.R. A diferença nesse cenário é por volta de 0,44%. Parece pouco, mas para esse cenário (4 anos), um investimento de R$100.000,00 resultaria em uma diferença de R$2.677,12, ou uma diferença de rentabilidade por volta de 3% em relação ao cálculo correto.

6.3.2 Cálculo da rentabilidade real de CDB.

Ao se avaliar investimentos deve-se sempre ter em mente a inflação. A inflação corrói o dinheiro e é fundamental considerá-la corretamente nas análises. No capítulo 4 foi deduzida uma expressão simples para considerar a inflação corretamente no cálculo da taxa real de juros (TERCEIRA EQUAÇÃO PARA A VIDA, equação 4.4). A análise da rentabilidade real será abordada através de um exemplo.

Exemplo 6.2: considere os dados do exemplo 6.1. Qual é a rentabilidade real anual se a inflação anual é de 5%?

Solução: no exemplo 6.1, a taxa resultante foi de 14,834% a.a. Intuitivamente, a taxa real poderia ser calculada descontando 5% do valor acima, porém esse cálculo é aproximado, apresentando certo erro. É necessário antes, corrigir o capital pela inflação do período. Utilizando a equação apropriada para isso (equação 4.4), resulta em:

$$(1 + i_a) = (1 + i_{cm}) \cdot (1 + i_r)$$

$$i_r = \frac{(1 + i_a)}{(1 + i_{cm})} - 1 \rightarrow i_r = \frac{(1 + 0,14834)}{(1 + 0,05)} - 1 = 9,366\% \text{ a.a.}$$

Note que, se o cálculo fosse feito diretamente pela diferença, resultaria 9,834%, ou seja, uma diferença significativa.

A metodologia aqui apresentada através do exemplo 6.2 serve para análise de qualquer investimento, por exemplo, LCI, LCA e TD.

6.4 Confronto e análise de investimentos

Neste item serão apresentados alguns exemplos de como comparar investimentos. Os seguintes investimentos serão confrontados: poupança, LCI, LCA, CDB, LC, RDB e TD. Devido aos diversos indexadores existentes, a natureza pré-fixados e pós-fixados e os diversos prazos dos produtos de investimentos de RF, resultam em muitas possibilidades ao investidor. Através de exemplos serão mostradas as análises para a escolha do melhor investimento em termos de rentabilidade. Também será feita uma análise do TD sobre uma questão fundamental desse tipo de investimento: a marcação a mercado.

6.4.1 Análise de Títulos Públicos (TP)

Uma questão que surge com as flutuações das taxas dos TP é a seguinte: suponha que um investidor comprou um título com prazo longo, por exemplo, 15 anos com promessa de receber ao final o valor V. Suponha que esse título na compra oferecia a taxa (IPCA + 8% a.a.) e que, por volta de 1 ano depois da compra, houve uma queda da taxa estabilizando em torno de (IPCA +5% a.a.). Lembre-se que esse título flutua muito devido à marcação a mercado, ou seja, o valor do título é atualizado diariamente e reflete o valor final descontado na parcela pré-fixada atual (5% a.a.). A questão é: vale a pena manter esse título até o final uma vez que o investidor obteve uma excelente taxa (8% a.a. acima do indexador) e não encontrará mais essa taxa no mercado no cenário atual? Para responder a essa pergunta é importante analisar a marcação a mercado. O investidor obteve uma grande valorização do título em um curto espaço de tempo pela queda da taxa de juros. Daqui para frente, nos demais 14 anos (se a taxa se mantiver no patamar atual, 5% a.a. acima do IPCA), esse título (com o atual valor de mercado, por exemplo, K) será remunerado a essa taxa menor. Ou seja, embora o investidor tenha pactuada a taxa de 8% a.a. acima do IPCA, nesse momento a taxa que será aplicada no valor atual (K) do seu título é de 5% a.a. Essa taxa menor é tal que quando aplicada sobre o valor (K) do título de mercado de hoje e que sofreu grande valorização em curto espaço de tempo, resulte no mesmo valor final (V), que é invariável. Levando-se em consideração essa análise é, provavelmente, mais vantajoso ao investidor resgatar o título e aplicar em um outro produto com taxa maior do que os (5% a.a. + IPCA), ou um produto que não sofra marcação a mercado e aguardar uma nova oportunidade de taxas mais atrativas. Nessa análise, deve-se considerar que parte da rentabilidade obtida pela grande valorização inicial do título será tributada em alíquota distinta da alíquota de longo prazo de permanência do título.

Para quantificar em números, tornando mais simples a análise, será feito um exemplo hipotético mostrando as flutuações do título. Esse exemplo será simplificado omitindo detalhes que trariam complicações nos cálculos e poderiam ofuscar o objetivo da análise. Essas simplificações não comprometem a análise.

Exemplo 6.3: considere um título com vencimento em 15 anos cuja taxa pactuada foi de (IPCA +8% a.a.). Considere que poucos meses após a compra, houve um evento político severo tal que a taxa passou a (5% a.a. +IPCA). Considere para o exemplo que o valor do título na data da compra foi de R$100,00 e o intervalo de tempo entre a compra e a flutuação da taxa de 8% a.a. para 5% a.a. foi curto, de tal maneira que possa ser desprezado esse tempo. Essa premissa é para tornar a análise mais simples e mostrar de fato o que se deseja. Um cálculo mais preciso seguiria a metodologia do exemplo 5.15.

Solução: se na data da compra, o valor foi R$100,00, esse título levado ao tempo 15 anos, resulta em:

$$Vtav = 100 \cdot (1 + 0,08)^{15}$$

$$Vtav = R\$\ 317,22$$

Para saber o valor a mercado desse título hoje, deve-se considerar que daqui a 15 anos, o título vale R$317,22 e o mesmo descontado a taxa de 5% a.a. resulta no valor de hoje.

$$Vt = \frac{317,22}{(1 + 0,05)^{15}}$$

$$Vt = R\$\ 152,59$$

Note que houve uma grande valorização do título em um curtíssimo tempo, passando de R$100,00 para R$152,59. A decisão do investidor deve então ter por base esse valor. Se o investidor mantiver esse título, a taxa que será aplicada é sobre R$152,59 e será de (5% a.a. +IPCA) e não 8% a.a. +IPCA. Isso se deve, porque aplicando essa taxa sobre R$152,59, resulta após 15 anos o valor do título final R$317,22, conforme segue:

$$Vtav = 152,59 \cdot (1 + 0,05)^{15}$$

$$Vtav = R\$\ 317,21$$

No final, daqui a 15 anos, caso o investidor mantiver o título receberá a rentabilidade na taxa de (8% a.a. + IPCA) em todo período sobre o valor de R$100,00. Porém, devido à queda na taxa faltando ainda muito tempo para vencer o título (no caso do exemplo a totalidade do prazo), o título foi precificado ao mercado para R$152,29 e assim, na prática o investidor poderia resgatar o título e buscar outra aplicação que julgasse melhor do que a taxa de (5% a.a. +IPCA).

♣ ♣ ♣

6.4.2 Análise de LC, CDB, RDB, LCI, LCA e poupança

Uma análise importante a ser feita é comparar investimentos mais comuns de RF. Esses investimentos são disponibilizados em grandes e em pequenos bancos e em financeiras. Ao investidor cabe avaliar qual apresenta maior rentabilidade antes de tomar a decisão de aplicar. Entre esses investimentos está a poupança, CDB, RDB, LCI, LCA e LC. Todos possuem a proteção do FGC e os únicos que possuem I.R. são o CDB, RDB e LC. Em termos de tributação os CDB, RDB e LC são idênticos. O exemplo a seguir apresenta uma análise para escolha do produto que oferece maior rentabilidade ao investidor.

: um investidor está na dúvida se aplica em CDB, na poupança ou LCI. A liquidez do investidor é de 2 anos apenas. A SELIC é de 14% a.a., o CDB está pagando 106% do DI e a LCI está pagando 88% do DI. Avalie a melhor alternativa de investimento para esse cenário. Considere DI=99% da SELIC.

Solução: para avaliar a melhor alternativa no período considerado é necessário avaliar cada investimento.

Poupança: 8% a.a.

LCI: $i_{LCI} = 0{,}88 \cdot 0{,}99 \cdot 14 = 12{,}20\%$ a.a.

CDB: aqui os cálculos são um pouco mais complexos, mas felizmente pode-se utilizar diretamente a QUARTA EQUAÇÃO PARA A VIDA, equação 4.5.

$$i_a = \left\{ 1 + (1-z) \cdot \left[(1+k)^n - 1 \right] \right\}^{1/n} - 1$$

Onde:

$k = 1{,}06 \cdot (14 \cdot 0{,}99) = 14{,}69\%$ a.a.

A variável z é igual a 15% visto que o CDB é de 2 anos, ver tabela 6.1.

$$i_a = \left\{ 1 + 0,85 \cdot \left[(1 + 0,1469)^2 - 1\right] \right\}^{1/2} - 1 = 12,61\% \text{ a.a.}$$

Analisando as taxas obtidas, a melhor alternativa de investimento para esse cenário é o CDB de 106%.

Exemplo 6.5: um investidor está na dúvida se aplica em CDB, LC ou LCA. A liquidez do investimento é de 2 anos apenas. A SELIC média prevista para o período é de 10,5% a.a. O IPCA médio do período está previsto em 4,5% a.a. Existem dois CDB em análise, um indexado ao DI (está pagando 118% do DI) e outro indexado ao IPCA (IPCA + 7,5% a.a.). A LCA também está com duas opções, sendo uma indexada ao DI (95% do DI) e outra indexada ao IPCA (IPCA+5,8% a.a.). Avalie a melhor alternativa de investimento para esse cenário. Considere DI=99% da SELIC.

Solução: serão avaliadas as diversas alternativas do ponto de vista da rentabilidade limpa de I.R., visto que a LCA é isenta de I.R.

Alternativa 1: CDB a 118% do DI.

Utilizando a equação geral do CDB (QUARTA EQUAÇÃO PARA A VIDA), tem-se:

$$i_a = \left\{ 1 + (1-z) \cdot \left[(1+k)^n - 1\right] \right\}^{1/n} - 1$$

Onde:

k = 1,18 · (10,5 · 0,99) = 12,27% a.a.

A variável z é igual a 15% visto que o CDB é de 2 anos, ver tabela 4.1.

$$i_a = \left\{ 1 + 0,85 \cdot \left[(1 + 0,1227)^2 - 1\right] \right\}^{1/2} - 1 = 10,51\% \text{ a.a.}$$

Alternativa 2: CDB a (IPCA +7,5%).

k=(4,5+7,5)=12,00% a.a.

$$i_a = \left\{ 1 + 0,85 \cdot \left[(1 + 0,12)^2 - 1\right] \right\}^{1/2} - 1 = 10,28\% \text{ a.a.}$$

Alternativa 3: LCA a 95% do DI.

$i_a = 0{,}95 \cdot 0{,}99 \cdot 10{,}5 = 9{,}88\%$ a.a.

Alternativa 4: LCA a (IPCA + 5,8% a.a.).

ia =(4,5+5,8)= 10,30% a.a.

Analisando as taxas acima, nota-se que a melhor alternativa é o CDB cuja taxa oferecida é 118% do DI.

♣ ♣ ♣

Exemplo 6.6: analise o exemplo anterior, mantendo as taxas, mas reduzindo o prazo para 4 meses. Nesse cenário, a alíquota de I.R. é de 22,5%.

Solução: analisando o exemplo anterior, a melhor alternativa de CDB para confrontar é 118% do DI. Nesse cenário, muda unicamente o z, que passa a ser 22,5%. Substituindo na equação geral do CDB, resulta:

$$i_a = \left\{ 1 + 0{,}775 \cdot \left[(1 + 0{,}1227)^{0{,}3333} - 1\right] \right\}^{1/0{,}3333} - 1 = 9{,}42\% \text{ a.a.}$$

A outra alternativa de CDB resultará numa taxa ainda menor. Assim, nesse cenário, a melhor escolha é a LCA cuja taxa é (5,8% a.a. + IPCA).

♣ ♣ ♣

Exemplo 6.7: compare as 4 alternativas de investimentos com liquidez de 4 anos: (1) 121% DI, (2) IPCA + 8% a.a., (3) CDB pré de 14% a.a. e (4) LCA de 100% DI. Dado: IPCA de 6% a.a. e SELIC de 12,5% a.a. Considere DI=98% da SELIC.

Solução: abaixo apresentam-se as taxas aparentes brutas de I.R.

(1)→ k=121% x 98% x 12,5% = 14,82% a.a.   z=15%   n=4;

(2)→ $k = (1 + 0{,}08) \cdot (1 + 0{,}06) - 1 = 14{,}48\%$ a.a.   z=15%   n=4;

(3)→ k=14,00% a.a.   z=15%   n=4;

(4)→ k=98% x 12,5% x 100%=12,25% a.a.   z=0%   n=4;

Utiliza-se a QUARTA e a TERCEIRA EQUAÇÃO PARA A VIDA, equações 4.5 e 4.4, respectivamente, citadas abaixo:

$$i_a = \left\{ 1 + (1 - z) \cdot \left[(1 + k)^n - 1\right] \right\}^{1/n} - 1$$

$$(1+i_{ap}) = (1+i_{cm}) \cdot (1+i_r)$$

A tabela abaixo apresenta os resultados das alternativas em termos de taxas totais brutas (ia_bruto), taxas totais líquidas (ia_líquido) e taxa real (ir), todas em base anual.

Taxas -->	SELIC	IPCA	DI	
	12,50%	6,00%	98,00%	
Alternativas	ia_bruto	I.R.	ia_líquido	ir
(1)	14,82%	15,00%	12,84%	6,45%
(2)	14,48%	15,00%	12,54%	6,17%
(3)	14,00%	15,00%	12,12%	5,77%
(4)	12,25%	0,00%	12,25%	5,90%

6.4.3 Confronto entre IPCA+ e DI

Entre as modalidades clássicas de investimentos estão os títulos indexados ao DI e ao IPCA+. Aqui será feita uma análise desses títulos variando-se a inflação. É importante avaliar o comportamento desses títulos em uma disparada da inflação visto os prazos longos existentes no mercado de RF. Primeiramente será avaliado o histórico de (IPCA+) e (DI) dos períodos de 5 anos (2013 - 2018), e 10 anos (2008-2018). A tabela 6.2 apresenta os valores acumulados bem como os valores anuais. Note que a taxa DI média anual de ambos os períodos ficou por volta de 4,8% a.a. acima da inflação.

Acumulado			Anual		
Tempo	IPCA	DI	Tempo	IPCA	DI
5 anos	36,4%	70,0%	5 anos	6,4%	11,2%
10 anos	79,9%	178,7%	10 anos	6,0%	10,8%

Tabela 6.2: Histórico acumulado e anual do IPCA e da taxa DI para o período de 5 anos (2013-2018) e 10 anos (2008-2018).

A tabela 6.3 apresenta o retorno acumulado e anual já livre de I.R. para investimentos de 5 e 10 anos em aplicações com taxas IPCA+7% a.a. e 120% do DI. Para o cálculo da taxa limpa de I.R. do título DI utiliza-se a QUARTA EQUAÇÃO PARA A VIDA, equação 4.5. Já para investimentos atrelados ao IPCA, primeiramente se utiliza a TERCEIRA EQUAÇÃO PARA A VIDA, equações 4.4 e, posteriormente a QUARTA EQUAÇÃO PARA

FINANÇAS INTELIGENTES

VIDA, ambas as equações são citadas abaixo:

$$i_a = \left\{ 1 + (1-z) \cdot \left[(1+k)^n - 1 \right] \right\}^{1/n} - 1 \text{ e } (1 + i_{ap}) = (1 + i_{cm}) \cdot (1 + i_r)$$

Taxa total acumulada livre do IR			Taxa total anual livre do IR		
Tempo	IPCA + 7%	DI 120%	Tempo	IPCA + 7%	DI 120%
5 anos	77,7%	74,6%	5 anos	12,2%	11,8%
10 anos	215,9%	202,1%	10 anos	12,2%	11,7%

Tabela 6.3: Rentabilidade limpa de I.R. obtida em aplicação em títulos IPCA+7% a.a. e 120% do DI segundo os dados da tabela 6.2.

    Comparando-se as tabelas 6.2 e 6.3 nota-se uma rentabilidade, após impostos, bem acima da inflação para ambos os investimentos. Nota-se também rentabilidades próximas entre os investimentos. Considerando que ambos parecem ser bons investimentos de longo prazo pela vantagem tributária e pelas taxas maiores oferecidas pelo mercado, será avaliado o que ocorre com a rentabilidade real do investimento atrelado ao IPCA ou DI no caso da inflação disparar. Essa análise é interessante principalmente para o Brasil, cujo risco da inflação disparar existe pelo descontrole das contas públicas. Note que o I.R. em um investimento do tipo CDB é cobrado ao final, porém, a cobrança é sobre a parcela real dos juros e a parcela da inflação. Assim, será que não existe o risco da rentabilidade real ficar negativa em um ambiente inflacionário extremo como já ocorreu no passado no Brasil? A figura 6.1 apresenta essa análise. Na figura é avaliada a taxa real em função da inflação para aplicações de 5 anos considerando investimentos em CDB atrelado ao IPCA+X sendo 2% a.a.≤X≤9% a.a. Essa figura foi construída utilizando-se a TERCEIRA E QUARTA EQUAÇÃO PARA A VIDA. Note que a taxa real tende a uma assíntota, ou seja, mesmo que a inflação dispare, a rentabilidade real diminui até um limite e esse limite só é negativo para X<4%, mesmo para inflação extrema de 300% a.a. Note que, existem CDB no mercado de RF atrelados ao IPCA com X>7%! Os resultados apresentados na figura 6.1 são muito importantes, porque mostram que investimentos atrelados ao IPCA +X com uma boa taxa X (acima de 4%) em prazos acima de 5 anos o investidor estará protegido da inflação. Particularmente no Brasil, cuja economia é nada previsível e os riscos de inflação extrema existem pelo descontrole das contas públicas, investimentos em títulos atrelados ao IPCA cujo I.R. sobre os juros é cobrado no vencimento do título, protege o investidor da inflação. Isso ocorre somente porque o I.R. é cobrado ao final quando o valor a ser pago já foi depreciado pela inflação! Uma análise semelhante foi feita para o período de 3 anos e apresentada na figura 6.2. Note que o comportamento é semelhante ao da figura 6.1, porém, as rentabilidades reais são menores e são mais impactadas com o aumento da inflação.

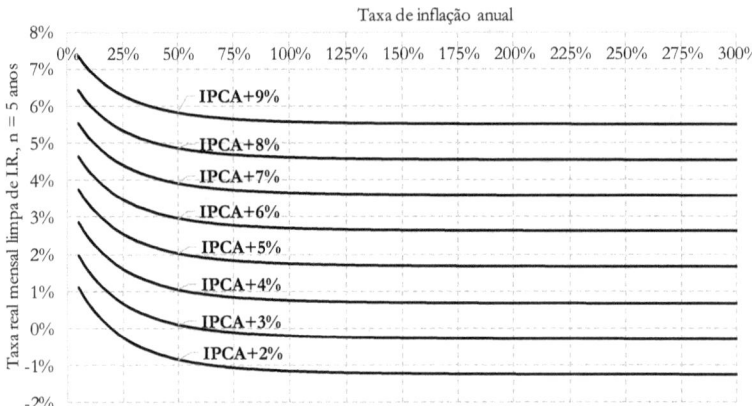

Figura 6.1: Taxa real livre de I.R em função da inflação para diversas taxas de CDB ou LC atrelados ao IPCA com n igual a 5 anos.

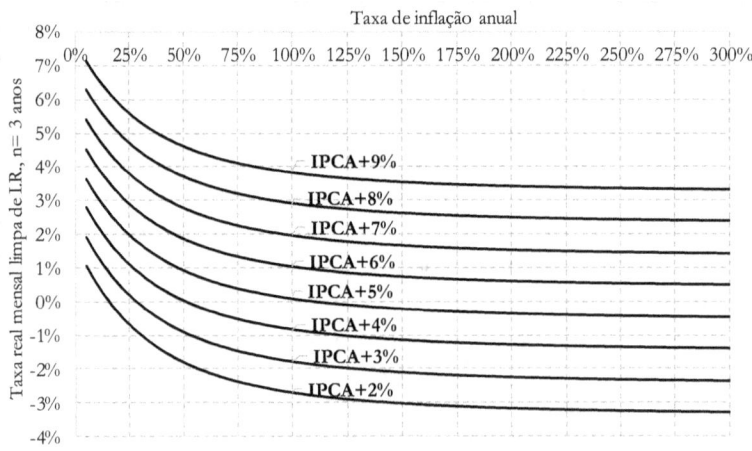

Figura 6.2: Taxa real livre de I.R em função da inflação para diversas taxas de CDB ou LC atrelados ao IPCA com n igual a 3 anos.

Para melhor visualizar o impacto da inflação na redução da rentabilidade em prazos menores de investimentos, as duas figuras 6.1 e 6.2 foram sobrepostas. As linhas contínuas se referem ao n de 5 anos e as linhas pontilhadas se referem ao n de 3 anos. Utilizou-se a escala logarítmica no eixo horizontal para facilitar a análise. Nota-se, que de fato, para inflação baixa o impacto no prazo na rentabilidade real é bem menor do que para inflação alta.

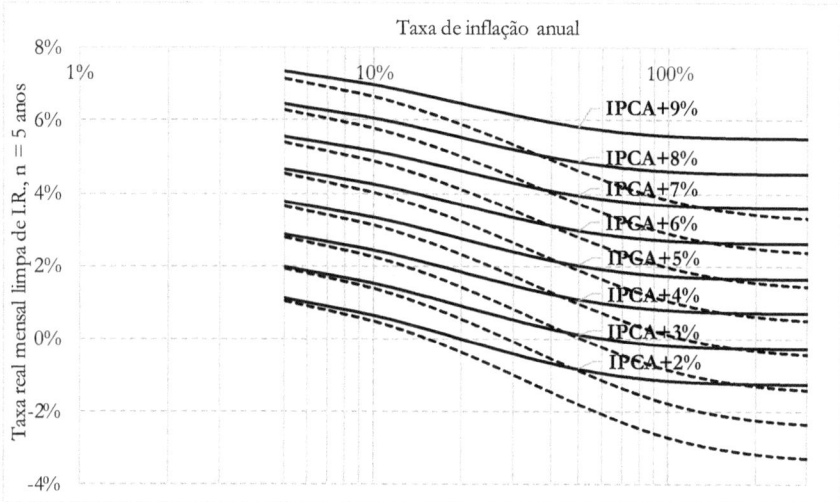

Figura 6.3: Taxa real livre de I.R em função da inflação para diversas taxas de CDB ou LC atrelados ao IPCA com n igual a 5 anos (linhas contínuas) e 3 anos (linhas pontilhadas).

Com relação aos investimentos atrelados ao DI foi feita uma análise semelhante às análises feitas com o IPCA+. Considerou-se para essa análise que o DI seguiu a seguinte relação: IPCA+4,5 a.a. Como observado na tabela 6.2, o *spread* entre IPCA e DI ficou em 4,8% a.a. Não se pode afirmar que no futuro esse *spread* permaneça, mas pelo histórico de 10 anos considerou-se como exemplo para a presente análise o *spread* um pouco menor, de 4,5% a.a. A figura 6.4 apresenta o comportamento da taxa real de juros. Note que a taxa real de juros aumenta de forma significativa com o aumento da inflação. Isso decore do fato do efeito multiplicado do DI e do pagamento da parcela de I.R. só no final, quando já houve depreciação do I.R.

Uma análise da taxa real limpa de I.R. para n igual a 3 anos também foi feita considerando a taxa DI. A figura 6.5 apresenta os resultados sobrepostos para n igual a 5 e 3 anos. A escala utilizada foi a logarítmica para a inflação de forma a facilitar a análise. Nota-se, novamente o aumento significativo da taxa real de juros para um n maior. A explicação é a mesma da análise feita anteriormente para investimentos atrelados ao IPCA. O I.R.

pago somente ao final acaba sendo depreciado pela inflação trazendo vantagem ao investidor.

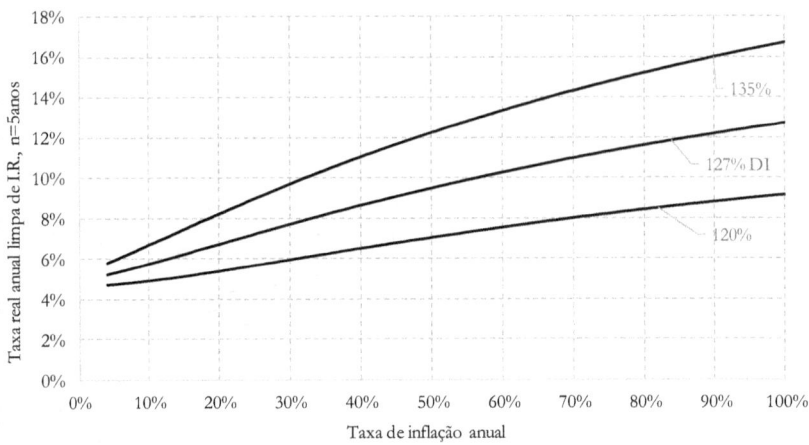

Figura 6.4: Taxa real livre de I.R. em função da inflação para diversas taxas de DI considerando n=5anos e DI dado por IPCA+4,5% a.a.

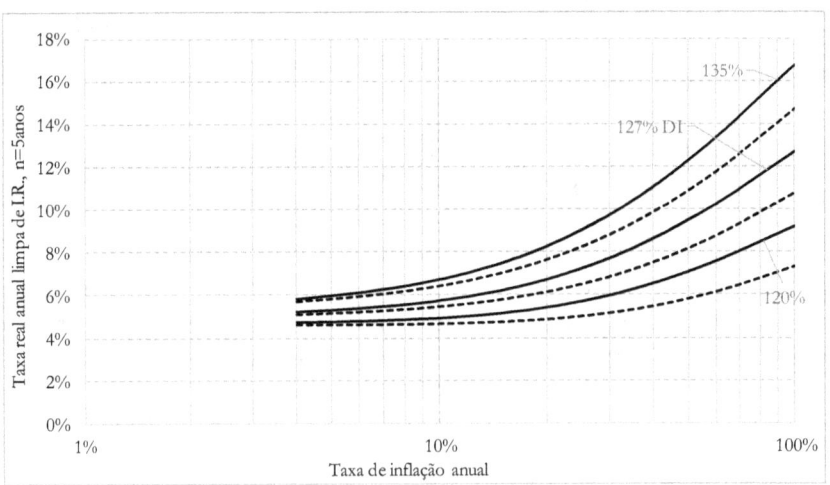

Figura 6.5: Taxa real livre de I.R em função da inflação para diversas taxas de CDB ou LC atrelados ao DI dado pela relação (IPCA+4,5% a.a.) com n igual a 5 anos (linhas contínuas) e 3 anos (linhas pontilhadas).

A conclusão das análises dessa sessão é que um prazo maior em ambiente inflacionário aumenta significativamente a rentabilidade real seja em DI ou seja em IPCA+. Além disso, investimentos atrelados aos IPCA+ X, com uma taxa X alta, como 7%, traz proteção contra a inflação, mesmo em eventos catastróficos. Porém a taxa real, nesse tipo de investimento, diminui com o aumento da inflação. Por fim, assumindo que a taxa DI fique sempre acima da inflação, a rentabilidade real também é obtida através de investimentos atrelados ao DI e, nesse caso, o aumento da inflação aumenta a rentabilidade real. Mais uma vez a diversificação entre investimentos é a melhor estratégia. Nesse caso uma diversificação entre DI e IPCA pode trazer um melhor desempenho da carteira.

6.5 O poder do tempo sobre o I.R.

Nos investimentos comuns de RF do tipo TP, CDB, LC e RDB já foi mostrado que o I.R. tem impacto sobre a rentabilidade e a forma de considerar isso é a QUARTA EQUAÇÃO PARA A VIDA, equação 4.5. O objetivo aqui é mostrar a influência do prazo na rentabilidade do investimento em decorrência ao I.R. mantendo as taxas fixas de inflação. Assim, será possível avaliar o poder de postergar o pagamento do I.R. sem a influência de outros fatores na análise.

Exemplo 6.8: um CDB de 100% do DI é aplicado por x anos, sendo 0≤x≤30. Suponha uma inflação de 5% a.a. e SELIC 14,25% a.a. Faça um gráfico da taxa aparente e da taxa real já sem I.R. em função de n. Utilize o método exato.

Solução: para a taxa aparente pode-se utilizar a equação 4.5, sendo o z escalonado até n=2 anos, conforme tabela 6.1. Acima disso z assume o valor constante de 15%.

$$i_a = \left\{ 1 + (1-z) \cdot \left[(1+k)^n - 1\right] \right\}^{1/n} - 1,$$

Onde: k=14,25 x 98% =13,965% a.a.   n=x | 1<x<30

A TERCEIRA EQUAÇÃO PARA A VIDA pode ser utilizada para calcular, então, a rentabilidade real. No lugar de i_{ap} da equação abaixo, substitui-se o ia resultante da equação anterior.

$$i_r = \frac{(1+i_{ap})}{(1+i_{cm})}$$

A figura 6.6a apresenta a taxa aparente e a taxa real ambas já sem I.R.

Nota-se que considerando um prazo muito longo, 30 anos, o incremento da taxa foi de quase 3% a.a. Isso mostra o poder de pagar impostos só ao final. Essa grande taxa incremental se deve ao início se pagar 22,5%. Uma análise um pouco mais realista seria considerar o incremento de n=2 para n=30, assim, a base de I.R. seria a mesma, 15%. Nesse caso, o incremento é de 1,32% a.a. Em termos percentuais relativos a taxa real em n=2 anos (6,65% a.a.), fica por volta de 20% (1,32%/6,65%-1), ou seja, 20% de rentabilidade superior. A figura 6.6b apresenta o fator F que multiplica o capital investido em função do n. Nota-se que considerando o intervalo entre $2 \leq n \leq 30$, F fica entre $7 \leq F \leq 10$.

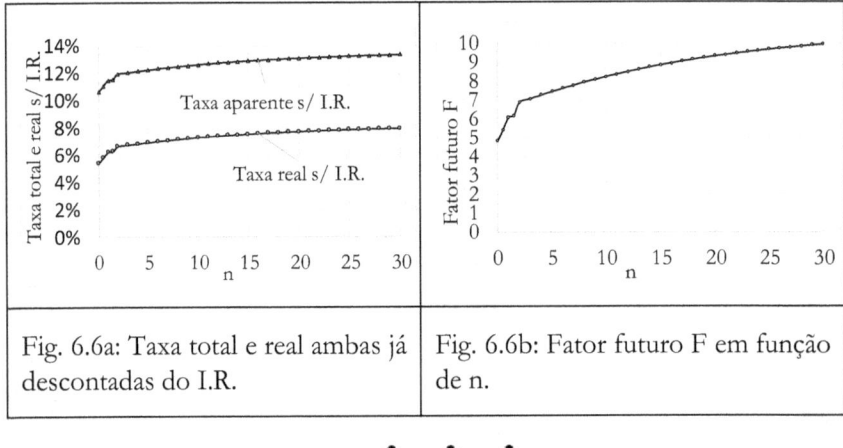

| Fig. 6.6a: Taxa total e real ambas já descontadas do I.R. | Fig. 6.6b: Fator futuro F em função de n. |

♣ ♣ ♣

Para construção da figura 6.6b considerou-se um n = 30 anos e a taxa para cada n das abscissas oriundas da figura 6.6a. Essa análise é muito interessante, pois mostra o poder da parcela de I.R. trabalhando para rentabilizar mais o investimento. Nota-se, por exemplo, que ao considerar 2<n≤30 resulta um incremento (só devido a rentabilidade do I.R. pago ao final) de aproximadamente de um fator F de 7 para um fator F de 10. Existem investimentos que cobram I.R. antecipado chamado de "come cotas" como é o caso dos fundos de investimentos. No próximo capítulo, esses investimentos serão abordados de forma resumida, mas já se antecipa uma desvantagem tributária desses investimentos: o "come cotas". Esses prazos longos são interessantes para um plano de previdência e a rentabilidade sobre o I.R. pago somente no resgate se torna bastante importante. Esse assunto será resgatado no capítulo sobre previdência.

7 FUNDOS DE INVESTIMENTOS E DEBÊNTURES

Fundo de investimento é um tipo de aplicação financeira que reúne recursos de um conjunto de investidores (cotistas), com o objetivo de obter lucro com a compra e venda de títulos e valores mobiliários, de cotas de outros fundos ou de bens imobiliários, no Brasil e no exterior. Dependendo do tipo de fundo, as carteiras geralmente podem ser mais diversificadas ou menos diversificadas, ao conter ativos de diversos tipos tais como ações, títulos de RF (CDB), títulos cambiais, derivativos ou commodities negociadas em bolsas de mercadorias e futuros, TP, entre outros. Todo o dinheiro aplicado nos fundos é convertido em cotas, que são distribuídas entre os aplicadores ou cotistas, que passam a ser proprietários de partes da carteira, proporcionais ao capital investido. O valor da cota é atualizado diariamente. São muitos os fundos de investimentos disponíveis no mercado e deve o investidor avaliar os riscos e onde o fundo investe o dinheiro.

A rentabilidade de cada fundo depende da estratégia de investimento adotada pelo gestor. Esse gestor deve respeitar as características definidas no regulamento do fundo. Existem fundos conservadores e fundos mais agressivos com diferentes graus de risco definidos de acordo com seu objetivo. O risco de um fundo de investimento pode ser definido como o grau de incerteza na obtenção do retorno esperado investindo em um determinado fundo. Dessa forma, os fundos podem ser classificados como de baixo, médio ou alto risco. Geralmente, fundos de baixo risco apresentam um maior nível de segurança ao investidor, mas, em contrapartida, costumam ter um retorno menor. Fundos de alto risco, por outro lado, podem trazer um retorno mais alto, mas com um grau muito maior de incerteza, podendo até mesmo trazer prejuízos aos investidores (perda de capital).

Os fundos são divididos em tipos pela CVM, de acordo com a composição de sua carteira. Os nomes dos fundos devem indicar sua classificação, para facilitar a identificação da política de investimento pelo investidor. Entre os fundos disponíveis estão os fundos de RF de curto prazo, fundo de RF referenciado, fundo de RF simples, fundo de ações, fundo cambial, fundo da dívida externa e fundo multimercado. Muitos dos conceitos aqui apresentados foram extraídos dos portais da ADVF, B3 e Portal do Investidor. Trago aqui apenas informações conceituais dos tipos de fundos. É importante lembrar que existe uma desvantagem tributária no investimento em fundos de investimentos em relação às modalidades de investimentos clássicas (CDB, LC, RDB) que é o "come-cotas"- tributação semestral. Esse assunto será abordado nesse capítulo, inclusive de forma quantitativa.

É fundamental ao investidor estar ciente que existe uma quantidade muito grande de fundos e alguns podem ser interessantes. Coloco 2 (dois) tipos de fundos que considero interessante e utilizo nas minhas estratégias de investimentos. Fundos de RF de baixo risco e fundos estruturados. Alguns fundos de RF rendem levemente acima do DI, por exemplo, 110% do DI. Normalmente esses fundos possuem na composição da carteira crédito privado, como debêntures. Mas os fundos, pelo tamanho, conseguem diversificar bem nesses produtos, o que é difícil de ser feito pelo pequeno investidor comprando diretamente debêntures. Assim, esses produtos conseguem reduzir o risco de concentração da carteira. O mais interessante é que alguns desses fundos possuem liquidez curta, como 30 dias. Novamente mais uma vantagem sobre a compra direta de debêntures cujos prazos são normalmente longos e a venda no mercado secundário nem sempre é bem-sucedida. Esses fundos competem, por exemplo, como o Tesouro SELIC. O Tesouro SELIC, como já visto no capítulo sobre TD, possui taxa da B3 e *spread* o que acarreta rentabilidade abaixo de 100% do DI. Na SELIC atual (6,5% a.a., em 12/10/2018), essa rentabilidade se aproxima de 95% da SELIC. Se considerar o *spread* existente, a rentabilidade é ainda menor! Existem também fundos de renda fixa que investem prioritariamente em debêntures incentivadas os quais possuem isenção de I.R. para o investidor pessoa física. Novamente, os fundos por serem grandes, conseguem diversificar nesse tipo de produto e reduzir os riscos da concentração da carteira. Alguns desses fundos fazem *hedge* para proteger a carteira da volatilidade visto que as debêntures possuem marcação a mercado e a rentabilidade varia bastante. Pensando em uma estratégia de liquidez de curto prazo (por exemplo, 1 mês), o *hedge* se torna importante. Ainda considero interessantes os fundos estruturados que diversificam em alguns produtos, principalmente em crédito privado e conseguem uma rentabilidade significativa acima do DI com volatilidade controlada.

Uma modalidade de fundos disponíveis nas plataformas brasileiras de investimentos que pode ser interessante para quem quer exposição a ações no exterior, e, ao mesmo tempo, ao dólar ou euro ou outra moeda qualquer são os fundos que investem em ações no exterior. Existem fundos específicos que investem, por exemplo, em ações de empresas americanas. Outros fundos investem em ações europeias ou outros mercados. Assim, de uma forma muito simples, é possível uma exposição ao mercado no exterior através desses fundos.

Ao alocar em fundos é fundamental que o investidor avalie os custos envolvidos. A taxa de administração é um dos custos. O come-cotas também eu considero um custo (tributário). Um fundo de ações também se paga I.R. sobre a rentabilidade. Se o investir comprasse ações e as mantivesse em carteira, ou vendesse até R$20.000,00/ mês teria a isenção de I.R., mas no fundo de ações essa regra não se aplica. O mesmo raciocínio vale para compra de ações diretamente nos EUA ao invés do investimento em um fundo no Brasil que investe em ações americanas, por exemplo. Mas para um pequeno investidor e investidor comum pode ser interessante a exposição a ações através de fundos, visto que nesses há uma equipe de gestão e análise dedicada à atividade profissional. Por fim, na escolha de um fundo é importante que o investidor avalie as características do fundo e a equipe de gestão. Um bom assessor de investimentos pode contribuir adequando o perfil de risco com produtos adequados e de alta qualidade.

7.1 Tributação

O I.R. nos fundos de investimentos é recolhido no último dia útil dos meses de maio e novembro de cada ano, em um sistema denominado **come-cotas**. Dos fundos tributáveis, apenas nos fundos de investimento em ações **não** há come-cotas. A denominação come-cotas é porque sua cobrança reduz o número de cotas detidas pelo investidor no fundo. É como se o Governo Federal realizasse um resgate parcial do seu investimento, a título de recolhimento do I.R.

Os fundos de investimentos são classificados em quatro categorias para efeitos de Imposto de Renda, e a incidência do imposto dependerá do período de permanência de cada aplicação no fundo e da natureza do fundo. Pode-se distinguir entre fundos de longo prazo, curto prazo, de ações e os isentos de tributação. Os isentos de tributação são fundos cuja natureza dos investimentos dentro do fundo é isenta de tributação como ocorre em fundos de debêntures incentivadas.

Para os fundos de longo prazo, a tributação segue a tabela 6.1 vista no Capítulo 6. Além disso, O come-cotas é cobrado na taxa de 15% sobre a juros obtidos a cada 6 meses, ou, mais especificadamente nos meses de maio e novembro de cada ano. Para fins de tributação, são considerados fundos de investimento de longo prazo aqueles cuja carteira de títulos tenha prazo médio igual ou superior a 365 dias. Ao investir em algum fundo avalie a tributação para não ocorrer algum engano e pagar ainda mais I.R.

Para fundos de curto prazo a tributação é de 22,5% para permanência de até 180 dias e de 20% acima desse prazo. Note que a tributação mínima desse tipo de fundo é de 20%! Para fins de tributação, são considerados fundos de investimento de curto prazo aqueles cuja carteira de títulos tenha prazo médio igual ou inferior a 365 dias. O come-cotas desse tipo de fundo ocorre também semestralmente, mas a alíquota é de 20%!

Para fundo de ações, a alíquota é única e de 15% sobre os rendimentos, independentemente do prazo de permanência de cada aplicação do investidor no fundo. O imposto será cobrado sobre o rendimento bruto obtido, somente quando o investidor realizar o resgate. São os fundos que tem tributação mais favorável para o investidor. Para se enquadrar nessa categoria, o fundo deve manter, no mínimo, 67% de seus recursos alocados em ações negociadas em bolsa de valores. Novamente, avalie a tributação do fundo antes de fazer o investimento e ter certeza do tipo de fundo que você está investindo.

Na descrição sucinta que será feita dos diversos fundos existentes, não será tratada a tributação visto que a característica da tributação não está associada ao nome do fundo e sim, à natureza e aos prazos dos produtos que contemplam o investimento de cada fundo. Deve o leitor sempre ler o material do fundo de interesse e avaliar o que compõe o fundo e a tributação que será realizada.

7.2 Fundo de renda fixa

Os fundos classificados como "RF" devem possuir, no mínimo, 80% da carteira em ativos relacionados diretamente, ou sintetizados via derivativos, ao fator de risco que dá nome à classe (variação da taxa de juros doméstica ou de índice de inflação, ou ambos). Na prática, esses ativos financeiros são, em sua maioria, os chamados títulos de RF, como os TP, as debêntures e os títulos de emissão bancária, como CDB, LCI, entre outros.

7.2.1 Fundo de renda fixa de curto prazo

Nesse fundo os recursos são aplicados exclusivamente em produtos de baixo risco, com prazo máximo a decorrer de 375 dias, e prazo médio da carteira do fundo inferior a 60 dias. É permitida a utilização de derivativos somente para proteção da carteira e a realização de operações compromissadas lastreadas em TP. Os gestores desses fundos só podem investir em:

- TP ou privados pré-fixados;
- TP ou privados indexados à taxa SELIC, a outra taxa de juros ou a índices de preços;
- títulos privados que sejam considerados de baixo risco de crédito pelo gestor;
- cotas de fundos de índice que apliquem nesses tipos de títulos; e
- operações compromissadas lastreadas em TP.

Esses fundos são considerados conservadores quanto ao risco e compatíveis com objetivos de investimento de curto prazo, pois suas cotas são menos sensíveis às oscilações das taxas de juros.

7.2.2 Fundo referenciado

Nesse fundo, ao menos 95% dos recursos são investidos em títulos ou operações que buscam acompanhar a variação do indicador de desempenho escolhido e podem utilizar derivativos apenas como proteção da carteira. O nome do fundo deve indicar o índice de referência em que ele segue, por exemplo: fundo DI cujo objetivo de investimento é acompanhar a variação diária das taxas de juros praticadas no mercado interbancário. No nome do fundo, deve estar indicado o índice de referência e atendida as seguintes condições cumulativamente: (i) tenha no mínimo 80% do seu patrimônio líquido representado, isolada ou cumulativamente, por TP, e títulos e valores mobiliários de RF cujo emissor esteja classificado na categoria baixo risco de crédito ou equivalente, com certificação por agência de classificação de risco localizada no país, exceto em relação aos fundos referenciados em índices do mercado de ações; (ii) estipule que 95%, no mínimo, da carteira seja composta por ativos financeiros de forma a acompanhar, direta ou indiretamente, a variação do indicador de desempenho escolhido; (iii) restrinja a respectiva atuação nos mercados de derivativos à realização de operações com o objetivo de proteger posições detidas a vista, até o limite dessas.

Esses fundos são um pouco mais sensíveis às variações nas taxas de juros quando comparados aos de curto prazo, mas ainda são considerados de baixo risco.

7.2.3 Fundo de renda fixa simples

Tem por objetivo oferecer uma alternativa de investimento simples, segura e de baixo custo, que colabore para a elevação da taxa de poupança do país, promovendo um primeiro acesso ao mercado de capitais. Com relação à segurança do investimento, os fundos simples devem manter no mínimo 95% do seu patrimônio em TP, operações compromissadas neles lastreadas ou títulos de emissão de instituições financeiras de risco de crédito no mínimo equivalente ao risco soberano. O gestor deve ainda adotar estratégia de investimento que proteja o fundo de perdas e volatilidade. Não são permitidos investimentos no exterior ou concentração em crédito privado. Além disso esses fundos devem ser constituídos exclusivamente sob a forma de condomínio aberto e, para reduzir custos, todos os seus documentos e informações devem ser disponibilizados preferencialmente por meio eletrônico. Podem utilizar derivativos apenas como proteção da carteira. São considerados de baixíssimo risco e de fácil acesso.

7.2.4 Renda fixa – dívida externa

Esse tipo de fundo utiliza no mínimo 80% de seu patrimônio líquido em títulos representativos da dívida externa de responsabilidade da União. Em geral, não podem manter ou aplicar recursos no país, com exceção de algumas hipóteses previstas na regulamentação, como a aplicação dos recursos remanescentes na realização de operações com derivativos para proteção da carteira.

7.3 Fundo de ações

O Fundo de Investimento em Ações (FIA) tem como principal fator de risco a variação dos preços de ações, admitidas à negociação em mercados organizados, que compõem sua carteira de ativos. Cabe ao administrador do fundo constituir o fundo e realizar o processo de captação de recursos junto aos investidores através da venda de cotas. Os FIA devem investir ao menos 67% do seu patrimônio em ações admitidas à negociação em mercado organizado ou em ativos relacionados, como bônus ou recibos de subscrição, certificados de depósito de ações, cotas de fundos de ações, cotas dos fundos de índice de ações e *Brazilian Depositary Receipts* (BDR) classificados com nível II e III. BDR são certificados representativos de ações de empresas estrangeiras, negociados no Brasil. Os recursos remanescentes podem ser investidos em outros ativos financeiros, desde que respeitados os limites de concentração aplicáveis a todos os tipos de fundos.

O regulamento do fundo pode prever a possibilidade de que a parcela do patrimônio investida em ações, ou nos ativos relacionados, não se sujeite ao limite por emissor. Nessa hipótese, o termo de adesão deve conter alerta de que o fundo pode estar exposto a significativa concentração em ativos financeiros de poucos emissores, com os riscos daí decorrentes. Os fundos de ações são mais indicados para objetivos de investimento de longo prazo e para investidores que suportam uma maior exposição a riscos, em troca de uma expectativa de rentabilidade mais elevada.

7.4 Fundo cambial

Esses fundos de investimento têm como objetivos concentrar o investimento de seus recursos em títulos relacionados à variação de preços de uma moeda estrangeira ou de uma taxa de juros denominada cupom cambial. O principal fator de risco da carteira de um fundo de investimento cambial é a variação dos preços da moeda estrangeira ou do cupom cambial e é recomendado para investidores de perfil moderado, que buscam preservar o poder de compra de seu patrimônio em moeda estrangeira ao longo do tempo. Esses fundos podem utilizar ativos derivados em carteira apenas com o objetivo exclusivo de proteção (*hedge*), sem permitir qualquer tipo de alavancagem. Esses fundos devem possuir, no mínimo, 80% da carteira em ativos relacionados diretamente, ou sintetizados via derivativos, ao fator de risco que dá nome à classe (variação de preços de moeda estrangeira ou simplesmente variação cambial), ou a variação do cupom cambial.

7.5 Fundo de dívida externa

Esse tipo de fundo deve aplicar, no mínimo, 80% de seu patrimônio em títulos representativos da dívida externa de responsabilidade da União, sendo permitida a aplicação de até 20% do patrimônio líquido em outros títulos de crédito transacionados no mercado internacional. Para o investidor brasileiro esse fundo é uma forma de aplicar nos papéis emitidos pelo governo brasileiro negociados no exterior. Esses fundos podem utilizar derivativos apenas com o objetivo exclusivo de proteção (*hedge*), sem permitir qualquer tipo de alavancagem. Os derivativos podem ser negociados tanto no Brasil quanto no exterior. Os títulos componentes da carteira dos fundos de investimento da dívida externa são custodiados no exterior. Para o investidor, esta classe de fundo de investimento é um meio ágil e de baixo custo operacional para investir em títulos do governo brasileiro negociados no exterior.

7.6 Fundo multimercado

Os fundos de investimento multimercados têm por objetivo diversificar o investimento de seus recursos em diversas classes de ativos, como RF, moedas, ações e commodities, seja no mercado doméstico ou internacional. Esses fundos, em geral, não possuem o compromisso de concentrar recursos em nenhum fator de risco. Podem, inclusive, utilizar derivativos tanto para proteção (*hedge*) quanto para alavancagem. A procura pelas melhores oportunidades para diversificar os ativos do fundo de investimento multimercado depende da capacidade e experiência do gestor, que deve combinar a aplicação do percentual do patrimônio que será investido em cada um dos mercados com a escolha do melhor momento para alocar esses recursos. O crédito do resgate do valor parcial ou total investido pelo cotista deste fundo de investimento costuma ser executado em até 30 dias. Devido à grande flexibilidade, os fundos multimercados são os maiores coringas da indústria de fundos. Eles podem ser mais conservadores que alguns fundos de RF, ou muito mais agressivos que os fundos de ações. A categoria dos multimercados literalmente inclui "todo o resto" – ou seja, todos os fundos que não se encaixam nas demais categorias existentes. Por isso, ao investir em um fundo multimercado é importante ficar atento ao tipo de estratégia que a gestora do fundo adota. Isso porque cada estratégia tem regras diferentes para realizar as operações.

7.7 Análise quantitativa do come-cotas

A tributação de fundos de investimento pelo I.R. conta com uma particularidade. O I.R. nos fundos de investimentos tributáveis, exceto os fundos de ações, é recolhido no último dia útil dos meses de maio e novembro de cada ano, em um sistema denominado come-cotas. Vamos avaliar aqui a influência do come-cotas na rentabilidade do investimento. Com essa análise será possível confrontar um fundo com outros investimentos que não possuem come-cotas, como um CDB. Considerando, por exemplo, que ambos possuam a mesma rentabilidade aparente no período, qual seria a rentabilidade limpa de imposto de renda de cada investimento? Certamente o CDB será maior, mas será que essa diferença é significativa? As equações serão aqui deduzidas, mas para aqueles que possuam dificuldades com a matemática pode utilizar diretamente as equações finais deduzida que serão apresentadas na sequência, ou seja, Eqs. (7.1, 7.2, 7.3, 7.4 e 7.5). Assim, toda a seção 7.7.1 será classificada como opcional. Como a tabela de tributação de I.R. (tabela 6.1) apresenta um escalonamento, os cálculos são um pouco complexos. Como é altamente recomendável investir com prazos acima de 2 anos (vantagem tributária), o leitor poderia se ater apenas na equação da rentabilidade considerando come-cotas para períodos acima de 2 anos, cuja equação é bem simples (Eq. 7.1). Além disso, para prazos abaixo de 2 anos, a diferença da rentabilidade devido ao come-cotas é muito pequena de tal forma que é questionável considerar toda a complexidade da análise para considerar a redução da rentabilidade do come-cotas. Para prazos maiores, por exemplo, prazos de 4 anos ou mais, a influência do come-cotas passa a ser representativa. Ainda nesse capítulo será feito um exemplo para avaliar a influência do come-cotas na rentabilidade do investimento em função do prazo. Ficará mais evidente a influência menor para prazos curtos.

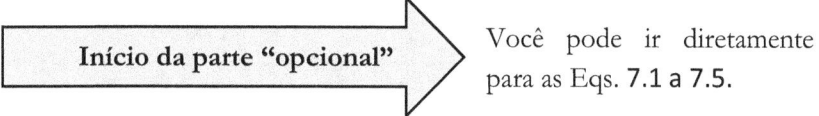

Início da parte "opcional" Você pode ir diretamente para as Eqs. **7.1 a 7.5**.

7.7.1 Fundos de longo prazo

São fundos cujo come-cotas é de 15% e a tabela de I.R. é a tabela 6.1 vista no Capítulo 6. Os cálculos aqui apresentados são praticamente iguais ao cálculo do come-cotas do fundo de curto prazo. Assim, será demonstrado no detalhe a dedução apenas para o fundo de longo prazo.

Para n>2 anos:

Primeiro come-cotas (em 0,5 anos)

$$F_1 = P_1(1+k)^{0,5}$$

$$J_1 = P_1(1+k)^{0,5} - P_1 = P_1\left[(1+k)^{0,5} - 1\right]$$

Após a tributação de 15% (come-cotas), resta de juros:

$$J_{1,IR} = 0,85P_1\left[(1+k)^{0,5} - 1\right]$$

O montante resulta, já limpo de I.R.

$$F_{1,IR} = P_1 + J_{1,IR} = P_1\left[1 + 0,85\left[(1+k)^{0,5} - 1\right]\right]$$

$$F_{1,IR} = P_1\left[1 + 0,85\left[(1+k)^{0,5} - 1\right]\right]^1 = P_2$$

Segundo come-cotas (em 1 ano)

$$F_2 = P_2(1+k)^{0,5}$$

$$F_2 = P_1\left[1 + 0,85\left[(1+k)^{0,5} - 1\right]\right](1+k)^{0,5}$$

$$J_2 = P_1\left[1 + 0,85\left[(1+k)^{0,5} - 1\right]\right](1+k)^{0,5} - P_2$$

$$J_2 = P_1\left[1 + 0,85\left[(1+k)^{0,5} - 1\right]\right]\left[(1+k)^{0,5} - 1\right]$$

$$J_{2,IR} = 0,85P_1\left[1 + 0,85\left[(1+k)^{0,5} - 1\right]\right]\left[(1+k)^{0,5} - 1\right]$$

$$F_{2,IR} = P_2 + J_{2,IR} = P_1\left[1 + 0,85\left[(1+k)^{0,5} - 1\right]\right]\left[1 + 0,85\left[(1+k)^{0,5} - 1\right]\right] = P_3$$

$$F_{2,IR} = P_1\left[1+0,85\left[(1+k)^{0,5}-1\right]\right]^2 = P_3$$

Terceiro come-cotas (em 1,5 anos)

$$F_3 = P_3(1+k)^{0,5}$$

$$F_3 = P_1\left[1+0,85\left[(1+k)^{0,5}-1\right]\right]^2 (1+k)^{0,5}$$

$$J_3 = P_1\left[1+0,85\left[(1+k)^{0,5}-1\right]\right]^2 (1+k)^{0,5} - P_3$$

$$J_3 = P_1\left[1+0,85\left[(1+k)^{0,5}-1\right]\right]^2 \left[(1+k)^{0,5}-1\right]$$

$$J_{3,IR} = 0,85 P_1\left[1+0,85\left[(1+k)^{0,5}-1\right]\right]^2 \left[(1+k)^{0,5}-1\right]$$

$$F_{3,IR} = P_1\left[1+0,85\left[(1+k)^{0,5}-1\right]\right]^3 = P_4$$

Quarto come-cotas (em 2 anos)

Seguindo a metodologia e observando a sequência, pode-se escrever:

$$F_{4,IR} = P_1\left[1+0,85\left[(1+k)^{0,5}-1\right]\right]^4 = P_5$$

Enésimo come-cotas

$$F_{N,IR} = P_1\left[1+0,85\left[(1+k)^{0,5}-1\right]\right]^N$$

Mas para considerar a base anual, ou seja, N representa número de semestres. Por exemplo, para o quarto come-cotas (quatro semestres), N=4, mas na verdade são 2 anos. Assim, buscando considerar a variável n que foi definida em todo o texto em anos, pode-se escrever:

$$F_{n,IR} = P_1\left[1+0,85\left[(1+k)^{0,5}-1\right]\right]^{2n}$$

A rentabilidade r, pode-se obtida por:

$$r = \frac{F}{P} - 1 = \left[1 + 0{,}85\left[(1+k)^{0{,}5} - 1\right]\right]^{2n} - 1$$

É interessante calcular a rentabilidade anualizada pela QUARTA EQUAÇÃO DA VIDA:

$$i_a = (1+r)^{\frac{1}{n}} - 1 = \left[1 + 0{,}85\left[(1+k)^{0{,}5} - 1\right]\right]^2 - 1 \qquad \text{Eq. 7.1}$$

Notar que a taxa anualizada independe do n. Isso decorre, porque a cada semestre a tributação de 15% é retirada, retirando, com isso, a vantagem tributária. A partir de 2 anos, essa é a faixa máxima de tributação e é cobrado ao final de cada semestre.

Agora serão deduzidas as equações para períodos entre 0 e 2 anos.

Para n<0,5 ano:

Nesse cenário, o I.R. é de 22,5% e não há come-cotas.

$$F = P\left[1 + 0{,}775\left[(1+k)^n - 1\right]\right]$$

$$i_a = (1+r)^{\frac{1}{n}} - 1 = \left[1 + 0{,}775\left[(1+k)^n - 1\right]\right]^{\frac{1}{n}} - 1 \qquad \text{Eq. 7.2}$$

Para 0,5≤n<1 ano:

Para o primeiro come-cotas, tem-se:

$$F_1 = P(1+k)^{0{,}5}$$

$$J_1 = F_1 - P = P\left[(1+k)^{0{,}5} - 1\right]$$

$$J_{1IR} = 0{,}85P\left[(1+k)^{0{,}5} - 1\right]$$

$$F_{1IR} = P\left[1 + 0{,}85\left[(1+k)^{0{,}5} - 1\right]\right] = P_2$$

Agora para o segundo período, onde ocorre o resgate, tem-se que o P_2 se torna o principal:

$$F_2 = P_2(1+k)^{n-0{,}5},$$

$$F_2 = P\left[1 + 0,85\left[(1+k)^{0,5} - 1\right]\right](1+k)^{n-0,5}$$

$$J_2 = F_2 - P_2$$

$$J_2 = P\left\{\left[1 + 0,85\left[(1+k)^{0,5} - 1\right]\right](1+k)^{n-0,5} - \left[1 + 0,85\left[(1+k)^{0,5} - 1\right]\right]\right\}$$

$$J_2 = P\left[1 + 0,85\left[(1+k)^{0,5} - 1\right]\right]\left[(1+k)^{n-0,5} - 1\right]$$

$$J_{2IR} = 0,8P\left[1 + 0,85\left[(1+k)^{0,5} - 1\right]\right]\left[(1+k)^{n-0,5} - 1\right]$$

Como ocorreu o resgate em tabela de I.R. de 20%, deve-se pagar 5% adicionais de I.R. dos juros do primeiro período e, assim, fica:

$$J_{extra} = 0,05J_1$$

$$J_{2IR(T)} = 0,8J_2 - 0,05J_1$$

$$F_{2IR(T)} = P_2 + J_{2IR(T)}$$

Substituindo tudo e ainda usando a equação da rentabilidade e a equação para calcular a rentabilidade na base anual, chega-se:

$$r = \frac{F_{2IR(T)}}{P} - 1 \text{ e posteriormente } i_a = (1+r)^{\frac{1}{n}} - 1 \text{, chega-se:}$$

$$i_a = \left\{ \frac{\left[1 + 0,85\left[(1+k)^{0,5} - 1\right]\right] + 0,8\left[1 + 0,85\left[(1+k)^{0,5} - 1\right]\right]x}{\left[(1+k)^{n-0,5} - 1\right] - 0,05\left(\frac{J_1}{P}\right)} \right\}^{\frac{1}{n}} - 1 \quad \text{Eq. 7.3}$$

Para 1≤n<1,5 anos:

Usando resultados anteriores (para n>2) tem-se:

$$P_3 = P\left[1 + 0,85\left[(1+k)^{0,5} - 1\right]\right]^2$$

$$J_1 = P\left[(1+k)^{0,5} - 1\right] \text{ (parcela 0,5 anos)}$$

$$J_2 = P\left[1 + 0{,}85\left[(1+k)^{0{,}5} - 1\right]\right]\left[(1+k)^{0{,}5} - 1\right] \text{ (parcela entre 0,5 e 1 anos)}$$

$$F_3 = P_3(1+k)^{n-1},$$

$$F_3 = P\left[1 + 0{,}85\left[(1+k)^{0{,}5} - 1\right]\right]^2 (1+k)^{n-1}$$

$$J_3 = F_3 - P_3 = P\left[1 + 0{,}85\left[(1+k)^{0{,}5} - 1\right]\right]^2 \left[(1+k)^{n-1} - 1\right]$$

$$J_{3IR} = 0{,}825P\left[1 + 0{,}85\left[(1+k)^{0{,}5} - 1\right]\right]^2 \left[(1+k)^{n-1} - 1\right]$$

$$J_{extra} = -0{,}025J_1 - 0{,}025J_2 = -0{,}025(J_1 + J_2)$$

$$J_{3IR(T)} = 0{,}825J_3 - 0{,}025(J_1 + J_2)$$

$$F_{3IR(T)} = P_3 + J_{3IR(T)}$$

Substituindo tudo e ainda usando a equação da rentabilidade e a equação para calcular a rentabilidade na base anual, chega-se:

$$r = \frac{F_{3IR(T)}}{P} - 1 \text{ e posteriormente } i_a = (1+r)^{\frac{1}{n}} - 1 \text{, chega-se:}$$

$$i_a = \left\{ \frac{\left[1 + 0{,}85\left[(1+k)^{0{,}5} - 1\right]\right]^2 + 0{,}825\left[1 + \left[0{,}85(1+k)^{0{,}5} - 1\right]\right]^2 x}{\left[(1+k)^{n-1} - 1\right] - 0{,}025\left[\frac{J_1 + J_2}{P}\right]} \right\}^{\frac{1}{n}} - 1 \quad \text{Eq. 7.4}$$

Para 1,5≤n<2 anos:

Usando os resultados anteriores (para n>2), tem-se :

$$P_4 = P\left[1 + 0{,}85\left[(1+k)^{0{,}5} - 1\right]\right]^3$$

$$J_1 = P\left[(1+k)^{0{,}5} - 1\right] \text{ (parcela 0,5 anos)}$$

$$J_2 = P\left[1 + 0{,}85\left[(1+k)^{0{,}5} - 1\right]\right]\left[(1+k)^{0{,}5} - 1\right] \text{ (parcela entre 0,5 e 1 anos)}$$

$$J_3 = P\left[1 + 0.85\left[(1+k)^{0.5} - 1\right]\right]^2 \left[(1+k)^{0.5} - 1\right] \text{ (parcela entre 0,5 e 1 anos)}$$

$$F_4 = P_4(1+k)^{n-1.5},$$

$$F_4 = P\left[1 + 0.85\left[(1+k)^{0.5} - 1\right]\right]^3 (1+k)^{n-1.5}$$

$$J_4 = F_4 - P_4 = P\left[1 + 0.85\left[(1+k)^{0.5} - 1\right]\right]^3 \left[(1+k)^{n-1.5} - 1\right]$$

$$J_{3IR} = 0.825P\left[1 + 0.85\left[(1+k)^{0.5} - 1\right]\right]^3 \left[(1+k)^{n-1.5} - 1\right]$$

$$J_{extra} = -0.025(J_1 + J_2 + J_3)$$

$$J_{4IR(T)} = 0.825J_4 - 0.025(J_1 + J_2 + J_3)$$

$$F_{4IR(T)} = P_4 + J_{4IR(T)}$$

Substituindo tudo e ainda usando a equação da rentabilidade e a equação para calcular a rentabilidade na base anual, chega-se:

$$r = \frac{F_{4IR(T)}}{P} - 1 \text{ e posteriormente } i_a = (1+r)^{\frac{1}{n}} - 1, \text{ chega-se:}$$

$$i_a = \left\{ \frac{\left[1 + 0.85\left[(1+k)^{0.5} - 1\right]\right]^3 + 0.825\left[1 + \left[0.85(1+k)^{0.5} - 1\right]\right]^3 \times}{\left[(1+k)^{n-1.5} - 1\right] - 0.025\left[\frac{J_1 + J_2 + J_3}{P}\right]} \right\}^{\frac{1}{n}} - 1 \quad \text{Eq. 7.5}$$

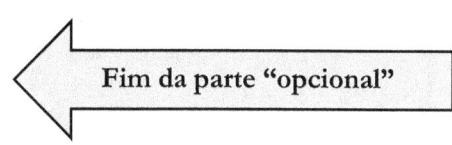

Fim da parte "opcional"

7.7.2 Fundos de curto prazo

A tributação para esse tipo de fundo é de 22,5% para prazos de 180dias e posteriormente, 20%. O come-cotas incide igualmente aos prazos do fundo de longo prazo, mas aqui a alíquota é de 20%.

Para n<0,5anos, tem-se:

$$i_a = (1+r)^{\frac{1}{n}} - 1 = \left[1 + 0,775\left[(1+k)^n - 1\right]\right]^{\frac{1}{n}} - 1$$

Veja que é exatamente a equação 7.2.

Para n≥0,5 anos, tem-se

$$i_a = (1+r)^{\frac{1}{n}} - 1 = \left[1 + 0,8\left[(1+k)^{0,5} - 1\right]\right]^2 - 1 \qquad \text{Eq. 7.6}$$

Exemplo 7.1: faça um gráfico da rentabilidade anual isenta de I.R. em função do tempo de investimento para um CDB e um fundo de longo prazo. Considere 3 taxas de rentabilidade brutas, 10% a.a., 30% a.a. e 50% a.a.

Solução: a figura 7.1 apresenta curvas de rentabilidade anual já isenta de I.R. para CDB e fundo de longo prazo cujo imposto come-cotas sobre os juros é de 15% retirado a cada semestre. A rentabilidade anual é apresentada em função do tempo da aplicação. Observa-se que para o come-cotas, não há a vantagem tributária do tempo. Observa-se que para taxas de juros maiores a diferença tributária entre um fundo e um CDB aumenta.

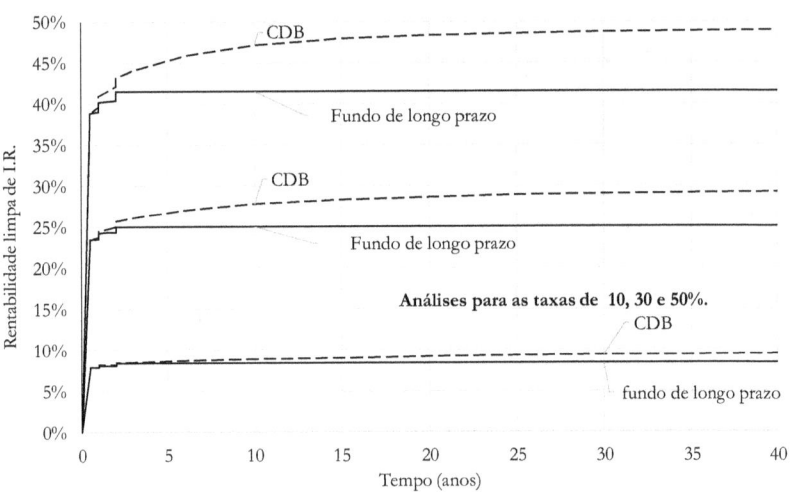

Figura 7.1: Rentabilidade anual limpa de I.R. em função do tempo anos. Comparação entre CDB e fundos do tipo come-cotas de 15% dos juros.

A figura 7.2a apresenta a análise individual da taxa de 10% a.a. de juros onde pode-se notar que, mesmo para uma SELIC média mais condizente com o cenário econômico de médio prazo no Brasil, o come-cotas tem certo impacto na rentabilidade dos investimentos que não pode ser desconsiderado. A figura 7.2b apresenta uma ampliação da figura 7.2a para o período inicial onde ocorre escalonamento do I.R. segunda a tabela 6.1 do Capítulo 6. Nota-se que o impacto para 2 anos do come-cotas é por volta de 0,1% a.a. na rentabilidade. Isso mostra que para prazos curtos, o come-cotas tem pouco impacto. Mesmo se a taxa da aplicação fosse de 30% a.a., o uso das equações vistas anteriormente, ou diretamente do gráfico da figura 7.1 pode-se verificar que o impacto seria de 0,7% a.a. para o tempo de 2 anos. O come-cotas tem importância significativa para prazos maiores.

A tabela abaixo apresenta os dados utilizados para a construção das figuras 7.1, 7.2a e 7.2b. Os dados foram obtidos com base nas Eqs. 7.1 a 7.5.

Taxas	10.0%	10.0%	30.0%	30.0%	50.0%	50.0%
Tempo	CDB 10%	Fundo 10%	CDB 30%	Fundo 30%	CDB 50%	Fundo 50%
0.000	0	0	0	0	0	0
0.500	7.63%	7.63%	22.68%	22.68%	37.50%	37.50%
0.501	7.88%	7.88%	23.45%	23.45%	38.81%	38.81%
1.000	7.92%	7.89%	23.76%	23.53%	39.60%	39.00%
1.010	8.17%	8.14%	24.51%	24.26%	40.85%	40.22%
1.500	8.20%	8.14%	24.77%	24.30%	41.49%	40.32%
1.501	8.20%	8.14%	24.77%	24.30%	41.49%	40.32%
2.000	8.23%	8.15%	25.01%	24.34%	42.09%	40.40%
2.010	8.47%	8.39%	25.70%	25.00%	43.18%	41.44%
3.000	8.53%	8.39%	26.09%	25.00%	44.07%	41.44%
6.000	8.68%	8.39%	27.00%	25.00%	45.89%	41.44%
10.000	8.85%	8.39%	27.78%	25.00%	47.14%	41.44%
15.000	9.02%	8.39%	28.33%	25.00%	47.89%	41.44%
20.000	9.15%	8.39%	28.66%	25.00%	48.29%	41.44%
25.000	9.26%	8.39%	28.86%	25.00%	48.53%	41.44%
30.000	9.34%	8.39%	29.00%	25.00%	48.69%	41.44%
35.000	9.41%	8.39%	29.10%	25.00%	48.81%	41.44%
40.000	9.47%	8.39%	29.17%	25.00%	48.89%	41.44%

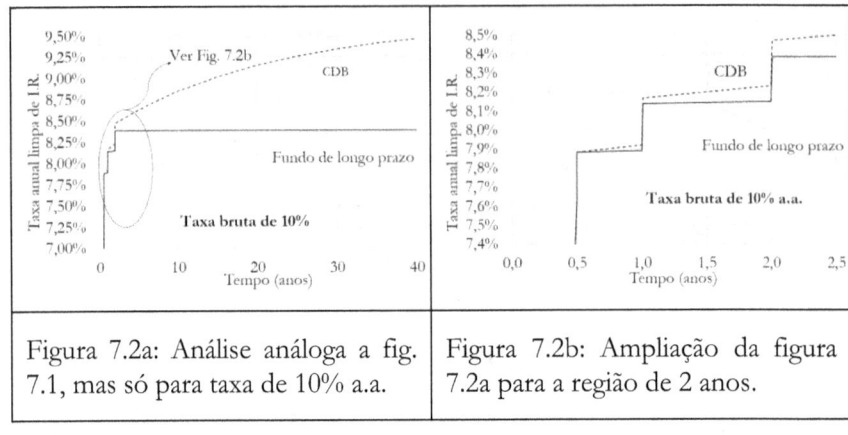

| Figura 7.2a: Análise análoga a fig. 7.1, mas só para taxa de 10% a.a. | Figura 7.2b: Ampliação da figura 7.2a para a região de 2 anos. |

Exemplo 7.2: sabe-se que o Tesouro SELIC paga 100% do DI, mas apresenta uma taxa de 0,25% a.a. da B3. Ainda pode existir uma taxa do agende de custódia e um pequeno *spread* para resgate antecipado. Desses custos, o único que o investidor não tem como fugir é o custo da taxa de 0,25% a.a. da B3. Investimentos que competem com Tesouro SELIC são os fundos de liquidez imediata. Muitos desses fundos pagam entre 100 e 110% do DI com baixa volatilidade. Avalie o cenário de SELIC de 10% a.a. e de 30% a.a. confrontando o Tesouro SELIC com um fundo que pague apenas 100% do DI.

Solução: considerar apenas 100% do DI para o fundo é interessante, porque confronta um piso de rentabilidade do fundo com o Tesouro SELIC. Se mesmo assim o fundo for vantajoso para essa taxa, será ainda mais vantajoso para taxas maiores, pois diversos fundos de baixo risco oferecem rentabilidades levemente acima dos 100% do DI. Para o TD SELIC, utiliza-se os 6,5% a.a. e 10% a.a. descontando 0,25% a.a. e então utiliza-se a QUARTA EQUAÇÃO PARA A VIDA. No caso do fundo, utiliza-se a metodologia do exemplo 7.1 onde as equações 7.1 a 7.5 foram utilizadas. Os resultados estão na tabela abaixo. Nota-se que para SELIC de 6,5% a.a. a rentabilidade do TD SELIC só ultrapassa o fundo por volta de 8 anos. Já para uma SELIC de 10% a.a. isso ocorreria por volta de 3 anos. São prazos razoáveis. Além disso existe o *spread* em um eventual resgate antecipado do Tesouro SELIC. Pode-se considerar, dessa forma, que embora nos fundos exista o come-cotas, o impacto é menos importante do que os custos envolvidos no Tesouro SELIC. Esse fato é reforçado quando o investidor escolhe fundos de baixo risco com rentabilidades que excedem ligeiramente os 100% do DI, por exemplo, 105%.

FINANÇAS INTELIGENTES

Taxas→ Tempo (anos)↓	6.5% SELIC	6.5% Fundo	10.0% SELIC	10.0% Fundo
0.000	0	0	0	0
0.501	4,98%	5,13%	7,76%	7,88%
1.010	5,16%	5,30%	8,04%	8,14%
2.010	5,34%	5,46%	8,34%	8,39%
3.000	5,36%	5,46%	8,40%	8,39%
5.000	5,40%	5,46%	8,50%	8,39%
8.000	5,46%	5,46%	8,63%	8,39%
10.000	5,50%	5,46%	8,71%	8,39%
20.000	5,66%	5,46%	9,01%	8,39%

Alguns fundos de investimentos de baixa volatilidade investem em crédito privado e com isso conseguem rentabilidades que podem superar 115% do DI com consistência. Pensando em uma estratégia de manter um percentual maior da carteira em liquidez curta buscando eventuais oportunidades, ou ainda, como forma de alimentar a TSR dentre de uma janela mais ampla, por exemplo, no ano, a alocação nesses produtos pode ser uma opção ao investidor. A estratégia de utilizar fundos para atender a TSR dentro da janela de 1 ano pode ser interessante, principalmente levando-se em consideração que existem fundos isentos de I.R. para pessoa física. Já foi mostrado que o come-cotas tem impacto na rentabilidade, mas os fundos, mesmo pagando apenas 100% do DI tendem a rentabilizar mais do que TD SELIC. Um percentual maior nesse tipo de produto tem seu custo de oportunidade ao deixar, por exemplo, de alocar mais recursos em títulos privados longos, por exemplo, que pagam mais. O exemplo 7.3 mostra o impacto do come-cotas para DI mais elevados. Com uma boa escolha de uma cesta de fundos de crédito privado, é possível se obter rentabilidades que superem 110% do DI com baixa volatilidade e alta consistência. Assim, esse exemplo é interessante e pode ajudar o investidor na tomada de decisão. Note que na escolha de fundos desse tipo o investidor está buscando aumentar a liquidez da carteira e haverá um custo dessa estratégia. Cito 2 desvantagens: (i) desvantagem tributária do come-cotas e (ii) desvantagem das taxas menores frente aos títulos provados como CDB.

Exemplo 7.3: considere uma SELIC de 10% a.a. e um DI de 99% da SELIC. Faça uma tabela da rentabilidade limpa de I.R. se fosse investindo em um CDB e um fundo de RF como come-cotas de 15%. Suponha rentabilidades de 100% a 140% do DI variando-se de 4 em 4%. Considere um tempo de aplicação de 5 anos para os cálculos.

Solução: a tabela abaixo apresenta os resultados obtidos. O tempo de 5 anos é um tempo interessante para investimentos em CDB/ LC buscando a vantagem tributária. Assim, ao se considerar esse tempo a análise é mais realista para enfatizar o custo de oportunidade em se deixar de investir em um CDB para se investir em um fundo. Para se calcular a rentabilidade do CDB, pode-se utilizar a QUARTA EQUAÇÃO PARA A VIDA, equação 4.5. Para calcular a rentabilidade do fundo pode-se utilizar a equação 7.1. Ambas as equações são citadas abaixo.

$$i_a = \left\{ 1 + (1-z) \cdot \left[(1+k)^n - 1 \right] \right\}^{1/n} - 1,$$

$$i_a = (1+r)^{\frac{1}{n}} - 1 = \left[1 + 0{,}85 \left[(1+k)^{0{,}5} - 1 \right] \right]^2 - 1$$

	Taxa de juros anual, limpa de IR		
DI	CDB	Fundo	Delta
100%	8,63%	8,39%	0,25%
104%	8,98%	8,72%	0,26%
108%	9,34%	9,05%	0,28%
112%	9,69%	9,39%	0,30%
116%	10,04%	9,72%	0,32%
120%	10,40%	10,06%	0,34%
124%	10,75%	10,39%	0,37%
128%	11,11%	10,72%	0,39%
132%	11,47%	11,06%	0,41%
136%	11,82%	11,39%	0,43%
140%	12,18%	11,72%	0,46%

A linha em cinza é marcada sinalizando uma rentabilidade média factível de se obter através da diversificação em fundos que alocam em crédito privado. Notar que existe uma perda de rentabilidade para um CDB devido ao come-cotas de 0,32% a.a., o que não é pouco. Considere a TSR de 4,5% a.a. Assim, 0,32% a.a. representa uma fatia significativa de rentabilidade, mais de 7% da TSR! O segundo custo de oportunidade está na menor taxa de rentabilidade relacionado ao DI dos fundos se comparado a um CDB longo. Embora esses impactos existam, a liquidez da carteira é importante para não deixar passar oportunidades e para a estratégia de alimentar a TSR.

7.8 Debêntures

Esse item teve por base os conteúdos disponibilizados no Portal Debêntures, http://www.debentures.com.br.

Embora não seja um fundo de investimento, esse tópico foi colocando aqui, pois não haverá aprofundamento. Maiores detalhes podem ser consultados em: (http://www.debentures.com.br) navegando em cada aba. No entanto, aqui alguns conceitos básicos serão apresentados.

Debênture é um título de crédito privado e **classificado como RF** em que os debenturistas são credores da empresa. Os credores esperam receber juros periódicos e pagamento do principal, correspondente ao valor unitário da debênture, no vencimento do título ou mediante amortizações nas quais se paga parte do principal antes do vencimento, conforme estipulado em um contrato específico chamado "Escritura de Emissão". Os maiores compradores das debêntures no mercado brasileiro são os chamados investidores institucionais, tais como grandes bancos, fundos de pensão e seguradoras, os investidores estrangeiros, além dos investidores individuais. Na emissão de debêntures, é obrigatória a elaboração de um documento chamado "Escritura de Emissão", onde são especificados os direitos e deveres dos debenturistas e da emissora. Ou seja, ao adquirir uma debênture o investidor adquirirá um título privado que é um papel da dívida da empresa. Embora seja investimento de RF, **o investidor assume o risco nesse mercado.** Também não há garantia do FGC nesse tipo de investimento. Então, aqui cuidado com o risco. Se você for investir em debêntures, procure montar uma carteira de forma diversificar e, além disso, escolha empresas saudáveis. Confronte com outras modalidades de RF com cobertura do FGC para avaliar se vale o risco em investir sem a proteção do FGC.

As debêntures são papéis de médio e longo prazos. A data de resgate de cada título deve estar definida na escritura de emissão. A Companhia pode, ainda, emitir títulos sem vencimento, também conhecidos como debêntures perpétuas. As debêntures podem também ser conversíveis que são as que podem ser trocadas por ações da companhia emissora. As debêntures conversíveis, e as não-conversíveis, podem contemplar cláusulas de permutabilidade por outros ativos ou por ações de emissão de terceiros que não a emissora. As condições de conversibilidade, bem como as de permutabilidade, devem estar descritas na escritura de emissão.

Existem algumas formas de garantias das debêntures e o investidor deve verificá-las ao comprar. São ela: **(i)** com garantia real: garantidas por bens integrantes do ativo da companhia emissora, ou de terceiros, sob a forma de hipoteca, penhor ou anticrese; **(ii)** com garantia flutuante: asseguram privilégio geral sobre o ativo da emissora, em caso de falência. Os bens objeto da garantia flutuante não ficam vinculados à emissão, o que possibilita à emissora dispor desses bens sem a prévia autorização dos debenturistas; **(iii)** quirografária ou sem preferência: não oferecem privilégio algum sobre o ativo da emissora, concorrendo em igualdade de condições com os demais credores quirografários, em caso de falência da companhia; e **(iv)** subordinada: na hipótese de liquidação da companhia, oferecem preferência de pagamento tão-somente sobre o crédito de seus acionistas.

No caso de uma emissão de debêntures, avalia-se a probabilidade de a companhia emissora não honrar os compromissos financeiros assumidos na escritura de emissão (risco de *default*). Como os demais títulos de RF, as debêntures apresentam risco de mercado associado ao comportamento das taxas de juros, em resposta, por exemplo, a alterações na política econômica do Governo Federal ou no cenário internacional. Além disso, como títulos privados, embutem em sua rentabilidade um prêmio associado ao risco de crédito da empresa emissora. A análise dos prospectos das emissões de debêntures pelos investidores é parte fundamental do processo de decisão de investimento, pois fornece todas as informações sobre a empresa emissora, seu balanço e resultados, além de suas perspectivas de investimentos e retorno. Outro fator para o qual o investidor também deve estar atento é o risco de liquidez do papel. Esse risco, que é inerente a todos os ativos negociados no mercado financeiro e que se traduz na dificuldade de comprar ou vender um título pelo preço desejado no momento oportuno, é bastante característico do mercado de debêntures no Brasil, considerado pouco líquido. As agências de risco apresentam notas paras as empresas que emitem debêntures. Essas notas refletem a avaliação do grau de risco envolvido em determinado instrumento de dívida. Assim ao se comprar uma debênture deve-se também avaliar o "*rating*".

Quanto à negociação, classifica-se em **(i)** mercado primário: é quando os títulos são ofertados pela primeira vez pela companhia emissora, através do pool de colocação, obtendo assim recursos para suprir suas necessidades financeiras. **(ii)** O mercado secundário: é aquele em que são efetuadas as operações de compra e venda de debêntures pelos investidores.

A tributação das debêntures segue a tabela 5.1 incidindo apenas no resgate, analogamente ao CDB ou LC. Existem as debêntures do tipo incentivadas (debêntures de projetos de infraestrutura) que não possuem I.R. São produtos interessantes que podem trazer maior rentabilidade ao investidor principalmente pelas questões tributárias.

Como pode ser visto, embora as Debêntures se classifiquem como ativos de RF, existe um risco considerável desse tipo de investimentos, visto que são títulos de dívidas das empresas e essas podem apresentar dificuldades financeiras. Muitos fundos de investimentos de RF possuem em sua carteira diversas debêntures. É importante ler o prospecto do fundo antes de investir. Um fundo que investe em debêntures pode também ser interessante, pois tende a ter uma maior rentabilidade do que outros fundos similares que alocam mais em títulos públicos. O fundo por ser grande (quando comparado aos investidores pessoa física) consegue diversificar bem e se o mesmo tiver em sua carteira apenas ativos de primeira linha pode trazer rentabilidade e segurança ao investidor. O custo do fundo (taxa de administração) pode ser justificável pela redução do risco obtido pela diversificação que um fundo consegue permitindo, assim, segurança ao investidor em investir em crédito privado.

Aqui utilizou-se o termo crédito privado, o qual é muito generalista e inclui as debêntures, mas o crédito privado vai muito além das debêntures. Além dos produtos protegidos pelo FGC, o crédito privado inclui muitos outros, como as debêntures, CRI e CRA. Particularmente cito esses 3 tipos de ativos que são ativos que podem agregar maior rentabilidade a carteira de RF do investidor devido aos riscos envolvidos (são produtos sem a proteção do FGC). Uma forma do investidor se expor a esses produtos seria montar uma cesta ampla desses produtos buscando a diversificação, para que, se ocorrer algum *default* o impacto seja minimizado pela diversificação. Uma forma de aumentar a diversificação, mas com algum custo, é através de um fundo que invista em produtos desse tipo. Notar que as CRI e CRA são isentas de I.R.

IVANILTO ANDREOLLI

8 PREVIDÊNCIA

Este é um assunto de extrema importância. É difícil escrever apenas um capítulo sobre o assunto, visto que estamos em um país pobre de informação financeira. De qualquer forma, este é um livro introdutório e neste capítulo serão colocados alguns pontos para deixar um pouco mais claro o assunto PREVIDÊNCIA, mas longe de esgotá-lo.

8.1 INSS

Primeiramente vamos falar sobre o famoso INSS. Quero deixar claro aqui que não sou contra os benefícios sociais, apenas questiono a fonte dos recursos para pagamentos desses benefícios.

Será justo o valor que o governo se propõe a pagar aos associados ao INSS? É uma questão difícil de ser abordada, porque o INSS é muito mais que um plano de previdência, é, acima de tudo, um plano social. Dos recursos do INSS são pagos diversos benefícios previdenciários e outros benefícios questionáveis com relação a utilização dessa fonte de recursos. Um exemplo é o benefício ao trabalhador rural ou o benefício pago àquelas pessoas que se aposentam por idade, mas com poucos anos de contribuição. Vale o velho ditado "não existe almoço grátis"; se o contribuinte não pagou sua cota e está recebendo do bolo, é porque alguém vai receber menos desse bolo mesmo tendo contribuído para uma fatia maior. Além disso, existem inúmeros fatores políticos prejudiciais ao tesouro do INSS. Em resumo, não se deve confiar 100% no INSS. Faça sua previdência. Antes, porém de avaliar a previdência privada, será apresentada uma análise numérica sobre o INSS.

Exemplo 8.1: considere que um trabalhador contribuiu no teto do INSS, portanto, 20% sobre o teto que é R$5.531,31 (ano de 2017). Assim, todo o mês esse contribuinte paga R$1.106,26 (esse é o valor total que entra para o INSS). Suponha duas taxas de rentabilidade de longo prazo: (5,5% a.a. + IPCA) e (6,5%a.a. + IPCA). Calcule o montante acumulado e estime uma renda perpétua sem que o valor real do montante sofra desvalorização em decorrência da inflação.

Solução: a tabela abaixo mostra a análise considerando 35 anos de contribuição, onde as casas decimais dos valores foram omitidas. Na segunda linha da tabela está o aporte anual (R$1.106,26 x 12 meses). Na terceira linha as taxas reais consideradas livres de I.R. Na quarta linha o tempo de contribuição em anos. Na quinta linha estão os valores futuros acumulados em função da taxa real de juros. Assim, representam o poder de compra de hoje. Daqui há 35 anos, o valor F será bem superior devido à inflação. Na sexta linha estão as rentabilidades anuais obtidas simplesmente multiplicando o F pela sua respectiva taxa real. A penúltima linha estão os valores de rentabilidade anual na base mensal e na última linha os valores propostos pelo INSS, mas ainda brutos de I.R.

	INSS	INSS
R (aporte anual)	R$13.275	R$13.275
i_r (taxa real a.a.)	5,50%	6,50%
N (em anos)	35	35
Futuro (F)	R$1.330.851	R$1.646.578
Rentabilidade real anual	R$73.197	R$107.028
Rentabilidade real mensal	R$ 6.100	R$ 8.919
Valor bruto que o INSS paga →	R$5.531	R$5.531

♣ ♣ ♣

No exemplo 8.1 note que, mesmo para o cenário de taxa real de 5,5% a.a. a renda perpétua (infinita) seria de R$6.099,70. Na prática, a expectativa de vida não é, obviamente, infinita. Assim, o benefício a ser pago nesse cenário deveria ser superior a R$6.099,70 e calculado de acordo com a expectativa de vida do contribuinte. Esse valor já é considerado livre de I.R. visto que a rentabilidade adotada é de 5,5% a.a. já isenta de I.R. Essa rentabilidade é aceitável em prazos longos em TP, por exemplo se avaliarmos o histórico de taxas reais do passado no Brasil até o momento.

8.2 A previdência independente

Particularmente, não gosto dos planos de previdência privada. Prefiro eu mesmo gerenciar o dinheiro. Não confio em manter o dinheiro na gestão de terceiros por tanto tempo agravado ainda por ser no Brasil. Tendo isso em mente, resolvi colocar esse tópico aqui como forma de ilustrar uma maneira de se fazer uma previdência própria (coloco meu exemplo apenas como ilustração). Um dos melhores investimentos que existem de baixo risco são os TP. Então, porque não fazer um plano de previdência baseado em TP de longo prazo protegidos da inflação? Certamente muitos dos leitores criticarão essa minha estratégia de previdência própria, pois indicariam renda variável por ser investimento em longo prazo. No meu caso, eu incluo ações na minha previdência, mas coloco quatro argumentos a favor da RF: **(i)** grande parte dos planos de previdência rendem menos que o DI e esses planos investem parte em ações; **(ii)** lidar com investimento em ações requer certo estudo e acompanhamento de finanças, ou seja, educação financeira o que não condiz com a realidade do Brasil; **(iii)** comprar ações mensalmente implica em certos custos que podem ser significativos a depender dos valores investidos; **(iv)** RF apresenta consistência de retorno e considerando os desafios econômicos com os países endividados, população envelhecendo e sem ativos e maior necessidade de gastos públicos traz desafios ainda maiores na renda variável!

De fato, os que possuem conhecimento básico do mercado de ações, podem tirar proveito disso e investir **em boas empresas que crescem**. Ao longo do tempo, diversificar em boas empresas pode ser uma ótima estratégia, principalmente se as taxas futuras no país permanecerem em patamares mais próximo aos de países desenvolvidos. Pode ser uma boa estratégia diversificar entre ações de boas empresas e título públicos de longa prazo protegidos da inflação.

A opção de investir em um plano próprio de previdência requer disciplina. É preciso sempre manter as contribuições mensais e corrigindo anualmente as novas contribuições ao menos pela inflação. Se for possível aportar algum valor adicional, por exemplo, décimo terceiro, também é interessante. Aqui eu coloco 5 passos desse plano que eu sigo. Para os que não tem conhecimento sobre ações, devem excluir o quarto passo:

- abrir uma conta em uma boa corretora que não cobre taxa de custódia sobre Tesouro e ações;

- definir a contribuição mensal **real**;

- comprar mensalmente títulos longos do tipo Principal atrelados ao IPCA com prazos de vencimento próximo ao ano de aposentadoria. O IPCA protege da inflação. A taxa real faz o patrimônio crescer;

- comprar periodicamente (por exemplo, a cada 3 meses) ações de boas empresas. Fazer uma boa diversificação;

- na época de se aposentar, investir a parte do Tesouro Principal em IPCA com juros semestrais e utilizar os juros semestrais para viver. Manter as ações e utilizar apenas os dividendos para viver.

O patrimônio acumulado nesse plano de previdência próprio e reinvestido conforme estratégia do último passo resulta em valores reais que entram na sua conta da corretora de forma desigual ao longo do ano. Assim, deve-se utilizar a média anual de proventos como salário mensal. Essa estratégia de previdência poderá permitir obter uma boa rentabilidade inclusive sobre o I.R. que será pago apenas no resgate dos investimentos na alíquota de 15% sobre o rendimento. No caso das ações, nem haverá I.R. visto que as mesmas não serão resgatadas. Essa é minha estratégia e serve apenas como exemplo ilustrativo **não servindo, portanto, como recomendação. O importante é cada um investir na educação financeira para tomar suas próprias decisões.**

Exemplo 8.2: considere um plano de previdência independente com n=30 anos e avalie a renda perpétua mensal daqui a 30 anos em valores atuais. Considere uma taxa média anual real de 5,5% a.a. e de 6,5% a.a. já descontando o I.R. e avalie as contribuições anuais de R$6.000,00; R$10.000,00; R$14.000,00; R$18.000,00 e R$24.000,00.

Solução: a tabela abaixo apresenta a análise para a taxa de 5,5% a.a., onde as casas decimais dos valores foram omitidas. A última linha indica as rendas mensais perpétuas estimadas já isentas de I.R. Os valores na tabela estão em reais.

R (aporte anual)	6.000	10.000	14.000	18.000	24.000
i_r (taxa real a.a.)	5,50%	5,50%	5,50%	5,50%	5,50%
n	30	30	30	30	30
Futuro (F)	434.613	724.355	1.014.097	1.303.839	1.738.451
Real anual	23.904	39.840	55.775	71.711	95.615
Real mensal	**1.992**	**3.320**	**4.648**	**5.976**	**7.968**

FINANÇAS INTELIGENTES

A tabela abaixo apresenta a análise para a taxa de 6,5% a.a., onde as casas decimais dos valores foram omitidas. A última linha indica as rendas mensais estimadas já isentas de I.R.

Observe nas tabelas que, mesmo para aportes de apenas R$6.000,00 anuais, a renda perpétua de aposentadoria se situa por volta da faixa entre R$2.000,00 e R$3.000,00 para taxas reais entre 5,5% a.a. e 6% a.a.

R (aporte anual)	6.000	10.000	14.000	18.000	24.000
i_r (taxa real a.a.)	6,50%	6,50%	6,50%	6,50%	6,50%
n	30	30	30	30	30
Futuro (F)	518.249	863.749	1.209.248	1.554.748	2.072.997
Real anual	33.686	56.144	78.601	101.059	134.745
Real mensal	2.807	4.679	6.550	8.422	11.229

8.3 Previdência privada

Estamos em um país de baixa educação financeira e, para a grande maioria das pessoas, um plano de previdência complementar ainda é a melhor forma de economizar para o futuro. Existem alguns benefícios em se fazer um plano de previdência complementar.

8.3.1 Tipos de planos de previdência privada

Existem dois tipos de planos de previdência privada: **(i)** Plano Gerador de Benefício Livre (PGBL) e **(i)** Vida Gerador de Benefício Livre (VGBL).

O PGBL é recomendado para pessoas com renda mais alta, pois o valor pago ao plano pode ser abatido na declaração do I.R. anual em até 12% de sua renda bruta anual. Porém, quando o dinheiro é sacado no futuro, o imposto pago é referente ao total que havia no fundo. Por exemplo, se esse valor for de R$600.000,00, o imposto será cobrado sobre ele. Assim, deve-se aportar no PGBL apenas a fração dedutível da base do I.R. Novos aportes recomenda-se um VGBL para se evitar incidência de imposto sobre o capital investido lá no resgate.

O VGBL não pode ser abatido na declaração de ajuste anual no I.R. Porém, quando o dinheiro é sacado no futuro, o imposto cobrado é referente ao que o dinheiro investido rendeu. Por exemplo, se a quantia que há é de R$600.000,00, mas o rendimento que houve ao longo do plano foi de R$200.000,00, o imposto cobrado será referente a este último valor. Esse plano é indicado para pessoas que têm renda menor e que, por isso, declaram imposto nos formulários simplificados ou nem declaram imposto. Além disso, é indicado aos que já ultrapassaram o limite de 12% da renda bruta anual para efeito de dedução dos prêmios e ainda desejam contratar um plano de acumulação para complementação de renda.

Aqui cabe uma análise um pouco mais profunda sobre o benefício tributário de até 12% da base do I.R. no PGBL. Veja, é até 12%, podendo ser 0% a depender do tipo de declaração. Sabe-se que a tabela de I.R. apresenta um escalonamento e, além disso, ao se fazer uma declaração simplificada existe um desconto da base. Também só é possível utilizar o benefício tributário no PGBL na declaração anual quando se faz a declaração completa. A tabela 8.1 apresenta a tabela de escalonamento da declaração pessoa física no ano de 2018, referente as contribuições de 2017. Além disso o desconto em se fazer a declaração simplificada é de 20% da base limitado, porém, a R$16.754,34.

Base de cálculo	Alíquota (%)
Até R$22.847,76	0
De R$22.847,77 até R$33.919,80	7,5
De R$33.919,81 até R$45.012,60	15
De R$45.012,61 até R$55.976,16	22,5
Acima de R$55.976,16	27,5

Tabela 8.1: Alíquotas de I.R 2018 referente aos recebimentos de 2017.

A figura 8.1 exibe o desconto concedido em função da base a ser declarada ao se fazer a declaração simplificada ao invés da declaração completa.

Os valores do gráfico foram obtidos multiplicando a base por 0,2 e o resultado subtraído da base até o limite de R$16.754,34, considerando ainda que até R$22.847,76 é isento, de acordo com a tabela 8.1. Pelo gráfico, percebe-se que até por volta de R$84.000,00 o desconto é crescente e então passa a ser constante em R$16.754,34. É importante essa análise para avaliar o valor dedutível num PGBL. Para entender melhor vamos considerar um exemplo com diversos cenários.

FINANÇAS INTELIGENTES

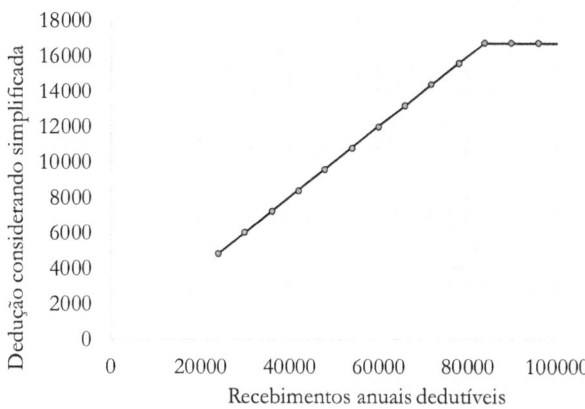

Figura 8.1: Parcela dedutível de I.R. para declaração simplificada para 2018, considerando rendimentos do ano base de 2017.

Exemplo 8.3: considere que uma pessoa recebeu proventos tributáveis em 2017 de R$120.000,00 (R$10.000,00/ mês em média). Suponha que pela análise essa pessoa tem R$8.000,00 de parcela dedutível da base. Pede-se: **(a)** se ele não contratou um PGBL, avalie a declaração mais adequada de I.R. **(b)** dado que ele contratou um PGBL avalie qual seria o máximo percentual dedutível. **(c)** suponha que os gastos anuais dedutíveis foram superiores a R$16.754,34, no caso específico, R$20.000,00. Qual seria o percentual máximo dedutível para um PGBL?

Solução: (a) para esse cenário a melhor opção é o modelo simplificado, pois o desconto de R$16.754,34 é superior aos gastos dedutíveis.

(b) o percentual de 12% o que corresponde ao limite do PGBL resulta em R$14.400,00. De fato, esse é o valor dedutível da base completa, o que resulta em: R$105.600,00 e ainda com os R$8.000,00 de deduções diversas, resultaria em R$97.600,00. Mas, se a declaração fosse simplificada, resultaria a base de R$103245,66, (R$120.000,00-R$16.754,34). Assim, observa-se que a diferença entre fazer a declaração completa e a simplificada é de apenas R$5.645,66, que, em relação aos R$120.000,00 representa 4,7% e não 12%!

(c) nesse caso, a declaração completa passa a ser vantajosa, visto que ultrapassou o desconto limite da declaração simplificada, mesmo que não tenha um PGBL. Se a pessoa contratou um PGBL, o limite máximo passa a ser de fato 12% da base, tendo em vista que a base passa a ser R$105.600,00. Desse valor, ainda será descontado R$20.000,00, resultando na nova base para I.R. de R$85.600,00.

♣ ♣ ♣

8.3.2 Tributação no resgate

Os produtos de previdência complementar são os únicos que permitem ao contribuinte escolher o regime de tributação mais conveniente. Dessa forma, é possível reduzir o valor do imposto devido, desde que se conheça as regras e as adote corretamente. Independente do plano de previdência privada escolhido (PGBL ou VGBL), é necessário definir o regime de tributação que incidirá sobre seu investimento ao resgatar o mesmo sobre o benefício mensal. Existem dois regimes: tabela regressiva e tabela progressiva.

As alíquotas da **tabela progressiva** já foram apresentadas anteriormente na tabela 8.1. Na prática, o que determina a alíquota sobre o plano de previdência é o valor a ser resgatado ou transformado em renda. Esse regime é mais indicado em três situações: **(1)** se a intenção é de sair do fundo em um prazo mais curto (ex.: a qualquer momento ou antes de seis anos); **(2)** se o objetivo é de receber uma renda mensal que fique na faixa de isenção do I.R. ou próxima a essa, cuja alíquota não ultrapasse os 7,5% e **(3)** para aqueles que estão contribuindo perto de usufruir do benefício. Como o montante de sua renda tributável só será conhecido no final do exercício, a fonte pagadora recolherá 15% de imposto, a título de antecipação, em todos os resgates. Na declaração de ajuste anual, os valores são somados a outros rendimentos dessa mesma natureza e o imposto pago na fonte, compensado, gerando pagamento de imposto adicional ou restituição de imposto excedente.

A **tabela regressiva**, tabela 8.2 é a escolha certa para o investidor que tem a perspectiva de resgatar o dinheiro apenas a longo prazo; quanto mais tempo permanecer no plano, menor será a alíquota do I.R. Lembre-se de que o prazo é contado a partir de cada depósito. Para pagar a menor alíquota de 10%, cada um de seus depósitos deve permanecer por, no mínimo, dez anos. O imposto é pago na fonte de forma definitiva e a receita não pode cobrar imposto adicional e você não tem direito à restituição. Fique longe dessa opção se você pretende resgatar seu dinheiro logo.

Observação: se a escolha pelo regime de tributação deixar de ser feita na adesão ao plano, a receita determina a adoção automática do regime tributável, da tabela progressiva.

Exemplo 8.4: considere o cenário de uma aposentadoria complementar de R$2.000,00 mensais, sendo essa a única renda tributável. Considere um tempo superior a 10 anos e a escolha pelo benefício. Qual regime de tributação é o mais indicado?

FINANÇAS INTELIGENTES

Solução: para esse cenário, pela tabela 8.1, haveria um pequeno pagamento de I.R. na alíquota de 7,5% no regime progressivo. Já no regime regressivo o valor seria de 10% na totalidade. Assim, claramente para esse exemplo o melhor regime é o progressivo.

♣ ♣ ♣

Tempo	Alíquota (%)
Até 2 anos	35
De 2 a 4 anos	30
De 4 a 6 anos	25
De 6 a 8 anos	20
De 8 a 10 anos	15
Acima de 10 anos	10

Tabela 8.2: Tabela de I.R. regressivo.

A base de cálculo sobre a qual incidirá a alíquota do I.R. muda conforme o produto escolhido. No caso do PGBL, o imposto incide sobre o valor de resgate (capital mais rendimentos). Só é vantajoso aportar para PGBL se houver o desconto do valor aportado da base tributável. No caso do VGBL, você pagará imposto somente sobre o rendimento porque o produto não permite descontar da base anual para o cálculo do I.R.

A estratégia do PGBL poderá ser adotada por pessoas com renda tributável e/ou despesas dedutíveis elevadas, com opção pelo modelo completo da declaração do I.R. e que contribuem para sistemas de previdência oficial. A sugestão é de depositar 12% da sua renda tributável em um plano PGBL e optar pelo regime de tributação definitiva. Com o diferimento fiscal é possível deixar de pagar 27,5% de I.R. em parte da base tributável (ver exemplo 8.3). Daqui a dez anos, quando resgatar ou converter em renda, pagará I.R. de 10%.

Exemplo 8.5: considere que uma pessoa está para decidir entre um PGBL e um VGBL. A pessoa é de baixa renda e faz declaração simplificada. Qual plano é mais interessante para essa pessoa? Qual o regime de tributação é mais interessante nesse cenário?

Solução: no exemplo, como a pessoa faz declaração simplificada, o plano PGBL deixa de ser interessante, visto que o PGBL ao final cobra imposto sobre o total (capital mais juros) e na declaração simplificada anual não há benefícios no PGBL. Nesse caso, um plano VGBL é mais interessante pois, embora não tenha benefício na declaração anual, oferece um imposto menor no final (só sobre a rentabilidade). Tal plano funciona como uma aplicação financeira de RF do tipo TP, mas que (por ser plano de previdência, independentemente de ser PGBL ou VGBL) apresenta uma diferença no regime de tributação no resgate, podendo ser regressivo ou progressivo. Dessa forma, considerando que o benefício que essa pessoa receberá é baixo, é bem possível que ao escolher um regime progressivo ela fique isenta de I.R. Se optasse pelo regime regressivo, o mínimo de I.R. seria de 10%. Assim, para esse cenário um plano VGBL-progressivo é o mais indicado.

Observação: note que se esse trabalhador, ao invés de contratar um VGBL fizesse seu próprio plano de previdência, ele não teria o benefício da isenção de I.R. no resgate dos valores. No final, ao resgatar a totalidade dos valores, ou no resgate parcial ou ainda na reaplicação em títulos semestrais para renda, incidiria 15% de I.R. sobre a rentabilidade.

As análises da previdência não são tão simples, mas como regra geral a sugestão é PGBL apenas para a parcela deduzível da base fiscal de I.R. anual cujo limite é de até 12%. Assim, se encaixam aqui pessoas de maior renda. Nesse caso, o regime de tributação (progressivo ou regressivo) incide sobre o total (capital mais juros).

O VGBL é indicado para declaração simplificada ou para valores acima da faixa dedutível da declaração completa visto que a incidência de I.R. é apenas sobre os juros. Escolher um PGBL nesse caso, implicaria em pagar mais I.R. ao se aposentar (**incide sobre capital** e juros obtidos), sem, no entanto, ter tido benefícios de isenção dos aportes da base anual de I.R.

Quanto ao regime de tributação recomendado, vai depender do tempo de permanência e da renda. **Notar que o regime de tributação a ser escolhido independe da modalidade PGBL ou VGBL.** Se o tempo de permanência no plano for curto indica-se o regime progressivo. Se for longo o regime regressivo, desde que a renda seja alta a receber. Se a renda for baixa, mesmo que a permanência no plano seja longa, pode ser mais interessante o regime progressivo, podendo, inclusive, isentar a aposentadoria do I.R.

Observação: se a opção é pelo resgate ao invés do benefício de aposentadoria, dado que o prazo é longo e o montante de juros é alto, por exemplo, R$200.000,00, pode ser mais interessante optar pelo regime regressivo que incidirá 10% de I.R. para os valores que permaneceram mais de 10 anos no plano. A partir de 6 anos de permanência no plano, indica-se o plano regressivo. Mas não existe uma regra absoluta.

8.3.3 Taxas

Existem diversas taxas que incidem sobre a previdência complementar: **(i)** taxa de carregamento, **(ii)** taxa de administração e **(iii)** taxa de saída.

Taxa de carregamento: é uma taxa que incide sobre as contribuições realizadas. Normalmente, essas taxas variam de 0 a 3%. Por exemplo, uma contribuição de R$500,00 com taxa de carregamento de 3%, haverá um desconto de R$15,00 e o total aplicado será de R$485,00.

Taxa de administração: é a taxa para cobrir custos da gestão dos ativos, que incide sobre a rentabilidade total da aplicação. Em geral varia entre 1,5% e 5% a.a.

Taxa de saída: é uma taxa cobrada no caso do resgate antecipado da aplicação. Contudo, a maioria das seguradoras executam esta cobrança apenas nos primeiros anos. Algumas seguradoras impõem prazos de carência para resgates e transferências externas parciais ou totais.

Exemplo 8.6: confronte um VGBL com uma "previdência própria", ou seja, criada pelo próprio usuário. Considere que ambos buscam a meta do DI. Considere as taxas totais do fundo de 4% (custos do plano), IPCA de 5% a.a., ir (taxa real) de 6% a.a. e n=30 anos. Considere para a análise aportes anuais de R$4.800,00, mas a cada ano esse aporte corrigido pelo IPCA, assim, no segundo e terceiro ano, os aportes serão, respectivamente de R$5.040,00 e R$5.292,00.

Solução: esses cálculos não são tão simples. A tabela abaixo mostra as primeiras linhas da análise, onde as casas decimais foram omitidas. A primeira coluna é "n" que varia de 1 a 30. A segunda coluna estão os aportes anuais, sendo corrigidos a cada ano pela inflação, assim, lá no sexto ano, o aporte será R$6.126,15, mas se trazido ao valor presente pela taxa de IPCA resultaria R$4.800,00. A terceira coluna é a sobra do aporte após as taxas do fundo de previdência de 4%. A quarta coluna é o valor futuro de cada parcela considerando a taxa de IPCA e de ir. A TERCEIRA EQUAÇÃO PARA A VIDA foi utilizada. A quinta coluna são os juros dado pela diferença entre F (valor futuro) e sobra de aportes. A sexta coluna é a sobra da contribuição (juros mais capital investido) após incidência do imposto pelo método regressivo. Cada parcela de juros é taxada segundo a tabela regressiva (tabela 8.2). Já o capital não é taxado por ser VGBL. O valor acumulado após impostos de R$1.370.131 pode ser calculado em termos reais, descontando a inflação bastando dividir pelo fator $(1+icm)^n$, sendo n=29 no que resulta no valor de R$332.868. Esse é o valor de poder de compra de hoje.

VGBL						
n	Ap. anuais	Sobra ap.	F	Juros	Sobra	Sob. real
1	4.800	4.608	102.771	98.163	92.955	22.583
2	5.040	4.838	96.954	92.116	87.743	21.317
3	5.292	5.080	91.466	86386	82828	20.123
4	5.557	5.334	86.289	80955	78193	18.997
5	5.834	5.601	81.405	75804	73824	17.935
6	6.126	5.881	76.797	70916	69705	16.935
.	.	.	.	.	.	.
30	19.757	18.967	18.967	0	18967	4.608
Σ	318.906	306.150	1.499.509	1.193.358	1.370.131	**332.868**

Na segunda tabela tem-se que a terceira coluna é o valor futuro da segunda coluna. A quarta coluna são os juros obtidos pela diferença entre terceira e a segunda coluna. A penúltima coluna é a sobra retirando o I.R. (0,85 x quarta coluna + Ap. anuais). A última coluna traz a sobra real que é obtida pela divisão da coluna anterior pelo fator $(1+icm)^{29}$. Note que cada parcela é dividida pelo mesmo fator, visto que toda a penúltima coluna está no ano 30. A última linha traz a soma dos campos das linhas de 1 a 30.

Renda Fixa					
n	Ap. anuais	F	Juros	Sobra RF	Sob. real
1	4.800	107.054	102.254	91.716	22.282
2	5.040	100.994	95.954	86.601	21.039
3	5.292	95.277	89.985	81.779	19.868
4	5.557	89.884	84.328	77.235	18.764
5	5.834	84.796	78.962	72.952	17.723
6	6.126	79.997	73.870	68.916	16.743
.	.	.	.	.	.
30	19.757	19.757	0	19.757	4800
Σ	318.906	1.561.988	1.243.082	1.375.526	**334.179**

Observação: o valor real do acumulado após impostos de R$332.868 pode ser calculado também pela divisão de R$1.370.131 pelo fator $(1+icm)^{29}$. Esse é o valor de poder de compra de hoje.

Em ambas as tabelas os campos em cinza mostram os valores reais acumulados após impostos. Assim, note que praticamente os investimentos são equivalentes, sendo a RF levemente superior. Isso ocorre devido aos altos

FINANÇAS INTELIGENTES

custos desse plano de previdência (5% das contribuições).

O regime analisado no exemplo 8.6 foi o regressivo. Eventualmente, se a renda mensal a receber for baixa, ao invés do resgate do saldo, então o benefício tributário passa a ser significativo, pois poderia se chegar ao limite de não pagar nada de I.R. Nesse caso seria vantajosa a previdência. Mas contar com esse cenário em prazos tão longos pode não ser uma boa estratégia.

Exemplo 8.7: confronte um PGBL com a RF considerando que o cenário de um trabalhador receber R$100.000,00 de proventos anuais e ter gastos dedutíveis acima de R$16.754,34, ou seja, há vantagem tributária no limite de 12% em relação ao modelo simplificado em se fazer a declaração completa e utilizar 12% para previdência privada. Considere: (i) custos totais do plano de 4%, (ii) IPCA de 5% a.a., (iii) ir de 6% a.a., e (iv) n=30. Também considere que a cada ano esse cenário se mantém e os proventos do trabalhador são corrigidos pelo IPCA, bem como a tabela de I.R.

Solução: aqui os cálculos também não são tão simples. A tabela A mostra as primeiras linhas da análise para previdência, onde as casas decimais foram omitidas.

n	Aportes anuais	PGBL (Tabela A)			
		Sobra aporte	VF	Sobra	Sobra real
1	12.000	11.520	256.928	231.236	56.178
2	12.600	12.096	242.385	218.147	52.998
3	13.230	12.701	228.665	205.799	49.998
4	13.892	13.336	215.722	194.150	47.168
5	14.586	14.003	203.511	183.160	44.498
6	15.315	14.703	191.992	172.793	41.979
.	.	.	.	.	.
30	49.394	47.418	47.418	42.676	10.368
Σ	**797.266**	**765.376**	**3.748.772**	**3.373.895**	**819.675**

A primeira coluna é o "n" que varia de 1 a 30. Na segunda coluna estão os aportes anuais, sendo corrigidos a cada ano pela inflação de tal forma a manter sempre aportes de 12% sobre os ganhos anuais desse trabalhador; assim, lá no sexto ano, o aporte será R$15.315,38, mas se trazido ao valor presente pela taxa de IPCA resultaria R$12.000,00. A terceira coluna apresenta a sobra do aporte devido às taxas do fundo de previdência, ou seja, multiplicar a coluna anterior por 0,96. A quarta coluna se refere ao valor futuro de cada parcela da coluna anterior considerando IPCA e ir. A TERCEIRA EQUAÇÃO PARA A VIDA foi utilizada, ou seja, $P(1+icm)^n \times (1+ir)^n$. A quinta coluna é o que resta após incidência do imposto pelo método regressivo referente a coluna F. Cada parcela dessa coluna é taxada segundo a tabela regressiva (tabela 8.2). Note que a alíquota de tributação incide sobre capital e juros (PGBL). A sexta coluna é a sobra real, excluindo a inflação. Assim, cada parcela é dividida por $(1+icm)^n$.

Na tabela B estão os cálculos para RF, onde as casas decimais foram omitidas. A segunda coluna é o I.R. sobre os aportes. Por exemplo, no n=1 os R$12.000,00 seriam aplicados na RF, ao invés do PGBL, mas como não houve a vantagem tributária nesse cenário, esses R$12.000,00 seriam tributados na declaração anual na taxa de I.R. de 27,5% (R$3.300,00). A terceira coluna é a sobra que vai para uma RF. A quarta coluna leva cada parcela ao valor futuro considerando IPCA e ir. A quinta coluna são os juros calculado por (F- sobra). A sexta coluna é o que resta da RF após impostos, ou seja, (0,85 X quinta coluna + terceira coluna). E, finalmente a última coluna é a sobra real, excluindo a inflação. Assim, cada parcela é dividida por $(1+icm)^n$. Os campos em cinza mostram em valores reais (valores que podem ser comparados com o poder de compra de hoje). Nota-se que nesse cenário existe de fato uma significativa vantagem da previdência frente a RF. Note, porém, que foi considerado o limite da vantagem da tributação anual de I.R. para entender consulte o exemplo 8.3.

Investimento em RF (Tabela B)						
n	I.R.	Sobra	VF	Juros	Sobra RF	Sobra real
1	3.300	8.700	194.035	185.335	166.234	40.386
2	3.465	9.135	183.051	173.916	156.964	38.134
3	3.638	9.592	172.690	163.098	148.225	36.011
4	3.820	10.071	162.915	152.844	139.989	34.010
5	4.011	10.575	153.694	143.119	132.226	32.124
6	4.212	11.104	144.994	133.890	124.910	30.347
.	.	.	.	.	.	.
30	13.583	35.810	35.810	0	35.810	8.700
Σ	219.248	578.018	2.831.104	2.253.086	2.493.141	605.699

Uma análise adicional foi realizada considerando um fator de redução do benefício tributário. Conforme mostrado no exemplo 7.3, o benefício máximo de tributação só ocorre quando existem uma ampla faixa de gastos dedutíveis. A tabela abaixo apresenta o fator multiplicativo (Fr) e os valores reais acumulados já limpos de I.R. O Fr de 100% foi o caso do exemplo 8.7, cujo benefício de I.R. para o PGBL foi máximo.

Fr multiplicativo	Prev	RF
100%	R$819.675	R$605.699
75%	R$819.675	R$663.136
50%	R$819.675	R$720.573
25%	R$819.675	R$778.010
0%	R$819.675	R$835.447

Notar que a última linha corresponde aproximadamente a um VGBL piorado, porque não houve benefício fiscal da base anual de declaração, e, além disso, o I.R. no resgate incide sobre a totalidade e não só sobre a rentabilidade por ter sido escolhido um PGBL de forma equivocada (já que, se não há vantagem tributária na declaração anual, não tem por que escolher um PGBL). Mesmo com a incidência do I.R. sobre a totalidade essa alternativa se aproxima do VGBL em termos relativos, avaliado no exemplo 8.6. Isso se deve ao fato de a rentabilidade ser muito mais importante do que o capital investido considerando o longo prazo.

8.3.4 Tipos de renda

Quanto ao tipo de renda a ser escolhida (caso o beneficiário opte por receber o benefício ao invés do resgate) pode ocorrer de várias formas. Cita-se abaixo um dos maiores planos disponíveis no mercado.

Renda Mensal Temporária: paga ao cliente durante um determinado prazo contratado. A renda cessa com o término do prazo contratado ou com o falecimento do participante, o que ocorrer primeiro.

Renda Mensal Vitalícia: paga vitaliciamente, a partir da idade escolhida pelo cliente. Após o falecimento do participante, não há restituição de eventuais valores ou acesso à reserva por parte dos beneficiários.

Renda Mensal Vitalícia com Prazo Mínimo Garantido: paga vitaliciamente ao cliente, a partir da idade por ele escolhida, após os 50 anos. Em caso de falecimento durante o período garantido, os beneficiários indicados recebem a renda mensal pelo restante do período garantido.

Renda Mensal Vitalícia Reversível ao Beneficiário Indicado: paga vitaliciamente, a partir da idade escolhida pelo cliente. Em caso de falecimento, a renda será total ou parcialmente revertida ao beneficiário indicado.

Renda Mensal Vitalícia Reversível ao Cônjuge com Continuidade aos Filhos Menores de 21 Anos: paga vitaliciamente, a partir da idade escolhida pelo cliente. Em caso de falecimento, a renda será revertida ao cônjuge ou companheiro e, na falta deste, será reversível temporariamente aos filhos, até que estes completem 21 anos.

8.3.5 Benefícios adicionais

É possível também a contratação junto ao plano de previdência de benefícios adicionais. Entre esses benefícios citam-se:

pecúlio por morte: caso o cliente venha a falecer antes do período de renda, o beneficiário recebe o montante integral acumulado até a data;

pensão por prazo certo: semelhante ao caso anterior, com a diferença de que o recebimento da aplicação ocorre em parcelas (no formato de pensão);

pensão a filhos: os filhos menores de idade receberão uma pensão mensal até atingirem a maioridade, no caso do falecimento do cliente;

pensão ao cônjuge: semelhante à opção anterior, porém destinada a apenas um beneficiário (em geral o cônjuge ou companheiro);

renda por invalidez: caso o cliente venha a se tornar inválido durante o período de acúmulo, receberá uma renda mensal, uma espécie de seguro por invalidez.

8.3.6 Portabilidade

Ainda é possível transferir os recursos para outro plano por meio da portabilidade. Entretanto, só é possível portar produtos da mesma natureza, ou seja, migrar de um VGBL para outro VGBL e de um PGBL para outro PGBL. Com relação ao regime de tributação, também existem algumas considerações para as mudanças. Quem tem um plano com tributação progressiva pode migrar para um com tributação regressiva. No entanto, quem já tem um plano no regime regressivo não pode alterar a forma de tributação do plano de previdência, mesmo que migre para outra instituição.

A portabilidade em planos de previdência não traz nenhum ônus ao segurado. No entanto, apesar da facilidade e do custo zero, antes de trocar de plano, é importante que o investidor estude os planos existentes e avalie se o negócio vale a pena, principalmente no que diz respeito às taxas e à rentabilidade dos planos.

8.3.7 Proteções

Cada fundo de previdência tem um CNPJ próprio e existe a separação do patrimônio do fundo com a dos gestores. A legislação garante que, em caso de insolvência da gestora, o patrimônio do fundo não responderá, nem solidariamente, com as dívidas do gestor, mesmo os débitos trabalhistas e tributários. A rigor, um fundo de previdência privada não terá grandes impactos caso o gestor ou o administrador do fundo quebre. Mas além da possibilidade de insolvência da gestora do fundo, há também o risco dos títulos que fazem parte da carteira do fundo de previdência darem "*default*", ou seja, o banco emissor quebrar e o título não ser pago. Assim, qualquer fundo, o gestor deve escolher papéis de emissores sólidos e com boa classificação de risco, além de manter sempre a carteira bastante diversificada.

8.3.8 Considerações finais

Coloco aqui alguns pontos para fechar o capítulo. Pontos esses para ajudar o investidor na tomada de decisão:

- os exemplos anteriores mostram o cenário em que os recursos oriundos da previdência são taxados no ajuste anual quando o beneficiário receberá a previdência. Nesse cenário, mostra-se que aportes em PGBL na fase de acumulação da parcela dedutível traz benefícios significativos comparados a RF. A comparação com a RF foi meramente ilustrativa e o objetivo foi avaliar a vantagem tributária dos planos de previdência;

- uma vantagem adicional da previdência, seja ela PGBL ou VGBL é a possibilidade de não pagar I.R. na fase de receber os benefícios previdenciários, ou pagar muito pouco. Isso ocorre para recebimentos de benefícios baixos que no ano de 2018, seria por volta de R$2.000,00/mês. Nessa faixa de I.R. o regime progressivo seria isento de I.R. O cenário otimizado seria fazer um PGBL na fase de acumulação aportando a parte tributável da declaração anual escolhendo o regime progressivo e prevendo que na fase de aposentadoria os proventos tributáveis ficariam na faixa de isenção;

- planos de previdência são planos longos e prever o futuro das nossas finanças é uma utopia. Traçar metas e seguir a educação financeira é sim o caminho, mas saber com precisão onde vamos chegar financeiramente no futuro é impossível. São muitas as variáveis existentes pelo caminho, por exemplo: troca de emprego, empreendedorismo, mudança de cenários econômicos e políticos. Isso tudo traz incertezas da nossa posição financeira futura. Assim acreditar que no futuro teremos benefícios isentos da tabela de I.R. não faz sentido. Assim, parece mais acertado escolher a modalidade regressivo para I.R. e seguir um PGBL da parcela dedutível do ajuste anual. Se a declaração é simplificada, não se deve fazer um PGBL. Nesse cenário eu questiono se teria alguma vantagem em se fazer um VGBL. Novamente poderia haver vantagem se na fase de recebimento dos benefícios o beneficiário cair na faixa de isenção e escolher o regime progressivo. Mas acreditar nisso em um plano de investimentos tão longo é utópico. Pode ser mais interessante nesse cenário fazer seu próprio plano de previdência diversificando em ativos financeiros;

• pessoalmente, eu faria um PGBL se houvesse essa vantagem na minha declaração anual na fase de acumulação e escolheria o regime regressivo de tributação. VGBL eu não faria! Considero que os custos envolvidos nos planos de previdência são altos demais e, no caso do VGBL as vantagens de tributação são absorvidas pelos custos do plano, como mostrado no exemplo 8.6. Considero também que existe o risco de rentabilidades aquém do esperado como vem ocorrendo em muitos dos planos de previdência. Por fim, considero que existem muitas regras nos planos de previdência que podem onerar o beneficiário, como taxas cobradas de saída. Enfim, tenho preferência de eu mesmo gerenciar meu dinheiro;

• as regras de previdência são muito complexas e confusas. Parece um alinhamento com as regras tributárias no país: uma confusão. Mesmo as pessoas que têm certo conhecimento de finanças ficam confusas na tomada de decisão. Para mim não faz sentido as tantas condicionais desses planos. Deveria existir uma regra única, um regime único de tributação um plano único de previdência privada;

• é importante destacar que para boa parte da população, aportar mensalmente para um plano de previdência é ainda a única forma de economizar. Assim, existem benefícios que transcendem a análise puramente financeira de se contratar ou não um plano de previdência.

9 IMÓVEIS, FII E AÇÕES

O investimento em imóveis é um dos investimentos preferidos pelos brasileiros. Essa preferência está atrelada ao histórico de solavancos da nossa economia que deixam as pessoas perdidas em meio à tanta inflação com taxas que chegava a superar 40% a.m. Nessa época, ao receber algum dinheiro, era necessário correr ao banco para aplicar os valores financeiros recebidos para, ao menos manter o poder de compra, ou então, correr ao supermercado para fazer compras.

No caso de investimentos em bens materiais como imóveis a tendência é que haja correção dos valores pelo índice de inflação. Assim, não haveria grandes preocupações em épocas inflacionárias, ou no mínimo, as preocupações seriam menores dos relacionados aos investimentos em papéis tais como RF. Aqui o objetivo é avaliar o retorno financeiro dos imóveis principalmente confrontando com a RF, foco desse livro.

Nesse capítulo também é feita uma abordagem sobre ações. Esta importante categoria de investimentos não poderia ficar de fora desse livro. Acredito que uma carteira diversificada de longo prazo possui maior robustez para atravessar crises e essa diversificação deveria incluir uma fatia de **boas** ações. Na abordagem do tema algumas metodologias quantitativas e pontos fundamentais são apresentadas para auxiliar na escolha de boas empresas.

9.1 Investimento em imóveis

Uma análise através do índice Fipe-ZAP de 1979 até 2015, se descontada a inflação, observa-se que houve uma valorização real por volta de 53% dos imóveis. O tempo dessa análise foi de 36 anos; assim, pode-se concluir, aplicando-se a SEGUNDA EQUAÇÃO PARA A VIDA, que a rentabilidade real foi por volta de 1,1% a.a. Isso mesmo, 1,1% a.a. Dessa forma, praticamente se poderia afirmar que, no longo prazo os imóveis são corrigidos pela inflação. Deve-se lembrar que a janela, embora pareça longa, é uma janela temporal e, nos próximos anos, poderá haver uma forte valorização que resulte em uma rentabilidade mensal média maior, ou ainda uma forte desvalorização. Pessoalmente não acredito nisso. Ainda considerando a rentabilidade na janela observada de 1,1% a.a., deve-se incluir os impostos na venda dos imóveis. Como paga-se na venda (exceto casos específicos que serão tratados posteriormente) 15% sobre a rentabilidade bruta (não a real), considerando uma inflação de 6% a.a., então, se pagaria sobre os 7,2% a.a. (taxa aparente) 15%, o que sobraria por volta de 6,1% a.a. Ou seja, pode-se considerar (acreditando na janela histórica utilizada) que os imóveis valorizaram-se apenas a inflação, pós impostos. Na compra de imóveis também deve-se considerar os diversos custos envolvidos. A tabela 9.1 apresenta alguns custos e os percentuais estimados de cada um. Esses custos reduzem a rentabilidade cabendo ao novo proprietário arcar com esses custos. É importante salientar que os custos apresentados na tabela 9.1 são aproximados. O ITBI, por exemplo, pode ser até superior a 3% a depender da cidade. Também há uma redução do percentual do ITBI sobre a parcela financiada do imóvel. Mas a tabela traz uma boa aproximação dos custos envolvidos na compra de um imóvel.

Tipo	Percentual
ITBI	2,00%
Escritura	1,20%
Banco	0,60%
Seguro	0,11%
Total	**4,91%**

Tabela 9.1: Tabela de custos médios na compra do imóvel

Embora a valorização dos imóveis possa ser baixa ou até inexistente, são ativos que geram renda. A renda são os aluguéis. Um valor percentual mensal médio do aluguel de imóveis sobre o valor dele é por volta 0,6% (valor bruto, incluindo despesas), podendo flutuar para cima ou para baixo. Deve-se considerar que esse percentual é bruto (é o pacote), cabendo descontar diversas despesas do pacote. As principais despesas e suas estimativas estão na tabela 9.2. Na tabela a faixa de I.R. para abater dos ganhos do aluguel foi considerado 27,5%, mas pode ser menor em função da renda anual do proprietário conforme tabela 8.1 apresentada no Capítulo 8.

Tipo	Percentual	Tempo
Condomínio	1,81%	ano
IPTU	0,56%	ano
Adm	0,72%	ano
Seguro	0,11%	ano
I.R.	27,50%	-
Vacância	10,00%	-
Manutenção	0,50%	ano

Tabela 9.2: Tabela de custos no aluguel de imóvel.

Exemplo 9.1: considere as seguintes alternativas de investimento: **(i)** compra de um imóvel para moradia na cidade de Santos-SP no valor de R$430.000,00, **(ii)** investir os R$430.000,00 à taxa de 5% a.a. real e alugar o apartamento pelo pacote de R$2.200,00 ($\approx$0,5% a.m.). Os custos de ITBI na compra são de 1% parte financiada e 2% parte à vista. Os custos de escritura são de 1,2% e os custos bancários de 0,6%. Suponha compra à vista. Os custos de seguro são de 0,11%. Os custos de manutenção não serão considerados nessa análise.

Solução: a tabela abaixo apresenta cada parcela relacionada ao imóvel para se realizar a análise financeira.

	Valor	R$430.000
Linha 1	Valor	R$430.000
Linha 2	Taxa real	5,5% a.a.
Linha 3	Pacote	R$2.200
Linha 4	Condomínio	R$650
Linha 5	IPTU	R$150
Linha 6	ITBI	2,00%
Linha 7	Escritura	1,20%
Linha 8	Transações	0,60%
Linha 9	Seguro	0,11%
Linha 10	**Valor total**	**R$447.613**

Na tabela apresenta-se na primeira linha, valor do imóvel, na segunda linha a taxa real se fosse investido esse valor em RF, na terceira linha o pacote de aluguel que inclui todas as despesas (condomínio, aluguel, IPTU e seguro), a quarta e quinta linhas, valores de condomínio e IPTU mensais, na sequência (linhas 6 a 9) as taxas envolvidas na compra do imóvel em relação ao valor da primeira linha e a última linha o quanto custaria esse imóvel incluindo todas as taxas da sexta à nona linha. As casas decimais foram omitidas dos valores.

As tabelas abaixo apresentam os valores das análises feitas. Na tabela RF foi considerado o valor do custo total do imóvel R$ 447.613,00 como uma aplicação com **taxa real** de 5,5% a.a., ou 0,447 a.m. A última linha mostra que praticamente a rentabilidade real cobre os custos do aluguel (pacote), **sendo que o pacote inclui condomínio, IPTU e seguro**. A tabela "Compra" mostra a análise se ao invés de alugar e aplicar em RF fosse comprado o imóvel a vista. Nesse caso o pagamento mensal é do condomínio, IPTU e seguro, totalizando R$840,00. Comparando as duas alternativas, é mais interessante alugar ao invés de comprar este imóvel. Note que, nessa análise, é considerado que o imóvel se corrige apenas com a inflação (ou seja, não há nem valorização nem desvalorização). Assim, tanto a RF como a compra estão corrigidos pela inflação, mas na RF o balanço resultou em -R$198,41 (desembolso mensal). Já a compra resultou em -R$840,00 (desembolso mensal).

RF		Compra	
Valor	R$447.613,00	Valor	R$447.613,00
Taxa	0,447% a.m.	Condomínio	-R$650,00
Rende real	R$2.001,59	IPTU	-R$150,00
Pacote	-R$2.200,00	Seguro	-R$40,00
Balanço	-R$198,41	Balanço	-R$840,00

No exemplo 9.1 pode-se adicionar outras vantagens em alugar ao invés de comprar imóveis. Como os imóveis têm baixa liquidez, se ocorrerem problemas com condomínio ou da própria edificação ou ainda com vizinhos, não é simples se desfazer dos mesmos. No aluguel é possível encerrar o contrato e procurar outro imóvel.

Exemplo 9.2: refaça a análise considerando comprar para alugar (investimento). Insira os eventos negativos de investir em imóveis.

Solução: a tabela abaixo apresenta a análise considerando 3 cenários de investimentos (cenário ruim, otimizado e otimizado sem taxa de administração da imobiliária). As casas decimais dos valores foram omitidas. Na tabela "valor" está o valor pago pelo imóvel incluindo todos os custos da transação imobiliária como ITBI. "Pacote" refere-se aos proventos recebidos de aluguel, condomínio, IPTU e seguro mensal. "Despesas" refere-se as despesas de condomínio, IPTU e seguro mensal. "I.R." refere-se a taxa de impostos mensal que incide apenas sobre aluguel, ou seja, descontando do "pacote" o condomínio, IPTU e seguro. "Adm" refere-se a taxa paga a imobiliária para administrar o imóvel e corresponde a 12% sobre "pacote". "Vacância" está se admitindo uma taxa de apenas 5% de desocupação. As duas últimas linhas trazem, respectivamente, a receita final do aluguel e o percentual mensal em relação ao valor investido no imóvel (primeira linha), após todas as despesas deduzidas. Essa taxa é real, porque admite-se que o imóvel, por ser um ativo real, é corrigido em média pela inflação. O primeiro cenário considera um caso de pagamento de 27% de I.R. mais a taxa de administração da imobiliária. A taxa de 27,5% de I.R. é para o proprietário que já ultrapassou a faixa tributável de 27,5%, ou seja, já recebeu no ano proventos superiores a R$55.976,16, conforme tabela 8.1. Nesse caso, a alíquota sobre os novos proventos oriundos do aluguel é de 27,5%. O cenário otimizado é uma tentativa de aumentar o potencial de rendimentos dos aluguéis eliminando a "vacância" e ainda considerando uma faixa isenta de I.R. O último cenário ainda exclui a administração da imobiliária. Note que a isenção de I.R. nem sempre é possível. Mesmo no cenário 3, os proventos do aluguel ficaram em R$1.360,00, bem inferior a RF analisada no exemplo 9.1.

Cenário ruim		Cenário otimizado		Cenário otimizado s/ adm	
Valor	447.613	Valor	447.613	Valor	447.613
Pacote	2.200	Pacote	2.200	Pacote	2.200
Despesas	-840	Despesas	-840	Despesas	-840
I.R.	-374	I.Rmax	-	I.Rmax	-
Adm (12%)	-264	Adm (12%)	-264	Adm (12%)	-
Vacância 5%	-110	Vacância 0%	-	Vacância 0%	-
Sobra	612	Sobra	1.096	Sobra	1.360
% mensal	0,14%	% mensal	0,24%	% mensal	0,30%

Investir em imóveis, conforme mostrado no exemplo 9.2, pode ser uma alternativa ruim comparativamente ao investimento de RF. Além disso, pode-se ainda citar:

- riscos de vacância;

- riscos de vizinhos chatos;

- riscos de inquilino problemático que deteriore o imóvel;
- riscos de a região desvalorizar por motivos diversos tais como favelização;
- riscos de problemas estruturais e das fundações da construção e das próprias intempéries.

Mas nunca vale a pena investir em imóveis? Nunca é uma palavra forte. Em alguns casos pode ser vantajoso investir em imóveis. Citam-se três casos:

- quando se utiliza o FGTS próprio em fração significativa, ao menos 30% do valor do imóvel e, além disso, utiliza-se FGTS posteriormente para amortização a cada 2 anos;
- quando a taxa de juros é baixa do financiamento, tipo 7% a.a. com cenário de SELIC média acima de 7% a.a. Essa ocorrência em geral está associada a eventos políticos;
- quando as pessoas que possuem pouco conhecimento de finanças e conhecem mais sobre mercado imobiliário;
- para evitar queimar patrimônio. Imóveis tem baixa liquidez o que dificulta a "queima" de patrimônio em coisas fúteis. Dinheiro na mão pode ser um chamariz para torar patrimônio. Assim, para boa parte das pessoas, imóveis pode ser um bom investimento no aspecto de proteger o patrimônio.

Se o juro do sistema de habitação for maior do que os juros que você recebe no banco, por exemplo, maior que a SELIC, avalie muito bem se deve adquirir financiamento imobiliário. Se os prazos são longos e a dívida alta, os juros reais pagos são elevados. Sugiro não assumir um financiamento nessas condições. Eu aguardaria um tempo de acumulação para comprar à vista e alugaria nesse tempo, ou aguardaria uma taxa mais atrativa de mercado.

Lembre-se que: ao comprar um imóvel, você estará com uma dívida de IPTU e condomínio eterna. Além disso, está assumindo alguns riscos, como uma possível desvalorização da região por motivos diversos.

Exemplo 9.3: considere ainda um imóvel de R$200.000,00, cujo pacote é R$1.300,00 sobrando ao proprietário, após as despesas, R$900,00. Após impostos, sobrando R$650,00. O próprio proprietário administrará o imóvel. Ou seja, se preferir alugar ao invés de comprar, a base de comparação é R$650,00 ou R$900,00 caso esteja fora da tributação de I.R. Confronte com a RF.

FINANÇAS INTELIGENTES

Solução: esse exemplo será resolvido de forma aproximada, mostrando também uma forma rápida de se avaliar, mas com resultados aproximados. De R$200.000,00, resulta por volta de R$1.000,00 de rentabilidade real na RF. Conclusão, não é vantagem comprar novamente, mesmo sem imposto e taxa de administração. A análise termine aqui!

Quando ocorre a venda de imóveis pessoa física, deve-se apurar o ganho de capital e sobre este, como regra geral, tributa-se 15%. As leis têm sofrido mudanças e é necessário estar atento para buscar pagar menos tributo. Atualmente a lei permite se aplicar um fator de redução sobre o ganho de capital apurado. Esse fator tem por objetivo reduzir o valor do I.R. devido à inflação. A tabela 9.3 apresenta o fator de redução para imóveis adquiridos antes de 1988. Assim, por exemplo, se um imóvel foi adquirido em 1980 e vendido atualmente, o fator de redução é de 45%. Deve-se apurar o ganho de capital e multiplicar esse ganho por 0,55 = (1-0,45).

Ano aquisição	Redutor	Ano aquisição	Redutor
Até 1969	100	1979	50
1970	95%	1980	45%
1971	90%	1981	40%
1972	85%	1982	35%
1973	80%	1983	30%
1974	75%	1984	25%
1975	70%	1985	20%
1976	65%	1986	15%
1977	60%	1987	10%
1978	55%	1988	5%

Tabela 9.3: Tabela de fator de redução para imóveis adquiridos antes de 1988.

Para imóveis adquiridos antes de 31/11/2005, existe ainda um fator de redução a ser calculado de acordo com o número de meses entre a aquisição e a venda do imóvel, aplicável na seguinte fórmula: $FR = 1/1,0060^{m1}$, onde m1 corresponde ao número de meses entre o mês da aquisição do imóvel e o de sua alienação. Mas este fator redutor só pode ser calculado a partir de janeiro de 1996, ainda que o imóvel tenha sido adquirido antes dessa data (artigo 40, §1º, I, e §2º, da Lei Federal n. 11.196/2005).

Para os imóveis adquiridos após 01/12/2005, há outro fator de redução, considerando a fórmula FR = $1/1{,}0035^{m2}$, onde m2 corresponde ao número de meses entre o mês da aquisição do imóvel e o de sua alienação (artigo 40, §1º, II, da Lei Federal n. 11.196/2005).

Exemplo 9.4: Considere a aquisição de um imóvel em 1º de janeiro de 1980 pelo valor de R$200.000,00. Calcule o ganho de capital e o imposto de renda incidente sobre a venda deste imóvel em 1º de maio de 2023, pelo valor de R$500.000,00, considerando, para fins didáticos, a inexistência de possíveis isenções.

Solução: esse exemplo está considerando, para fins didáticos, os valores em reais (ou seja, sem a necessidade de conversão de moedas). Nesse caso deve-se apurar o lucro e calcular 3 fatores de redução da seguinte forma:

Ganho de capital: R$300.000,00

Fator 1: 45%. Assim, Lc=300.000 *0,55 = R$165.00,00

Fator 2: $1/(1{,}006^{119})$. Assim, Lc=165.000*0,490727 = R$80.970,02

Fator 3: $1/(1{,}0035^{210})$. Assim, Lc=80.970*0,480121 = R$38.875,42

Assim, o I.R. é de 15% sobre R$38.875,42 que resulta em **R$5.831,31**

9.2 Investimento em FII

Uma forma que pode ser mais interessante de investir em imóveis é através dos Fundos de Investimentos Imobiliários (FII). Os FII são condomínios de investidores, administrados por instituições financeiras e fiscalizados pela CVM e tem por objetivo aplicar recursos em negócios de base imobiliária, como desenvolvimento de empreendimentos imobiliários, imóveis já prontos ou títulos financeiros imobiliários, como CRI, LH (Letras Imobiliárias), LCI ou cotas de fundos imobiliários já constituídos. Podem participar do patrimônio de um fundo, um ou mais imóveis, parte de imóveis e direitos a eles relativos. Os FII foram criados em junho de 1993 pela Lei 8.668 e são regulamentados pela CVM. O texto desse item teve por base as informações contidas no portal da Bovespa, www.bmfbovespa.com.br onde pode-se encontrar mais informações.

Os FII podem ser de vários tipos, mas seja qual for o FII, o objetivo é alocar em investimentos que proteja da inflação. Embora os fundos de papéis sejam certificados, esses estão atrelados a índices de inflação ou ainda ao DI que, historicamente, geralmente ficou acima da inflação.

FINANÇAS INTELIGENTES

- Fundos de Tijolo. Os Fundos Imobiliários de tijolo são aqueles que investem em imóveis físicos, ou seja, que já estão construídos;
- Fundos de Papel. São fundos que aplicam suas cotas em CRIs (Certificados de Recebíveis Imobiliários);
- Fundos de Desenvolvimento. São fundos criados para captar recursos para construir um imóvel e depois alugar ou vender;
- Fundos Híbridos. São fundos que aplicam o dinheiro de suas cotas tanto em investimentos de tijolo como de papel;
- Fundo Imobiliários de Fundos (FOF). Nesses FII são adquiridas cotas de outros Fundos Imobiliários para compor o patrimônio. A vantagem é a diversificação entre vários tipos de ativos, assim o investidor não precisa selecionar muitos FIIs para diversificar.

Todo FII possui um regulamento que, dentre outras disposições, determina a política de investimento do fundo. A política pode ser específica e estabelecer, por exemplo, que o FII invista apenas em imóveis prontos destinados ao aluguel de salas comerciais, ou ser genérica e permitir ao fundo adquirir imóveis prontos em geral ou em construção, os quais poderão ser alugados ou vendidos. Com a aquisição dos imóveis, o fundo obterá renda com sua locação, venda ou arrendamento. Caso aplique em títulos e valores mobiliários, a renda se originará dos rendimentos distribuídos por esses ativos ou ainda pela diferença entre o seu preço de compra e de venda (ganho de capital). Os rendimentos auferidos pelo FII são distribuídos periodicamente aos seus cotistas.

Os FII são negociados através de quotas, que representam o valor mobiliário do fundo. Por serem fundos fechados, suas quotas não admitem resgate; assim como as ações, o caminho é a negociação na Bovespa, no ambiente Bolsa ou Balcão Organizado, através de ordens, o que aumenta muito a liquidez em relação a imóveis, mas os tornam ativos de renda variável sujeito a flutuações de mercado. Em ambos os ambientes, o modo de negociar é exatamente igual ao das ações, dentro dos mesmos horários de pregão. Como vantagem pode-se citar: **(i)** menor custo: comparativamente à aquisição direta em imóveis, o investidor de FII não terá gastos com ITBI, taxas de certidões, reconhecimentos de firma, cópia de documentos, escritura, registro, comissão de imobiliária, entre outros, o que normalmente fica em torno de 5% do valor do imóvel; **(ii)** acesso a investimentos em imóveis de qualidade: possibilita a qualquer investidor, independente do porte, investir em empreendimentos imobiliários de alta qualidade, através da compra de quotas, tantas quantas sua disponibilidade financeira permitir.

De forma mais específica, pode-se citar as seguintes vantagens:

- permite ao investidor aplicar em ativos relacionados ao mercado imobiliário sem, de fato, precisar comprar um imóvel;
- não há a necessidade de desembolsar todo o valor normalmente exigido para investimento em um imóvel;
- diversificação em diferentes tipos de ativos do mercado imobiliário (ex.: shopping centers, hotéis, lajes corporativas, agências bancárias, residências e galpões industriais);
- diversificação em diferentes regiões do país, através da escolha adequada de FII;
- as receitas geradas pelos imóveis ou ativos detidos pelo fundo são periodicamente distribuídas para os cotistas;
- aumento nos preços dos imóveis do fundo gera aumento do patrimônio do fundo e, consequentemente, valorização do valor das suas cotas;
- todo o conjunto de tarefas ligadas à administração de um imóvel fica a cargo dos profissionais responsáveis pelo fundo: busca dos imóveis, trâmites de compra e venda, procura de inquilinos, manutenção, impostos etc.;
- as pessoas físicas estão isentas de I.R. distribuídos pelo FII, desde que: **(i)** as cotas do FII sejam admitidas à negociação exclusivamente em bolsas de valores ou no mercado de balcão organizado; **(ii)** o FII possua, no mínimo, 50 quotistas; e **(iii)** Não seja concedido ao quotista pessoa física titular de quotas que representem 10% ou mais da totalidade das quotas emitidas pelo FII ou cujas quotas lhe derem direito ao recebimento de rendimento superior a 10% do total de rendimentos auferidos pelo fundo.

Note que, em geral, não há impostos sobre os FII para pessoas físicas, e, além disso, as taxas de administração costumam ser baixas, em torno de 0,5% a.a. sobre patrimônio do fundo. Essa taxa é um pouco menor das taxas cobradas pelas imobiliárias na administração de imóveis comuns (por exemplo, na administração de um imóvel próprio, um apartamento, ou uma sala comercial). Mas há variações. No portal http://fiis.com.br/taxas/ pode-se consultar taxas de alguns fundos. Pode-se observar quem em média os FII pagam por volta de 6,5% a.a. de dividendos (aluguéis). Um imóvel alugado gera uma renda bem menor que essa, pós impostos, por volta de 3,7% a.a. Pode-se questionar a possível desvalorização das cotas, mas é importante lembrar que as cotas nada mais são que partes de imóveis ou certificados corrigidos por algum índice além de uma taxa real. Assim como na compra de imóveis é necessário pesquisar, na compra de FII. Por exemplo, comprar um fundo que possui um único imóvel corporativo alugado para uma única empresa pode ser arriscado. Uma eventual inadimplência ou vacância, pode acarretar grande desvalorização das cotas e perda da receita mensal.

Para quem gosta de investimentos em imóveis, sugiro estudar mais os FII. Uma carteira diversificada de bons FII, entre 8 e 12, pode ser bem interessante. Todo o mês há aluguéis que caem na conta e poderiam ser utilizados como renda para alimentar a TSR tendo em vista que FII são ativos reais e bons ativos reais tendem a corrigir a inflação no longo prazo. Novamente a diversificação é fundamental. Diversificação entre diferentes modalidades de investimentos e diversificação em vários ativos dentro de determinada modalidade. Mas para a escolha dos bons ativos é necessário conhecer ao menos o básico sobre eles. Existem na internet plataformas independentes de agentes financeiros que trazem material rico para aprendizado. Os próprios blogs trazem muita informação. Uma plataforma paga pode ser mais interessante, porque tende a ser mais organizada e completa.

Com relação aos impostos, o aluguel recebido mensalmente é isento de I.R., mas quando ocorre a venda de cotas na B3, deve-se apurar o I.R. de 20% sobre o ganho de capital, sendo que não existe qualquer isenção de I.R. para as vendas de cotas de FII. Além disso, FII é se encaixa na modalidade de renda variável e as cotas são negociadas na B3. Mas a tributação de FII não se mistura com a tributação de ações. Assim, lucros ou prejuízos de uma modalidade não se mistura com a outra.

9.3 Investimento em ações

Não é objetivo desse livro aprofundar no tema renda variável (especificamente em ações), mas aqui será feita uma boa introdução ao assunto com o objetivo de promover a curiosidade do leitor para que este estude sobre essa modalidade de investimentos também. Não se pode ignorar opções de investimentos por desconhecimento, principalmente opções tradicionais como é o caso de ações. Deve-se sim, buscar aprender antes de investir. Lembre-se: comece a investir, somente após conhecer ao menos o essencial sobre o investimento escolhido. Essa seção traz informações muito importantes e acessíveis mesmo às pessoas que apresentam dificuldades com a matemática. A seção traz inicialmente alguns conceitos básicos sobre o investimento em ações. Esses conceitos são muito importantes e pode representar um grande passo para que o investidor escolha uma boa cesta de ações para compor a sua carteira de investimentos.

Para as pessoas que gostam da análise quantitativa com enfoque matemático, é apresentada uma subseção de análise quantitativa com base fundamentalista. Na parte quantitativa recomenda-se uma revisão de conceitos sobre séries geométricas. Uma revisão sobre progressões geométricas (matemática elementar, do ensino médio) já é suficiente. Nesta subseção procura-se quantificar o valor de uma ação buscando identificar, se, aos preços atuais e às taxas de crescimento esperado de determinada ação e às taxas de juros do mercado, é vantajoso comprá-la. Assim serão apresentadas diversas equações em função das diferentes metodologias de análise quantitativa para ações, com o intuito de avaliar o preço justo das ações. As diferentes metodologias de análise de ações se devem: às simplificações adotadas, ao fato de a análise não ser determinística e das muitas incertezas estarem presentes nos parâmetros de entrada e dos diferentes tipos de empresas. Existem empresas de crescimento, outras de valor (pagadoras de dividendos) e ainda as mistas. Nesse aspecto algumas metodologias quantitativas foram desenvolvidas para um determinado tipo de empresa, por exemplo, pagadoras de dividendos.

Um ponto importante quando se investe em ações é o retorno esperado delas. Por ser ativos de risco (renda variável) espera-se um retorno maior que a RF. A figura 9.1 apresenta o rendimento real (descontada a inflação) de 1 dólar aplicado em 1802 nos EUA, figura extraída do livro "Investindo em Ações no Longo Prazo" do autor Jeremy J. Siegel. Esses retornos são chamados de retornos reais totais e incluem os dividendos recebidos reaplicando-os no mesmo investimento ao longo do tempo. Ou seja, todos esses investimentos são avaliados com base na paridade do poder de compra constante.

Note que o gráfico está em escala logarítmica. Note que o melhor retorno em longo período é o de ações, cujo retorno real foi de 6,6% a.a. Segundo o autor, as ações representam ativos reais, que, a longo prazo, se valorizam ao ritmo da taxa de inflação. Portanto, os retornos reais das ações não são afetados desfavoravelmente por mudanças nos níveis de preços. Ou seja, ações também são bons investimentos em cenários inflacionários. Quanto a RF, a depender da natureza do título, pode haver perda substancial do poder de compra.

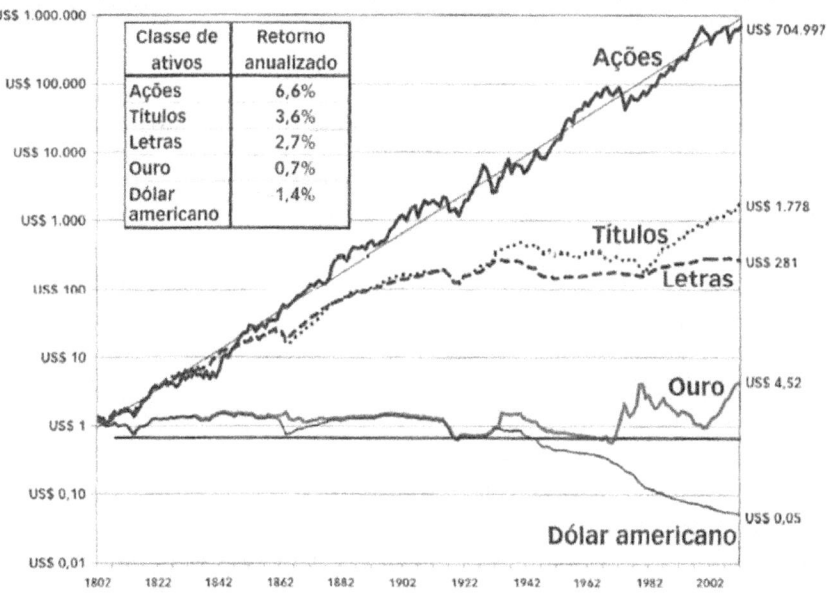

Figura 9.1: Retornos reais totais sobre ações, títulos, letras, ouro e dólar nos EUA, 1802-2012 (SIEGEL, 2015).

Uma questão que surge é se esse retorno, avaliado em série histórica nos EUA, se replica para o mundo. O autor fez uma análise para outros 19 países desde o ano de 1900. Na média, a rentabilidade real teria sido de 5,4% a.a., um pouco menor do que dos EUA. Embora houve certa flutuação nas taxas de retorno nesses países, em todos eles o retorno real foi acima de 4% a.a., exceto em um dos países da série que apresentou retorno levemente inferior a 4% a.a.

9.3.1 Conhecendo um pouco sobre ações

Ações são pequenas partes de uma empresa, ou seja, ao comprar ações você se torna sócio da empresa, mas como minoritário, você não assume as responsabilidades da pessoa jurídica. Seu dinheiro aplicado na empresa é utilizado para investimentos e a empresa trabalha para você. Esse aspecto é muito interessante, mas é sua responsabilidade escolher boas empresas para que, de fato, seu dinheiro seja bem aplicado e que você obtenha retorno sobre o investimento. Para a companhia disponibilizar as ações ela precisa se tornar uma companhia aberta. Nesse caso, o patrimônio dela é dividido em várias cotas, que são distribuídas para os investidores. Ações são ativos de renda variável e assim podem oscilar muito. Não invista em ações sem antes estudar e ler alguns livros sobre o tema. Para começar você pode ler o livro "Todo o amador confunde preço e valor", seguido dos livros "Investindo em ações no longo prazo", "O investidor inteligente" e "O mais importante para o Investidor". Eles estão nas referências bibliográficas.

Uma sugestão é investir em **empresas com lucros consistentes e crescentes (no mínimo 5 anos de análise de bolsa de valores)**, que sejam boas empresas com perspectivas de durarem por um longo período (setores perenes). Pode-se avaliar se a empresa possui vantagem competitiva e não está em um ambiente de extrema competitividade com margem pequena. Pode ser interessante também avaliar o momento de comprar as ações. Existem ótimas empresas, mas com preços muito altos. Há também aqueles que defendem que não importa o preço da ação, desde que a empresa tenha valor, o **investidor deve ir alocando capital aos poucos**, ou seja, distribuí-lo em períodos longos em diversos ativos de forma a diversificar em quantidade de ações e ao longo do tempo. Essa é, de fato, uma estratégia muito interessante. Aqui então vem uma sugestão sem análise quantitativa e acessível a qualquer pessoa e que considero interessante para reduzir riscos nessa modalidade de investimento e aumentar a chance de se obter sucesso em longo prazo.

- Escolher apenas boas empresas. Esqueça empresas sem governança ou que possuem curvas de lucro que não sejam consistentes;
- Diversificar bem, entre 12 e 30 empresas. Procure não alocar mais de 5% do seu patrimônio em uma única empresa;
- Comprar ações ao longo do tempo (aos poucos).

Observação: assim como outros investimentos, a diversificação em ações pode ser feita em ações de empresas de outros países. A seção 10.3 traz algumas informações de como investir no exterior. Por exemplo, se a diversificação contemplar ações de empresas cotadas nas bolsas americanas, a diversificação pode contemplar mais empresas, visto que lá (economia mais desenvolvida) há muito mais empresas boas na bolsa do que aqui.

Investimentos em ações é investimento em renda variável e determinar o comportamento futuro das ações é utópico devido às diversas variáveis que influenciam no comportamento dos preços, como a política do país. **Como já visto uma proteção para o investidor é a diversificação.** Alocar em diversas empresas boas e de preferência em setores diferentes é muito importante para o gerenciamento do risco da carteira de ações. A diversificação em empresas boas aliada à estratégia de distribuição temporal do capital, segundo muitos fundamentalistas, é uma estratégia poderosa de controle de riscos. Considerando a alocação em ações no Brasil, é possível selecionar por volta de 30 empresas boas. Excelentes serão menos que isso, mas escolher somente excelente é praticamente impossível. Assim, uma boa diversificação, tal que não seja alocado mais do que 5% do patrimônio em uma mesma ação (ideal é até 3%), é fundamental. Supondo uma diversificação em 20 empresas e considerando um prazo de 10 anos, provavelmente haverá alguns ativos de fraco desempenho, mas alguns compensarão no campo positivo tal que a carteira de ações, na média traz, além da rentabilidade, certa segurança na proteção do patrimônio. Uma alocação temporal bem distribuída nesses 10 anos traz ainda mais robustez à carteira de ações.

Cabe aqui colocar um ponto importante no investimento em ações. Por ser investimento em renda variável, as cotações variam muito, tanto para cima, como para baixo. Se você possui ações de determinada empresa e essas valorizaram muito, por exemplo, 50% em 3 meses e a empresa continua boa, não faz sentido você vender essas ações com objetivo de realizar lucros. Se a empresa continua boa, por que você vai deixar de ser sócio dessa empresa? Isso vale também para uma queda de 50%. O comportamento do tipo "vende-compra-vende..." é comportamento de giro de patrimônio e, exceto alguns casos, ganham apenas as instituições financeiras e o governo. Sugestão básica: não gire patrimônio. Compre boas ações e as mantenha no máximo tempo possível na carteira. Acompanhe os balanços anuais e se a empresa continua boa, permaneça nela. Se piorou, pare de aportar e avalie os próximos balanços, principalmente anuais os quais filtram eventos curtos trimestrais. Em se confirmando a piora, vá saindo aos poucos para não cometer o erro de sair de uma boa empresa, porque um período mais fraco se sucedeu. A ideia é ser sócio e se manter sócio de boas empresas. Quanto aos balanços das empresas, há muitas variáveis a serem analisadas, mas para quem conhece pouco sobre o assunto pode focar no lucro, avalie a consistência do lucro. Olhe também se a dívida está controlada e se a empresa está mantendo a fração do mercado em que atua (*Market Share*).

Com relação a buscar informações junto a analistas, minha sugestão é de ouvir os analistas, mas tomando-se cuidados com o conflito de interesse. É importante ouvir, mas ainda mais importante é estudar e ter condições de avaliar os parâmetros básicos que definem boas empresas com preços de ações atrativos. Existem sites (alguns pagos, outros grátis) que auxiliam na escolha de boas empresas onde são compiladas informações importantes de cada empresa e disponibilizados diversos materiais. Existem portais que fazem análises independentes de ações, ou seja, que não estão vinculados a bancos ou corretoras. Prefira esses portais. É comum nesses portais a disponibilização de diversas carteiras segundo o perfil de cada investidor. Mas, repito que antes de investir em ações é importante estudar e entender ao menos o básico. Entenda que comprar uma ação é se tornar sócio de uma empresa. Pergunto: você se tornaria sócio de uma empresa que está muito endividada e que praticamente não obtêm lucros? Então, estude antes de investir em ações. Aqui o risco é seu. Se investir em uma empresa ruim, será difícil você obter bom retorno do seu investimento.

Coloco aqui uma parte de uma recomendação de um determinado analista financeiro vinculado a uma casa de investimentos entrevistado logo após a divulgação da gravação dos irmãos Batista da JBS sobre o governo do Brasil ocorrida em 18/maio/17. *"... estamos recomendando a nossos clientes a zeraram as posições em ações ...."*. O dia da recomendação foi marcado por quedas tremendas da bolsa, com ações caindo mais de 30% num só dia. Pouco tempo depois a bolsa se recuperou e voltou à normalidade. Quem girou patrimônio (e não foram poucos), contribuiu com corretagens para o mercado financeiro, pagou eventual imposto ao governo e vendeu em um momento de pânico com grande volatilidade e perda de patrimônio. Seguindo a estratégia traçada anteriormente, nada disso deveria ter sido feito. Mesmo para aqueles que adaptam a estratégia anterior incluindo informações de preços para comprar, teriam feito o contrário nesse dia. Ao invés de vender, deveriam ter comprado aproveitando a queda do momento de pânico (efeito manada). Recomendação: fuja da manada. Vá no sentido contrário.

Investir em ações é realmente muito interessante, mas é preciso antes conhecer o essencial. Tenha sempre em mente escolher boas empresas para se tornar sócio e não gire patrimônio. Investindo em empresas através de ações é interessante, porque você como minoritário não tem responsabilidade sobre os atos praticados pela empresa e, além disso, a empresa trabalhará para você dando **retorno através de duas formas: através do aumento da cotação e através dos dividendos**. Notar que se uma determinada empresa paga um percentual baixo de dividendos, não quer dizer que a empresa é ruim. A empresa pode estar investindo o lucro para aumento da produtividade e isso deve se refletir em uma maior taxa de crescimento do lucro, com, consequentemente, aumento da cotação. Existem empresas que pagam quase a totalidade dos lucros na forma de dividendos e, assim, espera-se que a cotação cresça pouco, porque o crescimento do lucro é menor. Importante é ter em mente que o retorno é através dos dividendos e, ou, da cotação e a escolha das empresas deve passar pela avaliação criteriosa da curva de lucros em longo período. Existem outros critérios na escolha de boas empresas sendo alguns desses critérios discutidos nesse capítulo, mas a observação da curva de lucros é essencial. Se a empresa não dá lucro, ou a curva de lucros parece uma montanha russa com regiões negativas, descarte a empresa em apenas 30 segundos de análise e passe para a análise da próxima empresa.

Além da curva de lucros, diversos índices podem ajudar na análise. Um dos índices de análise mais triviais é o Preço/Lucro (P/L), embora esse índice isoladamente não diga muito. Deve-se avaliar o segmento, o histórico e o momento de taxas de juros do mercado. Se o lucro por ação é 10 e o preço da ação é cotado a 50, significa que o P/L é de 5. Esse múltiplo expressa o número de anos que um acionista demoraria para recuperar o dinheiro investido em uma ação se os ganhos fossem constantes, isto é, se a empresa continuasse ganhando o mesmo nos anos seguintes. O múltiplo histórico (dos últimos dois séculos) em média é de 15 no mercado americano, ou seja, as ações têm custado quinze vezes mais do que o lucro das empresas. Existem ações de empresas que, embora estejam com P/L alto, por exemplo, 25, são atrativas porque apresentam lucros com altas taxas de crescimento. Então, isoladamente esse índice não deve ser avaliado. Imagine que a RF esteja pagando 15% a.a., nesse cenário um P/L de 10 pode não ser atrativo, visto que um P/L de 10, representa simplificadamente um lucro de 10% a.a. É preciso estudar para entender que isoladamente esse índice pode levar a falhas de interpretação. Outro índice é o *"dividend yield"*, que representa os dividendos pagos anualmente aos acionistas e deve ser avaliado com cuidado também. Por exemplo, uma empresa que paga 7% a.a. de *dividend yield,* mas tem *"payout"* de 90%, isto é, distribui 90% do lucro ao acionista pode ser menos interessante do que uma empresa do mesmo segmento que paga 5% a.a. de *dividend yield,* mas tem *"payout"* de 40%. Isso porque essa empresa, na verdade está gerando mais lucro e, embora não esteja distribuindo ao acionista em dividendos, está investindo na empresa e pode estar agregando valor às ações através do crescimento do lucro e, consequentemente, da cotação das ações. Como sugestão, invista em ações de boas empresas. Não me refiro a empresas da moda, como algumas empresas de commodities que sobem ou descem como uma montanha russa. Não quer dizer que empresas de commodities sejam ruins, mas são empresas que exigem maior atenção e conhecimento. Me refiro a empresas de valor (inclusive pode ter algumas de commodities), que entregam resultados ao acionista. Estudem para escolher boas empresas, empresas que, embora possam sofrer com crises, entregam valor, entregam resultado ao acionista no médio à longo prazo. Outro ponto importante é que se o investidor não suporta oscilações no valor das ações, por exemplo, -30% em poucos dias, não invista em ações, porque esse investidor só perde dinheiro vendendo na baixa e comprando na alta (efeito manada). O bom investidor, baseado nos fundamentos das empresas, compra boas empresas e, na baixa, aproveita para comprar mais, porque sabe o valor dessas empresas e as mantém por longo período na carteira (enquanto as empresas se mantiverem boas) recebendo dividendos e valorização das cotas. Lembre-se sempre de que ações devem ser vistas como investimentos de médio a longo prazo, ao menos 3 anos. Sugiro pensar em horizontes de 10 a 15 anos. Pense em alocação para aposentadoria, por exemplo. A rigor, se houver uma boa diversificação em número de boas ações e no tempo, o investidor não deve olhar preço e sim, ir alocando temporalmente nas ações que estão faltando na carteira planejada.

Mas nunca se deve vender ações? Não confundir investimentos com necessidade de utilizar o patrimônio para gastos necessários. Tudo deve ser planejado, é claro. Considere a situação hipotética que você adquira a independência financeira e seu patrimônio está 100% alocado em ações americanas cuja natureza dessas ações é pagar pouco dividendo por questões tributárias de lá. Assim, considerando uma TSR segura, você pode vender parte das ações para atender a TSR e usufruir do que você acumulou. Assim, existe o período de acumulação e o período de aposentadoria. A TSR atende à aposentadoria e a forma de converter o patrimônio em TSR é também importante e será discutida em uma seção específica no próximo capítulo. No cenário hipotético apresentado aqui, pode-se incluir vendas, eventualmente no período de acumulação. Por exemplo, um imprevisto que ocorreu. Mas o ideal é utilizar para esses gastos o colchão de liquidez, onde ele pode estar investido em poupança, em TD SELIC, ou algo semelhante. No próximo capítulo esse assunto é também tratado.

Um cuidado adicional que o investidor deve tomar é quanto ao tipo de ação. No Brasil existem as ordinárias (ON), preferenciais (PN) e UNIT. Prefira sempre as ações ON (Ordinárias), que são as ações do controlador da empresa, ou seja, te dão direito a voto. Essa classe tem direito a voto e isso é uma proteção. Mas cuidado também com a liquidez; existem ações que possuem liquidez muito baixa o que pode dificultar a venda em um cenário de piora da empresa. Veja o termo *"free float"* da ação que representa o percentual negociado no mercado, ou seja, que não pertencem aos acionistas estratégicos, como controladores e diretores. Por exemplo, se uma ação ON tem *"free float"* de apenas 0,5% é estranho, é muito baixo o percentual de ON disponíveis no mercado. Avalie também o número médio de negócios por dia e o volume de negócios. Se escolher PN (preferencial) veja se possui *"tag along*" que é um mecanismo de proteção aos acionistas minoritários de uma companhia que garante a eles o mesmo direito do controlador de deixarem uma sociedade, caso o controle da companhia seja adquirido por um investidor que até então não fazia parte do controle. Em outras palavras, pagará um valor justo às ações aos minoritários. Trata-se de um mecanismo de proteção do acionista minoritário. Por exemplo: se uma empresa possui um *tag along* de 100% significa que o acionista minoritário receberá 100% do valor por ação recebido pelo controlador, no caso de venda da empresa. O ideal é escolher ações com *tag along* de 100%.

O ROE (lucro líquido/patrimônio líquido) também é outro índice interessante de se avaliar. Esse índice mede a rentabilidade de uma empresa, ou seja, o retorno sobre o capital do acionista em um período de um ano. Em outras palavras, mede a capacidade da empresa de gerar lucros a partir do seu patrimônio líquido. O ROE é útil para comparar a rentabilidade de uma empresa com a rentabilidade de outras do mesmo setor. É desejável que esse índice esteja acima da taxa de juros da economia e quanto maior melhor, mas deve-se avaliar cada caso. Empresas do setor de varejo costuma ter ROE alto devido ao giro alto de mercadorias em relação ao patrimônio que normalmente é pequeno em relação às vendas. Veja que é importante comparar diferentes empresas, mas do mesmo setor.

Como recomendação pessoal, nesses anos de aprendizado, é: tenha uma carteira diversificada com **boas empresas**. Não jogue "lixo" na sua carteira. Nessas boas ações, prefira ações ordinárias, avalie liquidez, avalie o *tag along*, avalie se os **lucros são consistentes e crescentes**, avalie o caixa e se a dívida é equilibrada e, por fim (não menos importante) avalie a gestão e a governança. Uma empresa que só disponibiliza PN, pode ser um sinal de má governança e deve ser sinal de atenção ao acionista. Se nem *tag along* possuir nas PN, cuidado! Se possuir ações do tipo UNIT, cuidado também. Tome cuidado com empresas controladas pelo governo. Normalmente o interesse do governo é conflitante com a do acionista. Geralmente essas empresas negociam com um desconto em relação às do mesmo segmento, mas privadas. Mesmo assim, avalie se vale o risco.

É ainda importante colocar aqui formas de adicionar rentabilidade extra à carteira de ações. Ao ter uma carteira de ações é possível obter ganhos extras através dos aluguéis dessas ações. Existem operações na bolsa de venda a descoberto (*short selling*) que consistem na venda de uma ação que não se possui, esperando que seu preço caia para então comprá-la e lucrar na transação com a diferença. Quem vende, vende a posição de alguém, e assim, toma emprestado esses ativos pagando um aluguel. Ao recomprar as ações elas são devolvidas e o aluguel (contrato) é cessado. Cabe ressaltar que o investidor pode, também, fazer tais operações (venda a descoberto), mas é altamente recomendável conhecer bastante do mercado de ações antes. Também o acionista pode, tendo ações de alta liquidez, fazer venda a coberto que é muito mais seguro para o investidor do que a venda a descoberto. A operação à coberto é uma operação composta pela compra de determinada ação no mercado à vista e, simultaneamente, a venda de opções de compra (lançamento) desta mesma ação, o que dará ao comprador (titular) das opções o direito de comprar a ação por um preço determinado em uma data futura (até o vencimento). Nessa operação, a venda de opções gera um valor monetário ao detentor das ações e esse valor é desembolsado pelo comprador dessas opções. Nesse tipo de operação, o acionista lança opções de uma ação de alta liquidez da sua carteira a um determinado valor em uma data futura. Essa operação pode ajudar a rentabilizar a carteira, mas é necessário estudos para iniciar nesse tipo de operação. São operações mais complexas que exigem mais conhecimento.

9.3.2 Tributação sobre ações

É importante conhecer as regras de tributação de ações para melhorar a rentabilidade da carteira e evitar transtornos com a Receita Federal. Aqui será apresentado um exemplo de como funciona o cálculo do preço médio para a operação mais trivial no investimento em ações. A compra de lotes de ações em diversos tempos. A receita federal utiliza o critério do preço médio da compra para computar o lucro na venda para apurar a tributação. É o mesmo raciocínio de outros ativos, como imóveis. Deve-se sempre lançar o preço de custo da aquisição para que quando ocorre a venda, o lucro seja apurado para o cálculo do imposto devido.

O preço médio da aquisição das ações é utilizado também para computar o valor das ações para a declaração anual de I.R. **É fundamental que o investidor tenha uma planilha de investimentos e registre todas as operações com ações e FII.** Para essas classes de ativos (ações e FII), não há tributação exclusiva como ocorre com a RF e o controle do preço médio deve ser realizado pelo investidor. O imposto devido é responsabilidade do investidor calcular preenchendo DARF para o pagamento. Toda a compra de ação ou FII é gerada uma nota de corretagem. Nela estão os custos envolvidos da operação e o preço médio da referida compra. O investidor deve guardar essas notas de corretagem e para o cálculo do preço médio de cada ativo. O preço médio é calculado para cada tipo de ativo. Por exemplo, se o investidor fez 5 compras da SAPR3 e 4 compras da

FINANÇAS INTELIGENTES

SAPR4, embora sejam da mesma empresa (Sanepar), o preço médio deve ser calculado separadamente para a SAPR3 e para a SAPR4.

Exemplo 9.4: considere as operações de compra e venda de ações de uma determinada empresa conforme tabela abaixo. Calcule o preço médio das ações restantes na carteira desse investidor, dessa empresa considerando que o custo de cada ordem de compra é de R$20,00.

Data	Ações	Natureza	Cotação
22/jan/18	300	compra	8,00
01/fev/18	100	compra	10,00
04/mai/18	400	compra	6,00
08/mai/18	200	venda	7,00
14/mai/18	100	venda	11,00
23/mai/18	100	compra	12,00
20/jun/18	300	compra	10,00

Solução: o cálculo do preço médio é realizado a cada compra. Nas vendas o preço médio não é calculado, mas como o número de ações restantes fica menor, então, na próxima compra o preço médio é influenciado. A tabela abaixo apresenta os cálculos nas três últimas colunas.

Ações	Natureza	Cotação	Investimentos	Sobra	Preço médio
300	compra	R$8,00	R$2.420	300	R$8,07
100	compra	R$10,00	R$1.020	400	R$8,60
400	compra	R$6,00	R$2.400	800	R$7,30
200	venda	R$7,00	-	600	R$7,30
100	venda	R$11,00	-	500	R$7,30
100	compra	R$12,00	R$1.200	600	R$8,08
300	compra	R$10,00	R$3.000	900	R$8,72

A coluna "Investimentos" é calculada pela multiplicação da coluna "Cotação" pela coluna "Ações" somada ainda do custo de R$20,00. A coluna "Sobra" é a sobra das ações após cada operação realizada. Finalmente a coluna "Preço médio" é o preço médio após cada operação realizada. O cálculo é realizado dessa forma:

$PM1 = 2420/300 = 8,07$

$PM2 = (300 \times 8,07 + 1020)/400 = 8,60$

PM3=(400 x 8,6+2400)/800 = 7,30

PM4=(500 x 7,3+1200)/600 = 8,08

PM5=(600 x 8,08+3000)/900 = 8,72

Quando há lucro na venda de ações é necessário apurar o imposto a ser pago. No entanto, existe uma isenção de imposto para vendas abaixo de R$20.000,00. Se a venda for acima de R$20.000,00 precisa apurar o lucro total dessa venda e gerar DARF do imposto. No caso de venda com prejuízo, pode-se lançar esse prejuízo na declaração anual de I.R. e nesse caso a venda não precisa ser superior a R$20.000,00. Parece contraditório o fato de o lucro ser tributado apenas para vendas acima de R$20.000,00 no mês e o prejuízo poder ser computado para qualquer valor de venda (mesmo vendas abaixo de R$20.000,00). São as complexidades da nossa legislação tributária. O prejuízo pode ser carregado nas declarações anuais futuras e pode ser debatido de um lucro de uma venda futura de ações. Essa particularidade permitida na compra e venda de ações é muito importante e deve ser aproveitada pelo investidor. Conheça bem o sistema de tributação sobre os investimentos para aumentar a rentabilidade da carteira de investimentos.

A apuração do lucro da venda de ações é sempre realizada no mês da venda e o pagamento do imposto. devido é feito até o último dia útil do mês seguinte. Esse imposto é pago via DARF a qual pode ser gerada no portal da Receita Federal. A tributação é de 15% sobre o lucro.

Para utilizar o prejuízo da venda de ações para abater do lucro, o prejuízo deve ter ocorrido no mês da venda ou anterior. A confusão ocorre, porque a DARF do imposto devido é gerada no mês seguinte da venda e prejuízos neste mês já não podem ser compensados nesta DARF visto que ela se refere ao mês anterior.

Para exemplificar a tributação de ações, considere que no mês 09/2021 o investidor João, pessoa física, fez sua primeira venda de ações no valor total de R$15.000 e nessa venda houve prejuízo de R$5.000. Na sua declaração anual de I.R. relativo a 2021, João declarou esse prejuízo e em out/2022 João fez sua segunda venda de ações no valor de R$30.000, dessa vez com lucro de R$8.000. Assim, João terá que gerar uma DARF no valor de 15% de R$3.000,00. Ou seja, 15%*(R$8.000-R$5.000) = R$450 a ser paga até o último dia útil de nov/2022. Observe que, se João não tivesse carregado o prejuízo na declaração anual, não poderia abater os R$5.000 e teria que pagar a DARF de 15%*R$8.000=R$1.200.

FINANÇAS INTELIGENTES

Uma forma de João não precisar emitir essa DARF, ou seja, não precisar pagar I.R. de R$450 é avaliar se na carteira de ações há alguma ação com prejuízo. Caso tenha alguma ação com prejuízo, João poderia vender parte dessas ações até que o prejuízo fosse maior ou igual aos R$3.000,00. No dia seguinte dessa venda João poderia recomprar essas ações mantendo as mesmas na carteira. Esse é um mecanismo de compensações permitido e é útil para se evitar a tributação de ações. Geralmente uma carteira de ações diversificada, há ações com prejuízo. Essa venda e, posterior compra, eleva o preço médio desta ação, mas auxilia ao menos na postergação do imposto.

Existe também a compra e venda de ações no mesmo dia. Esse tipo de operação é chamado de Day trade. A tributação é diferenciada entre *Day trade* e operações de compra e venda em dias distintos e não há mistura no cálculo do imposto dentro as duas operações. Nas operações Day trade não há isenção de R$20.000/mês e a tributação passa a ser de 20% sobre qualquer que seja o lucro. Existe os mecanismos de abatimento de prejuízos também, mas sempre para operações da mesma natureza.

Observação: no caso de venda a coberto, se a opção lançada for executada, as ações serão vendidas e, nesse caso, não existe a isenção mensal de R$20.000,00. Assim, normalmente não compensa para o pequeno investidor deixar ser executado. É mais uma desvantagem em operar opções, mesmo na venda a coberto.

Este livro não aborda os detalhes tributários por fugir do escopo dele. Mas estude a tributação sobre os investimentos para obter a máxima vantagem dentro da lei.

9.3.3 Empresas de crescimento e de dividendos

Antes de iniciar a abordagem quantitativa de ações é importante uma breve introdução sobre empresas de crescimento e empresas de dividendos, também conhecidas como empresas de valor.

Considere que uma empresa vende arroz e distribua praticamente 100% do lucro em forma de dividendos aos acionistas. Se a empresa distribui a totalidade do lucro é natural esperar que o lucro não cresça muito visto que não sobra dinheiro para aumentar o negócio de venda de arroz e o retorno ao acionista vem basicamente dos dividendos. Mesmo com tal distribuição do lucro é esperado na média que o lucro cresça ao menos a inflação. Considerando que a margem de lucro se mantenha, quando ocorre a inflação há um aumento dos preços de venda do arroz e o lucro é calculado sobre este novo preço gerando uma fatia maior de dinheiro. Assim, o lucro, em teoria, para este cenário apresentado, sobe a inflação e o retorno deve vir dos dividendos. Agora considere que a empresa retém quase a totalidade do lucro para investir no negócio. É esperado que o lucro da empresa cresça a uma taxa acima da inflação e o retorno deve vir pelo aumento da cotação das ações. Ainda é possível que a empresa faça uma divisão mais equilibrada entre dividendos e retenção. Neste aspecto a empresa pode ser classificada de dividendos e crescimento. Assim, é importante considerar que o retorno das ações vem dos dividendos e do aumento da cotação das ações. Considerar empresas boas pelo fato de distribuírem muito dividendo é um erro comum.

Na literatura se encontra muito o termo CAGR, sigla para *Compound Annual Growth Rate*, ou taxa de crescimento anual composta, em português. É a taxa de retorno anual de um investimento em determinado período. Por exemplo, um investimento que dobra de valor em 5 anos apresenta uma taxa CAGR de 14,87% obtida a partir da PRIMEIRA EQUAÇÃO PARA A VIDA. Supondo agora o retorno em 5 anos do investimento em determinada empresa em ações. O retorno neste período vem dos dividendos e da cotação. Por exemplo, se o capital investido duplicou no período pela soma dos dividendos obtidos e da cotação, a taxa CAGR dessa empresa é de 14,87%. Ou seja, a CAGR de uma empresa é uma taxa que inclui os dividendos. Uma forma de avaliar quantitativamente o retorno de uma empresa é olhar o histórico da taxa CAGR. Note que esta taxa traz o retorno total da empresa, mas não deve ser confundida com a taxa de crescimento do lucro. Uma empresa que distribua, por exemplo, a totalidade do lucro em dividendos tende a ter uma taxa de crescimento do lucro baixa. Já uma empresa que distribua muito pouco em dividendos deve ter uma taxa de crescimento do lucro alta. Mas ambas podem ter taxas de CAGR alta. A CAGR é o retorno total ao acionista que pode também ser avaliada pela TIR (Taxa Interna de Retorno). A TIR traz a vantagem de se avaliar um fluxo mais complexo composto de muitas entradas e saídas distribuídas temporalmente. Assim, como sugestão, utilize a TIR para avaliar o retorno de um determinado investimento em um período.

Não se deve confundir empresas boas com empresas pagadoras de dividendos. As empresas costumam ter uma fase de crescimento e, posteriormente se tornam pagadoras de dividendos. Na fase de crescimento o P/L costuma ser mais elevado tendo em vista a projeção maior de dividendos no futuro pelo crescimento dos lucros. Já as empresas pagadoras de dividendos costumam ter P/L mais baixo, ou seja, o lucro por ação costuma ser mais elevado, mas a taxa de crescimento do lucro é menor quando comparada às empresas de crescimento. Boa parte das concessionárias como empresas de energia elétrica, saneamento e telecomunicações possuem essa característica. Selecionar empresas pelos dividendos pode ter uma desvantagem. Se o negócio da empresa é bom é preferível que a empresa segure o lucro para investir no próprio negócio ao invés de distribuir em dividendos. O pequeno investidor dificilmente conseguirá a taxa de retorno da empresa ao investir os dividendos recebidos. Mesmo que o investidor invista os dividendos na própria empresa comprando mais ações, estudos na literatura demostram que o retorno é menor em relação a empresa reter os dividendos e ela investir no negócio. Em síntese, deve-se investir em boas empresas sejam elas pagadoras ou não de dividendos.

Nas análises quantitativas de ações que seguem, será considerado a taxa de crescimento do lucro da empresa (I_A), os dividendos recebidos em função do *payout* e a taxa de atratividade de mercado para considerar o fluxo em um determinado tempo e então avaliar o preço justo de uma ação. Eventualmente se poderia simplesmente avaliar o CAGR, ou a TIR e confrontá-lo com a taxa de atratividade de mercado, por exemplo, a SELIC, mas nem sempre essa metodologia é adequada. Se a taxa de crescimento do lucro a ser estimada no futuro for diferente, a CAGR já não deveria ser utilizada. Além disso, as metodologias quantitativas que serão apresentadas podem inclusive considerar períodos com taxas de crescimento distintas.

Ainda com relação aos dividendos pagos pelas empresas ou aos eventos de desdobramentos cabe uma análise para enfatizar que o mais importante são os fundamentos da empresa. Isso que vai trazer resultado ao acionista no longo prazo. Se o acionista reaplicar os proventos e continuar aportando, o preço médio tende a zero e o acionista vai ter cada vez mais ações. Cada vez que ocorre o pagamento de um dividendo, este dinheiro sai do caixa da empresa e a cotação da ação é descontado deste valor. No histórico de cotações é necessário também descontar, mas este desconto é percentualmente. Por exemplo, se a empresa anuncia na posição de hoje 10% de dividendos, então, no dia de amanhã todas as cotações históricas, incluindo a atual sofrerão um desconto de 10%. É como se com esse provento fossem compradas 10% a mais de ações na nova cotação, aumentando a posição em ações. Os 2 exemplos a seguir ilustram esse mecanismo e a necessidade de corrigir todo o histórico de cotações.

Exemplo 9.5: supondo que uma empresa tem cotação de R$20 para suas ações e distribui R$2 de dividendos, ela passa a ter cotação de R$18. Seu patrimônio fica igual. Você tinha, por exemplo, 100 ações a R$20 = R$2000, depois passa a ter 100 ações a R$18 = R$1800 e mais 100 ações * R$2 de dividendo por ação = R$200 de dividendos. Como R$2000 = R$1800 + R$200, os dividendos não alteram seu patrimônio. Mas, como eles são descontados do preço da ação, você tem que ajustar o preço antigo pelos dividendos para calcular seu retorno.

Considere que você tenha comprado a empresa X por R$10. Ela, está valendo hoje R$20 e não distribuiu qualquer dividendo, bonificação ou outra forma qualquer de remuneração ao acionista. Ou seja, você está com um "lucro" de 100% visto que a ação está valendo o dobro do que você pagou. Mas, suponha que ela resolve distribuir dividendos de R$2,00. Assim a cotação caiu para R$18, visto que saiu do caixa da empresa. Se você calculasse seu retorno em cima da diferença entre os R$10 da compra e os R$18 de agora, daria menos do que você ganhou porque faltariam os dividendos. Para resolver isso, o histórico da cotação é ajustado sempre que a empresa distribui dividendos. O ajuste é feito pela mesma proporção dos dividendos na cotação atual. Ou seja, no exemplo a empresa distribuiu R$2 quando a cotação era R$20, isso é 10%. Todas as cotações antigas da empresa, desde o início do histórico, são reduzidas em 10%. Ou seja, aqueles R$10 da compra virariam R$9 (R$10 - 10%*R$10). Dessa forma, o retorno fica correto (cotação mais dividendos). Observe que R$18 (a cotação atual, depois de reduzir os dividendos) é o dobro de R$9, da mesma forma que R$20 (a cotação antes do desconto dos dividendos) é o dobro de R$10.

Exemplo 9.6: considere a compra de 1000 ações de determinada empresa. Considere que a empresa valoriza 10% a.a. e cuja cotação no início é de R$20. Considere uma análise ano a ano durante 5 anos e considere 2 cenários. Cenário1: a empresa nunca paga proventos e não há qualquer desdobramento. Cenário 2: a empresa paga proventos todo o ano (ano 1: R$1,00/ação, ano 2: R$1,50/ação, ano 3: desdobramento de 100%, ano 4: R$1,40/ação, ano 5: R$2,00/ação). Faça uma análise ano a ano dos 2 cenários e compare-os.

Solução: a tabela abaixo apresenta os resultados do cenário 1. Observe que a cotação sobe 10% a.a. Assim, no primeiro ano a cotação está em R$22. Ou seja, o financeiro sobe 10% a.a. O valor inicial do investimento foi de R$20.000 e resultou, após 5 anos, em R$32.210,20. Em outras palavras, o retorno foi de 10% a.a. (CAGR = 10% a.a.).

	Ano 1	Ano 2	Ano 3	Ano 4	Ano 5
Qte. ações	1000,00	1000,00	1000,00	1000,00	1000,00
Cotação	22	24,20	26,62	29,28	32,21
Financeiro	22.000,00	24.200,00	26.620,00	29.282,00	32.210,20

Para o cenário 2, é necessário descontar cada evento de distribuição. É como se a cada evento de distribuição ao acionista este utilizasse o valor para recomprar mais ações a uma cotação menor visto que quando ocorre o evento, a ação sofre uma redução. Os cálculos estão na tabela abaixo.

	Ano 1		Ano 2	
	Antes	Após	Antes	Após
Qte. ações	1000,00	1047,62	1047,62	1120,37
Cotação	22,00	21,00	23,10	21,60
Financeiro	22.000,00	22.000,00	24.200,00	24.200,00
Evento		1,00 por ação		1,50 por ação
Ano 3		Ano 4		Ano 5	
Antes	Após	Antes	Após	Antes	Após
1120,37	2240,74	2240,74	2509,60	2509,60	2972,85
23,76	11,88	13,07	11,67	12,83	10,83
26.620,00	26.620,00	29.282,00	29.282,00	32.210,20	32.210,20
2 x (desdobramento)		1,40 por ação		2,00 por ação	

A cotação histórica deve então ser descontada, resultando na tabela abaixo.

	Ano 1	Ano 2	Ano 3	Ano 4	Ano 5
Qte. ações	2972,85	2972,85	2972,85	2972,85	2972,85
Cotação	7,40	8,14	8,95	9,85	10,83
Financeiro	22.000,00	24.200,00	26.620,00	29.282,00	32.210,20

Observe que os R$20 pagos pela ação no cenário 2 resulta no seguinte valor descontado: 20.000/2972,85≈6,73. Ou seja, (20.000 ≈ 6,73*2972,85). Observe que 10,83/6,73 (cenário 2) ≈ 32,21/20 (cenário 1) que resulta na mesma CAGR de 10% a.a.

Finalmente, fazendo-se uma comparação entre os dois cenários, resultada na tabela abaixo, ou seja, resulta no mesmo valor financeiro:

Qte. ações	1000,00	2972,85
Cotação	32,21	10,83
Financeiro	32.210,20	32.210,20

Os exemplos 9.5 e 9.6 mostram que o importante não é escolher empresas que pagam dividendos e sim empresas boas. O retorno vem dos dividendos e da cotação. O que se observa na prática é que empresas que pagam muito dividendo (alto *payout*), ou seja, distribuem grande parte do lucro, tendem a ter uma taxa de crescimento menor e isso acaba se refletindo no preço/lucro. Essas empresas acabam negociando a um Preço/Lucro menor quando comparadas às empresas de crescimento. Muitos autores na literatura consideram essas empresas mais seguras para se investir visto que o fluxo de caixa delas está mais no presente. Já empresas de alta taxa de crescimento tende a ter um fluxo futuro muito forte e isso traz mais riscos visto a distância maior temporal para receber o retorno. O exemplo hipotético apresentado considerou a mesma taxa de retorno, 10% a.a., mas na prática o que se observa é maior crescimento de empresas que distribuem pouco dividendo. Observe que isso não significa que é melhor investir em empresas de crescimento. A volatilidade das empresas de crescimento tende a ser maior também, ou seja, o risco está associado ao retorno.

Ainda com relação ao exemplo 9.6 uma possibilidade é avaliar a taxa interna de retorno (TIR) do fluxo de caixa. Isso também fornece uma estimativa da taxa de retorno da empresa. Na tabela abaixo, no tempo zero o valor é negativo, porque é feito o investimento em 1000 ações a R$20 cada ação. Os dividendos também são colocados em cada ano multiplicando-os pelo número de ações. No ano 3 ocorre a bonificação em 100% duplicando o número de ações. No ano 5 ocorre a venda de 2000 ações ao valor de R$10,83 (cotação que resulta devido ao pagamento de proventos e da bonificação). Também nessa data ocorre o pagamento de dividendos. O cálculo da TIR para este fluxo de caixa resulta exatamente 10% a.a.

Tempo	n° ações	Dividendo	Fluxo
0	1000	0	-20000
1	1000	1000	1000
2	1000	1500	1500
3	2000	0	0
4	2000	2800	2800
5	2000	4000	25.669,6
TIR--->		10,00%	

O valor de R$25.669,6 foi obtido da seguinte forma: 25.669,6 = (2000ações*2(dividendos) +2000ações*10,83(cotação)).

9.3.4 Análise quantitativa de ações

Nessa seção serão determinadas expressões que procuram sintetizar a rentabilidade das ações de forma a ser possível confrontar com investimentos de RF. Várias metodologias para análise de ações serão apresentadas, sempre com o foco fundamentalista. O desempenho das empresas depende de muitos fatores, como político e econômicos. Assim, não se trata de análise determinística e não é possível ter certeza do desempenho projetado de uma empresa. Assim, diferentes critérios podem auxiliar na análise e escolha de boas empresas. Note que a estratégia de seleção de ações mostradas anteriormente continua válida e essa seção poderia ser deixada de lado. Para aqueles que querem incluir uma análise numérica na seleção, essa seção pode ajudar. Deve-se sempre lembrar que na análise quantitativa é necessário assumir taxas de crescimento do lucro das empresas e essa variável traz uma incerteza grande.

Vamos supor que no tempo 0 (zero) o lucro por ação (LPA) de uma determinada empresa seja L_0 e a taxa de crescimento do LPA seja dada pela curva da figura 9.2, por exemplo, taxa de crescimento de 10% a.a., assim, o LPA vai crescendo a cada ano conforme fórmula de juros compostos. Esse crescimento é recebido na forma de dividendos e da própria valorização da ação. A valorização da ação ocorre, porque o lucro cresce e, a relação P/L sofre correção com a alteração de P.

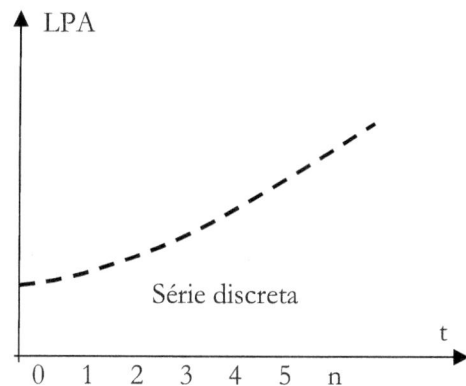

Figura 9.2: Crescimento do LPA em função do tempo.

Benjamin Graham foi considerado o primeiro analista financeiro de empresas e foi o criador da filosofia de Investimento em Valor (*Value Investing*). Graham é autor do famoso livro "*The Intelligent Investor*" de 1949 e do "*Security Analysis*" de 1934, considerado "a bíblia dos investidores de ações". Essa escola de investimento tem como objetivo mitigar o risco de os investidores cometerem erros no investimento em ações, ensinando-os assim a criar estratégias de longo-prazo. O autor propôs uma equação simplificada para avaliar ações com base no fator P/L e da taxa de crescimento do lucro I_A. A equação sofreu pequenos ajustes ao longo do tempo e aqui também ela foi alterada considerando o cenário brasileiro cujo balizador de juros é a SELIC. O resultado é a equação 9.1. O termo do lado esquerdo da equação fornece o P/L máximo aceitável para uma determinada ação. A variável S na equação 9.1 é uma taxa de margem a qual é adicionada à taxa SELIC como segurança pelo risco da renda variável. Uma sugestão para o valor de S é 3% a.a. Note que essa equação leva em conta o crescimento do lucro da empresa através da taxa I_A.

$$\left(\frac{P}{L}\right)_{0 \text{ MAX}} = (1+I_A)\left[\frac{1}{\text{SELIC}+S} + 200 \cdot I_A\right] \cdot \left[\frac{0{,}044}{\text{SELIC}}\right] \quad \text{Eq. 9.1}$$

A equação 9.1 proposta por Benjamin Graham é uma equação direta, simples, mas empírica.

Exemplo 9.7: considere a equação 9.1 e calcule o P/L máximo a ser pago para uma ação cuja taxa de crescimento estimada é de 6% a.a. e uma SELIC de 10% a.a. Considere S=0% a.a.

Solução: para esse exemplo, substituindo os valores na equação 9.1, resulta em um P/L máximo de 10,26:

$$\left(\frac{P}{L}\right)_{0 \text{ MAX}} = (1+0{,}06)\left[\frac{1}{0{,}1} + 200 \cdot 0{,}06\right] \cdot \left[\frac{0{,}044}{0{,}1}\right] = 10{,}26$$

Um conceito importante foi criado por Benjamin Graham; o conceito de margem de segurança (M), definido como a diferença entre o poder de lucro da empresa e o rendimento de um investimento em títulos públicos do governo. A expressão proposta é dada pela equação 9.2. Note que ela simplesmente faz uma comparação entre a SELIC e o fator P/L no instante atual. Essa equação não considera o crescimento da empresa.

$$M = \left(\frac{P}{L}\right)_0^{-1} (\text{SELIC}+S)^{-1} - 1 \quad \text{Eq. 9.2}$$

Observação: no lugar da taxa SELIC pode-se utilizar uma outra taxa em que seja possível obter em RF, por exemplo, 120% da SELIC.

Uma forma de considerar o crescimento seria utilizar a equação 9.1, obtendo-se, assim, o P/L máximo de cada ação. A equação 9.3 poderia, então, ser utilizada para avaliar a margem de segurança, onde o numerador é o P/L máximo obtido através da equação 9.1 e o denominador o P/L da ação no instante da análise. Essa é uma equação proposta por mim e deve ser considerada apenas como mais um parâmetro na tomada de decisão não servindo, portanto, de critério absoluto na escolha de investimentos.

$$M = \frac{\left(\dfrac{P}{L}\right)_{0\,Max}}{\left(\dfrac{P}{L}\right)_0} - 1 \qquad \text{Eq. 9.3}$$

Exemplo 9.8: Considere que as ações do exemplo 9.7 possui P/L de 6. Assim, qual é a margem de segurança pela equação 9.2 e pela equação 9.3?

Solução: usando as respectivas equações 9.2 e 9.3, tem-se:

$$M = \left(\frac{P}{L}\right)_0^{-1} (SELIC + S)^{-1} - 1 = (6)^{-1}(0,1)^{-1} - 1 = 66,67\%$$

$$M = \frac{\left(\dfrac{P}{L}\right)_{0\,Max}}{\left(\dfrac{P}{L}\right)_0} - 1 = \frac{10,26}{6} - 1 = 71,00\%$$

9.3.5 A equação do fluxo perpétuo de lucro da empresa

Além das análises quantitativas propostas anteriormente, será apresentada outra análise com base no fluxo perpétuo de lucro de uma empresa. Quando se compra uma ação de certa empresa em base fundamentalista, tem-se em mente ser sócio da empresa e o retorno se dará através do lucro crescente dela que valoriza a própria ação e dos dividendos (espera-se que o lucro cresça, ao menos de forma a corrigir a inflação). Lembre-se de escolher boas empresas com lucros consistentes de longo período. Assim, o valor investido no tempo zero deve gerar lucros ao longo do tempo que crescem com o crescimento da empresa. Pode-se então pensar em um fluxo de caixa perpétuo desse investimento. Qual será a taxa de retorno desse fluxo? Se essa taxa for superior à da renda fixa, com certa margem de segurança, indica atratividade da empresa.

Assim, tem-se, que o lucro por ação em cada ano, sendo o lucro por ação no tempo inicial LPA=L_0, cresce conforme a taxa de crescimento do lucro I_A. Além disso, cada parcela do lucro é trazida ao tempo zero através da PRIMEIRA EQUAÇÃO PARA A VIDA, ou simplesmente dividindo-se cada parcela do fluxo de caixa pelo fator $(1+i)^k$, conforme descrito abaixo. No tempo inicial (zero) está se iniciando o investimento na empresa e só haverá retorno após certo tempo e, então, será considerado retorno do lucro igual a zero, embora se saiba que a empresa produza L_0 em um ano. Ou seja, está se contando com o lucro a partir do final do primeiro ano (L_1).

$$LPA_0 = L_0 \to 0 \text{ no } t = 0$$

$$L_1 = L_0 \cdot (1+I_A) \to L_1^0 = L_0 \cdot (1+I_A) \cdot (1+i)^{-1}$$

$$L_2 = L_0 \cdot (1+I_A)^2 \to L_2^0 = L_0 \cdot (1+I_A)^2 \cdot (1+i)^{-2}$$

$$L_3 = L_0 \cdot (1+I_A)^3 \to L_3^0 = L_0 \cdot (1+I_A)^3 \cdot (1+i)^{-3}$$

$$L_n = L_0 \cdot (1+I_A)^n \to L_n^0 = L_0 \cdot (1+I_A)^n \cdot (1+i)^{-n}$$

Analisando-se as parcelas, pode-se concluir que se trata de uma progressão geométrica (P.G.), de razão q e primeiro termo a_1, onde:

$$q = (1+I_A) \cdot (1+i)^{-1}$$

$$a_1 = L_0 (1+I_A) \cdot (1+i)^{-1}$$

Utilizando-se a fórmula da soma de P.G. e igualando-se ao investimento P no tempo zero, pode-se obter a taxa i que atende ao fluxo de caixa. Tem-se, então:

$$S = a_1 \frac{(q^n - 1)}{q - 1} = P$$

Substituindo-se na equação acima a razão, q e o primeiro termo, a_1, resulta, após alguma álgebra em:

$$P = L_0 \frac{(1+I_A)}{(1+i)^n} \cdot \left[\frac{(1+I_A)^n - (1+i)^n}{-(1+i)+(1+I_A)} \right]$$

Pode-se pensar, ao invés do cálculo da taxa, uma comparação entre P/L no tempo da compra, visto que essa é uma variável de entrada nas diferentes análises feitas. Disso resulta a equação do fluxo perpétuo, equação 9.4. O parâmetro Lambda (λ) é uma forma de considerar uma taxa de crescimento maior ou menor do que a observada, avaliando-se que a empresa terá um desempenho diferente do observado no passado, por exemplo. Sugere-se adotar $\lambda = 1$ e escolher uma taxa I_A adequada.

$$\left(\frac{P}{L}\right)_0 = \frac{(1+\lambda \cdot I_A)}{(1+i)^n} \cdot \left[\frac{(1+\lambda \cdot I_A)^n - (1+i)^n}{-(1+i)+(1+\lambda \cdot I_A)} \right] \qquad \text{Eq. 9.4}$$

Para uso da equação 9.4, considera-se como entrada a taxa de crescimento do lucro I_A, a taxa i, por exemplo, a SELIC e o n deve ser um número grande, a rigor, tendendo ao infinito. Uma sugestão é considerar um n de 30 anos. 30 anos já é um tempo considerável. A definição da taxa I_A é fundamental. Para melhorar o entendimento da taxa I_A, considere uma empresa cujo lucro é o mesmo, ou seja, o lucro não cresce e nem cai em uma economia cuja taxa de juros (i) é de 10% a.a. Se colocar $I_A=0$ e i=10% a.a. na equação 9.4, resultará P/L=10. Ou seja, uma empresa com P/L=10 com lucro estável, resulta em um retorno de 10% a.a. Assim, a taxa I_A não deve ser confundida com a taxa de retorno do investimento (CAGR ou TIR) e sim a taxa de crescimento do lucro. O crescimento do lucro se traduz em um aumento do P/L justo, quando este fluxo de lucros futuros (em montante maior) é trazido ao tempo atual. A TIR ou CAGR pode ser comparada diretamente a taxa de RF de mercado para se avaliar investimentos. São taxas que não se referem ao crescimento do lucro.

Ainda em relação à taxa I_A se essa for muito elevada, resultará em um P/L alto, mas é improvável que uma empresa cresça a uma taxa elevada por muito tempo. Assim, essa equação poderia ser adaptada considerando um crescimento com taxas decrescente. Outra possibilidade seria considerar uma taxa maior no período inicial (por exemplo, 5 anos), uma taxa intermediária no período seguinte (por exemplo, de 5 a 10 anos) e uma taxa baixa ou nula no restante do tempo. O céu é o limite de possibilidade para se aproximar mais à realidade. O objetivo aqui é ilustrar as análises, sem esgotar o tema. Vamos considerar 3 períodos de análise, sendo o período total tendendo ao infinito designado de n com tempos e taxas, sequencialmente definidas como: (I_{A1}, n_1), (I_{A2}, n_2) e (I_{A3}, $n_3=n-n_1-n_2$). Considere, como exemplo, uma ação A com um crescimento médio anual nos últimos anos por volta de 12% a.a. Nesse caso, se poderia admitir que nos próximos 5 anos o crescimento será esse. Nos 6 anos seguintes a taxa será a metade dessa e, no restante do tempo tendendo ao infinito, como 100 anos, a taxa será de 20% da original. Nesse cenário, teríamos: (I_{A1}=12% a.a., n_1=5 anos), (I_{A2}=6% a.a., n_2=6 anos) e (I_{A3}=2,4% a.a., n_3=89).

Matematicamente podemos separar em 3 períodos obtendo-se 3 fluxos de caixa. O primeiro fluxo de caixa vai de 0 a 5 cuja taxa é I_{A1}, sendo os retornos de 1 a 5 (5 recebíveis, n_1). O segundo fluxo de caixa vai de 5 a 11 cuja taxa é I_{A2}, sendo os retornos de 6 a 11 (6 recebíveis, n_2) e o terceiro fluxo de caixa vai de 11 a 100=n cuja taxa é I_{A3}, sendo os retornos de 12 a 100 (89 recebíveis, $n_3 = n - n_1 - n_2$). A razão q não muda nas 3 somas. O primeiro termo da equação da soma muda da seguinte forma.

Primeiro período:

$$a_1 = L_0 \left(1 + \lambda \cdot I_{A1}\right) \cdot \left(1 + i\right)^{-1}$$

$$q = \left(1 + \lambda \cdot I_{A1}\right) \cdot \left(1 + i\right)^{-1}$$

$$S_1 = a_1 \frac{\left(q^{n_1} - 1\right)}{q - 1}$$

Segundo período:

$$a_1 = L_0 \left(1 + \lambda \cdot I_{A2}\right)^{n_1+1} \cdot \left(1 + i\right)^{-(n_1+1)}$$

$$q = \left(1 + \lambda \cdot I_{A2}\right) \cdot \left(1 + i\right)^{-1}$$

$$S_2 = a_1 \frac{\left(q^{n_2} - 1\right)}{q - 1}$$

Terceiro período:

$$a_1 = L_0 \left(1 + \lambda \cdot I_{A3}\right)^{n_1+n_2+1} \cdot \left(1 + i\right)^{-(n_1+n_2+1)}$$

$$q = \left(1 + \lambda \cdot I_{A3}\right) \cdot \left(1 + i\right)^{-1}$$

$$S_3 = a_1 \frac{\left(q^{(n-n_1-n_2)} - 1\right)}{q - 1}$$

FINANÇAS INTELIGENTES

O primeiro termo de cada parte da série foi mantido com a nomenclatura a₁ enfatizado que se trata do primeiro termo de cada uma das séries. Assim, tem-se:

$$S_1 = L_0 \frac{(1+\lambda \cdot I_{A1})}{(1+i)} \cdot \left[\frac{(1+\lambda \cdot I_{A1})^{n_1} \cdot (1+i)^{-n_1} - 1}{(1+\lambda \cdot I_{A1}) \cdot (1+i)^{-1} - 1} \right]$$

$$S_2 = L_0 \frac{(1+\lambda \cdot I_{A2})^{n_1+1}}{(1+i)^{n_1+1}} \cdot \left[\frac{(1+\lambda \cdot I_{A2})^{n_2} \cdot (1+i)^{-n_2} - 1}{(1+\lambda \cdot I_{A2}) \cdot (1+i)^{-1} - 1} \right]$$

$$S_3 = L_0 \frac{(1+\lambda \cdot I_{A3})^{n_1+n_2+1}}{(1+i)^{n_1+n_2+1}} \cdot \left[\frac{(1+\lambda \cdot I_{A3})^{n-n_1-n_2} \cdot (1+i)^{n_1+n_2-n} - 1}{(1+\lambda \cdot I_{A3}) \cdot (1+i)^{-1} - 1} \right]$$

$P = S_1 + S_2 + S_3$, ou

$$\left(\frac{P}{L}\right)_0 = \frac{S_1 + S_2 + S_3}{L_0} \qquad \text{Eq. 9.5}$$

A equação 9.5 é, dessa forma, uma equação alternativa à equação 9.4 e tem maior aplicabilidade visto que o crescimento das empresas não se mantém alto para sempre. Programando-se essa equação, bem como as demais deduzidas nesse capítulo em uma planilha, pode resultar em mais uma ferramenta de análise na tomada de decisão.

Exemplo 9.9: considere uma ação que possui P/L de 14 e uma taxa média de crescimento de 8% a.a. (a) Determine o P/L justo desta ação com base no método de fluxo perpétuo com n=20. (b) Determine o P/L justo considerando 3 períodos de crescimento da empresa (5anos, 8% a.a.), (6 anos, 6% a.a.) e (9 anos e 4% a.a.). Considere uma taxa i de 12% a.a. (10,51% isenta de IR).

Solução: (a) neste caso só utilizar a equação 9.4 substituindo os valores corretamente.

$$\left(\frac{P}{L}\right)_0 = \frac{(1+1\cdot 0,08)}{(1+0,1051)^{20}} \cdot \left[\frac{(1+1\cdot 0,08)^{20} - (1+0,1051)^{20}}{-(1+0,1051) + (1+1\cdot 0,08)} \right] \approx 15,85$$

(b) Para este item precisa calcular S1, S2 e S3. O n é dado pelo período total (n₁+n₂+n₃=20 anos) da seguinte forma:

$$\frac{S_1}{L_0} = \frac{(1+1\cdot 0,08)}{(1+0,1051)} \cdot \left[\frac{(1+1\cdot 0,08)^5 \cdot (1+0,1051)^{-5} - 1}{(1+1\cdot 0,08)\cdot (1+0,1051)^{-1} - 1} \right]$$

$$\frac{S_2}{L_0} = \frac{(1+1\cdot 0,06)^{5+1}}{(1+0,1051)^{5+1}} \cdot \left[\frac{(1+1\cdot 0,06)^6 \cdot (1+0,1051)^{-6} - 1}{(1+1\cdot 0,06)\cdot (1+0,1051)^{-1} - 1} \right]$$

$$\frac{S_3}{L_0} = \frac{(1+1\cdot 0,04)^{5+6+1}}{(1+0,1051)^{5+6+1}} \cdot \left[\frac{(1+1\cdot 0,04)^{20-5-6} \cdot (1+0,1051)^{5+6-20} - 1}{(1+1\cdot 0,04)\cdot (1+0,1051)^{-1} - 1} \right]$$

Utilizando-se a equação 9.5 e calculando cada termo acima, resulta:

$$\left(\frac{P}{L}\right)_0 = 4,669 + 4,221 + 3,449 = 12,340$$

A taxa bruta de juros de desconto de 12% a.a. é bastante alta. Uma taxa de juros menor traz impacto na análise. Considerando, por exemplo, uma taxa por volta de 8% a.a. ou de 6,94% limpa de IR., os mesmos cálculos anteriores resultariam, respectivamente para uma taxa única no período e para taxas diferenciadas em 3 períodos:

$$\left(\frac{P}{L}\right)_0 = 22,218$$

$$\left(\frac{P}{L}\right)_0 = 5,151 + 5,567 + 5,776 = 16,494$$

Exemplo 9.10: considere que uma empresa paga praticamente 100% do lucro em dividendos e devido a essa particularidade a mesma praticamente não cresce o lucro. Determine: (a) No cenário hipotético de $I_A = 0\%$, qual seria o P/L justo considerando uma taxa de juros de mercado de 12%a.a. (b) No cenário hipotético do lucro subir a taxa da inflação de 6%a.a., qual seria o P/L justo? Considere um período de 20 anos, n=20.

Solução: (a) Nesse caso só utilizar a equação 9.4 substituindo os valores corretamente.

$$\left(\frac{P}{L}\right)_0 = \frac{(1+1\cdot 0,00)}{(1+0,12)^{20}} \cdot \left[\frac{(1+1\cdot 0,00)^{20} - (1+0,12)^{20}}{-(1+0,12)+(1+1\cdot 0,00)} \right] \approx 7,47$$

O fluxograma abaixo mostra a distribuição dos valores tal que se fosse calculada a TIR desse fluxo resultaria exatamente na taxa de 12% a.a.

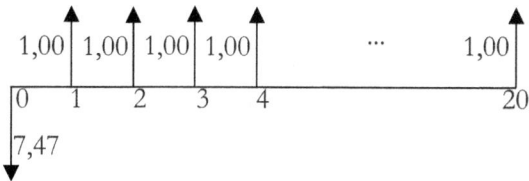

(b) Nesse caso o lucro cresce 6%a.a., assim, $I_A=6\%$a.a.

$$\left(\frac{P}{L}\right)_0 = \frac{(1+1\cdot 0,06)}{(1+0,12)^{20}} \cdot \left[\frac{(1+1\cdot 0,06)^{20}-(1+0,12)^{20}}{-(1+0,12)+(1+1\cdot 0,06)}\right] \approx 11,79$$

O fluxograma abaixo mostra a distribuição dos valores tal que se fosse calculada a TIR desse fluxo resultaria exatamente na taxa de 12%a.a. Nesse cenário, como há um crescimento do lucro, o P/L, que equilibra com a taxa de juros de mercado, é maior do que no cenário 1.

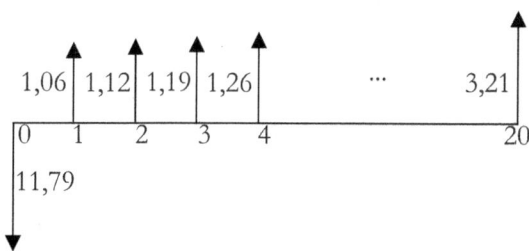

Em geral as empresas, mesmo as de alto *payout*, possuem algum crescimento. Sendo uma empresa boa, o lucro deve crescer ao menos a inflação. As empresas de dividendos tendem a crescer menos, mas trazem valor ao acionista na forma de dividendos. O acionista pode comprar mais ações utilizando esses proventos. O retorno do acionista é medido pela TIR que é diferente da taxa I_A. Observe que no cenário 1 do exemplo 9.10, a I_A foi considerada nula e, mesmo assim, o retorno ao acionista foi de 12%a.a., desde que ele pagasse um preço justo pela ação, P/L=7,47.

Com relação ao preço justo, aqui está sendo considerado a taxa de mercado. Na prática, o retorno das ações precisa ser maior, visto que são ativos de risco. Se o potencial de retorno for o mesmo, os investidores ficam na RF cujo risco é menor. Assim, o preço justo aqui considerado é uma simplificação.

9.3.6 Método Peter Lynch

Peter Lynch, o lendário gestor do fundo de investimento Magellan, que obteve retorno de 29,2% ao ano entre 1977 e 1990, também tinha sua equação para ajudar na escolha de empresas. O *Price/Earnings to Growth (PEG ratio)*, ou Preço/Lucro dividido pela taxa de crescimento dos lucros (g), equação 9.6. Na equação 9.6 o g é o I_A utilizado nos métodos anteriores.

$$PEG = \frac{P/L}{g} \qquad \text{Eq. 9.6}$$

Para avaliar a taxa de crescimento pode-se utilizar a equação 9.7 a qual é função do ROE e o *payout*.

$$I_A \approx (1 - payout) \cdot ROE \qquad \text{Eq. 9.7}$$

O autor considerava o preço justo de uma ação quando o PEG era 1. Enquanto abaixo de 0,5 ele considerava pechinchas e acima de 2 muito caras. Uma forma de estimar o g é utilizar um período significativo de lucros do passado, por exemplo, 10 anos e avaliar através da equação de juros compostos a taxa de crescimento do lucro no período. Não há garantias de o lucro continuar crescendo naquela taxa, mas uma empresa com lucros consistentes, com outros múltiplos bons e que atenda ao critério de PEG pode fortalecer a tomada de decisão para um investimento na empresa.

Exemplo 9.11: considere uma ação que possui P/L de 14, ROE de 26% e *payout* de 60%. Determine o índice PEG desta ação.

Solução: utilizando-se a equação 9.7 resulta:

$$I_A \approx (1 - 60\%) \cdot 26\% \approx 10,4\% \text{ a.a.}$$

Agora utilizando-se a equação 9.6 resulta:

$$PEG = \frac{14}{10,4} \approx 1,35$$

É importante frisar que a análise numérica de ações é meramente ilustrativa devendo o leitor ter em mente que em se tratando de renda variável, nada é determinístico e os fundamentos muitas vezes são ignorados pelo mercado. Além disso, parâmetros, como o crescimento são baseados no passado com previsões para o futuro que não são determinísticas. Esses fatos corroboram a importância do longo prazo para investimentos em ações. No longo prazo a tendência é o mercado se ajustar à realidade das empresas em termos médios. É importante frisar também que uma forma de reduzir os riscos na renda variável é a diversificação em termos de quantidade de ações na carteira e a diversificação temporal (compras distribuídas ao longo do tempo). Essa última consiste em "não ir com muita cede ao pote". Uma alocação distribuída temporalmente (alocando de tempos em tempos) pode ajudar a reduzir riscos. Ainda é muito importante considerar boas ações na carteira. Corra de empresas de má governança e ou com prejuízos constantes. Lembre-se: Lucro crescente é fundamental. Lembre-se também, tome as decisões por você estudando. Cuidado com empresas cujo controlador é o governo. O interesse do acionista geralmente é esquecido pelo controlador. Não quer dizer que não se deva investir nessas empresas, mas tenha cuidado e um dos cuidados é alocar uma fração menor do patrimônio nessas empresas. Diversifique e procure bons momentos de fazê-lo. Outro ponto importante é tomar cuidado com empresas de commodities. O parâmetro P/L pode variar bruscamente devido à queda do preço do produto negociado pela empresa o que provoca forte correção do preço. A empresa pode ter bons fundamentos, mas o lucro dela depende do valor do seu produto no mercado. Não quer dizer que não se deva investir nessas empresas, mas é necessário ter cuidados e diversificar. Na tabela 9.4 são apresentadas 42 ações negociadas na B3 com as suas características básicas (*tag along*, liquidez e tipo). São empresas com consistência de lucros. Isso não significa que sejam empresas boas, ou que não existam outras lucrativas ou ainda que no futuro continuarão a ter lucros consistentes. Apenas foi feita uma amostragem para mostrar algumas variáveis como a liquidez dessas empresas.

Para início dos estudos de empresas, o leitor pode começar com as empresas da tabela 9.4, mas lembrando que o sucesso no passado não é garantia de sucesso no futuro. O mundo é dinâmico. As tecnologias mudam. As empresas também mudam. Observar a governança das empresas é também um ponto importante para o sucesso no mercado de ações. Empresas que só possuem ON é um bom sinal de governança, mas não é o suficiente. Empresas que oferecem apenas PN ou ainda pior, oferecem UNIT devem ser vistas com cuidado. Se além de só oferecerem PN e UNIT, não oferecerem *tag along*, mais cuidado. A liquidez também é importante. Empresas que possuem menos de 300 negócios por dia, não permitem uma grande alocação. Nessas empresas até pode ser fácil de comprar, mas se houver piora fica difícil de sair. A liquidez nesse cenário fica ainda menor. Na tabela 9.4, considera-se baixa liquidez quando há em média menos de 300 negócios por dia. Média liquidez quando há entre 300 e 1000 negócios por dia e alta liquidez quando há mais de 1000 negócios por dia. A ação que termina com o número 3 é ON, por exemplo, ITUB3. A ação que termina em 4 é PN, por exemplo, TRPL4. As demais são UNIT.

Ação	Tag	Liq.	Ação	Tag	Liq.
ITUB3	80%	média	TAEE11	100%	alta
ITSA3	80%	baixa	CPFE3	100%	alta
BBDC3	100%	alta	MULT3	100%	alta
GRND3	100%	alta	ABEV3	100%	alta
TOTS3	100%	alta	VALE3	100%	alta
MDIA3	100%	alta	EZTC3	100%	alta
LREN3	100%	alta	EQTL3	100%	alta
ALUP11	100%	alta	BBSE3	100%	alta
EGIE3	100%	alta	RENT3	100%	alta
WEGE3	100%	alta	B3SA3	100%	alta
PSSA3	100%	alta	VALE3	100%	alta
FLRY3	100%	alta	FESA4	0%	média
ODPV3	100%	alta	ABCB4	100%	alta
RADL3	100%	alta	SLCE3	100%	alta
CGRA4	100%	baixa	CIEL3	100%	alta
BBAS3	100%	alta	PNVL3	100%	alta
SBSP3	100%	alta	LEVE3	100%	média
ARZZ3	100%	alta	UNIP3	80%	baixa
SAPR3	100%	baixa	VIVT3	100%	alta
TRPL4	0%	alta	FRASL3	80%	média
CPLE3	100%	alta	HYPE3	100%	alta

Tabela 9.4: Conjunto de 42 ações negociadas na B3 com consistência de lucros.

Ainda com relação à análise numérica de ações, as diversas equações apresentadas podem ser programadas em planilhas eletrônicas para auxiliar na tomada de decisão. Note que as equações podem auxiliar, mas é fundamental que o investidor estude as empresas observando que a previsão futura do desempenho das mesmas não é determinística. Assim, as equações apenas auxiliam não devendo ser utilizadas como critério único na seleção das empresas para se investir.

Por fim eu sugiro: ESTUDEM ANTES DE FAZER QUALQUER INVESTIMENTO. Só invistam quando se sentirem seguros conhecendo muito bem os riscos e o comportamento do mercado, do contrário mantenha o dinheiro na poupança que o retorno provavelmente será maior!

IVANILTO ANDREOLLI

10 ALOCAÇÃO DE PATRIMÔNIO E RISCOS

A alocação de patrimônio é uma etapa fundamental da IF. Deve-se levar em conta diversos aspectos para a determinação adequada da alocação, considerando-se principalmente os riscos e a necessidade de liquidez da carteira. Deve-se ter em mente ainda que investimentos de prazos mais longos e sem liquidez apresentam taxas mais atrativas e ainda resultam na vantagem tributária do rendimento adicional obtido sobre o IR pago somente ao final, conforme a QUARTA EQUAÇÃO DA VIDA. Essa condição, porém, implica em baixa liquidez da carteira e deve-se trabalhar a alocação para que exista um fluxo temporal adequado de vencimentos das aplicações financeiras. Esse fluxo traz benefícios em termos de aproveitar novas oportunidades e, além disso, pode servir como recursos para alimentar a TSR em caso de aposentadoria. Além da própria TSR o fluxo temporal é importante para emergências, situações não previstas, por exemplo, um problema de saúde. Para isso é também importante manter um percentual da carteira líquida e não sujeita a flutuações de mercado. Flutuações de mercado ocorrem em diversas modalidades de investimentos como: ações, FII e títulos públicos como em (IPCA+ e pré-fixados). A melhor opção que considero para essa parcela emergencial é um fundo de renda fixa que siga o DI. Alguns bons fundos de natureza de RF de baixa volatilidade rendem até mais que o DI. Uma opção mais trivial é o TD SELIC, mas como já abordado no Capítulo 6, essa alternativa perde um pouco para fundos de baixo risco que oferecem rentabilidade levemente acima de 100% do DI. Lembre-se que um TD SELIC dá rentabilidade levemente abaixo do DI devido à taxa da B3 de 0,25% a.a., além do próprio *spread* do resgate antecipado. Mas é uma alternativa sim para o dinheiro de liquidez. Ao longo desse capítulo esses aspectos serão trabalhados e ficará mais clara a importância de um fluxo temporal sem tantas descontinuidades. Uma parcela maior de liquidez imediata poderia ser alocada diversificando em alguns fundos de baixa volatilidade e alta consistência servindo de segurança para o fluxo para a TSR e, ao mesmo tempo, com boa rentabilidade. Deve-se tomar o cuidado de não querer prever o futuro em economias cujas taxas variam muito no tempo, como é o caso da economia brasileira. Aqui as taxas parecem uma montanha russa e um suspiro em Brasília torna, o que se considerava previsível, em caos. Deve-se ter atenção na alocação em pré-fixados longos. Uma taxa pré-fixada que no cenário presente pode se mostrar muito atrativa, mas após algum tempo, ela pode deixar de ser, e uma alocação forte nessa taxa em um prazo longo pode penalizar a carteira. O próprio DI (praticamente a taxa SELIC) pode atingir patamares baixos. Estando a economia enfraquecida, o governo reduz a SELIC além dos patamares medianos como forma de aquecer a economia, tornando os juros reais pouco atrativos em cenários desse tipo.

Para exemplificar considere a SELIC de 6,5% a.a. taxa média de 2018. Taxas dos CDB/LC da ordem de 120% a 130% do DI existem nesse cenário como tentativa de as instituições conseguirem captar recursos visto a menor atratividade da RF atrelada ao DI e essa é uma forma forte de captação de recursos pelas instituições financeiras. A inflação acumulada em 2018, cujo DI ficou em torno de 6,5% a.a., foi por volta de 3,75% a.a. Essa inflação. Nesse caso a taxa real de juros situa-se em torno de 2,5% a 3,0 a.a. em investimentos que paguem 100% do DI. Se retirar o IR a taxa real é ainda menor tornado esse investimento pouco atrativo. Em função da conjuntura do país taxas de juros reais baixas podem perdurar por um período significativo, por exemplo, mais de 1 ano. Com o tempo a SELIC acaba subindo devido às pressões inflacionárias. Assim, nesse cenário, alocar em DI pode parecer pouco atrativo. Isso é verdade para prazos curtos. Se considerar a montanha russa dos juros no país, em um prazo de 5 ou 7 anos a SELIC muda bastante e a taxa média do DI certamente não será de 6,5% a.a., bem como a taxa real não será de 3% a 4 % a.a. Portanto, CDB que paguem 120% ou mais podem ser interessantes em termos médios no período de 5 a 7 anos, mas podem ser ruins no período de 1 a 2 anos. Bem provável que, quando a SELIC subir, essas altas taxas de CDB atrelados ao DI não estejam mais disponíveis. Portanto, investimentos com essas taxas oferecidas (acima de 120% DI) podem sim ser interessantes mesmo no cenário de juros baixos. Ver seção 6.4.3 para entender melhor sobre esse aspecto.

A exemplificação acima foi feita para alocação em DI, mas a mesma análise se aplica aos demais investimentos, sejam eles atrelados a outros indexadores, ou mesmo em pré-fixados ou ainda títulos públicos. O importante é tentar enxergar além do presente e o enxergar é saber que estamos em uma economia muito pouco previsível cujas respostas são oscilações nas taxas de forma muito significativa no tempo. Enxergando isso é possível aproveitar oportunidades que aparecem a todo momento e ter em mente as proteções já vistas no livro. **Em termos de alocação é fundamental considerar a diversificação como proteção central** a qual traz também benefícios em termos de fluxo de caixa no tempo. A diversificação é ainda mais importante em economias imprevisíveis. No livro "Investindo em Ações no Longo Prazo" do autor americano Jeremy J. Siegel, é apresentado um gráfico interessante sobre fronteiras eficientes de investimentos com base em 210 anos de dados histórico do mercado americano. O gráfico é representado pela figura 10.1.

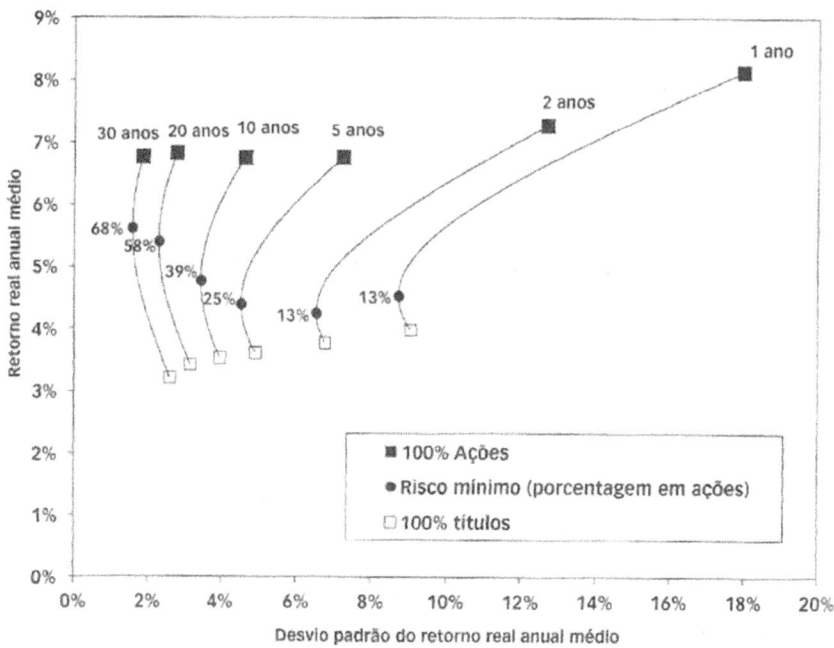

Figura 10.1: *Trade-off* risco-retorno (fronteiras eficientes) das ações e títulos em vários horizontes de investimentos, 1802-2012, (SIEGEL, 2015).

No gráfico é apresentada a proporção adequada na alocação entre títulos de RF e ações em função do horizonte de investimento. O círculo sobre as curvas indica o risco mínimo que se pode alcançar com a combinação de várias proporções de ações e títulos. A curva que conecta esses pontos representa o risco e retorno de todas as carteiras com 100% de títulos e 100% de ações. Note que, um investidor com horizonte de 5 anos de investimentos deveria investir por volta de 25% em ações e 75% em títulos. Note que, com o aumento do horizonte do investimento, a alocação em ações é menos arriscada. Essa figura é interessante e pode ajudar o investidor a diversificar a sua carteira. Pensando em investimentos para aposentadoria, por exemplo, uma alocação maior em ações é mais interessante. Mas é importante que a escolha das ações seja feita de forma adequada (boas empresas), diversificando em uma cesta de empresas e diversificando no tempo.

10.1 Riscos nos investimentos

Nos investimentos é fundamental avaliar o risco. Muitos investidores exigem mais retorno, mas não aceitam ou desconhecem os riscos. É importante lembrar que promessas tentadoras de retorno alto não faz sentido se não considerar o risco desse investimento. Muitas confusões são feitas como se basear no retorno de uma série temporal do passado e em cima disso prometer o mesmo retorno futuro. Sobre o passado é fato consumado, mas há de se considerar que as ocorrências no mundo, sejam nos investimentos ou qualquer coisa das nossas vidas são muito dependentes do acaso, ou seja, são probabilísticas. O mundo, aliás, é muito mais dependente do acaso do que se imagina. O passado é imutável, mas nem por isso se deve considerar que os eventos que ocorreram eram determinísticos. Olhar pelo retrovisor pode trazer uma interpretação absurdamente equivocada de previsão para o futuro ao se esquecer que as ocorrências passadas é parte ínfima das infinitas que eram possíveis de ocorrer e pelo acaso, aquelas ocorreram.

Considerando esse aspecto do passado, é possível que um certo gestor de previdência, por exemplo, tenha tido um desempenho muito bom nos últimos 5 ou mais e, mesmo assim, pode ser que ele tenha sido muito mais imprudente do que outro gestor que ficou bem abaixo da média dos gestores de fundos de previdência. Ou seja, pode ser que o gestor "brilhante" tenha tomado muito mais riscos do que deveria e pelo acaso, os eventos de cauda negativos não ocorreram e ele acabou sendo premiado. Na teoria ele pode ser um gestor mediano para baixo.

Olhar o retrovisor pode ser ainda mais perigoso à medida que as amostragens podem não ser estacionárias, representativas. Ou seja, a população de dados é alterada frequentemente e as amostras estão sendo tomadas de populações distintas. Por exemplo, costuma-se divulgar e fazer propaganda de gestores que tiveram um desempenho muito bom no passado, durante, por exemplo, 10 anos. Mas não se divulga os que falharam, os que foram engolidos pelo mercado, ou seja, os que tiveram que trocar de área. Esses não fazem mais parte da estatística tornando as séries não estacionárias. Dizer que houve um vencedor entre 30 é uma probabilidade, mas 1 entre 200 é muito diferente. Na vida esse fato é bem conhecido, contar as vitórias e esquecer as derrotas!

Com relação ao aspecto do passado, ainda cabe um exemplo para ilustrar o poder do acaso sobre sucesso ou fracasso, mas sempre lembrado que serão vangloriados os poucos de sucesso, esquecidos os fracassados e o mais surpreendente que os vencedores muitas vezes são muito menos preparados, qualificados do que os perdedores pela dependência do acaso das ocorrências na vida. Imagine o cenário de um jogo em que selecionamos 5.000 pessoas e o jogo consiste em lançar uma moeda por cada pessoa sendo equiprovável a ocorrência de cara e coroa. Se obter cara, está fora do jogo, se obter coroa, está dentro. O que é esperado após 5 e após 10 lançamentos? No primeiro lançamento, espera-se 5000 vencedores. No segundo, espera-se 2500 e assim segue. Após o quinto lançamento, espera-se que tenha sobrado em torno de 312 vencedores e após 10 lançamentos, em torno de 10 vencedores. Imagine que os vencedores ganham R$1.000 a cada jogada. Mesmo em um jogo de valor esperado nulo, após 10 jogadas de uma população de 10.000 pessoas, espera-se 10 "brilhantes" vencedores. Esses a história vai vangloriar, mostrar a estratégia vencedora e quando na verdade foi tudo obra do acaso. No próximo evento, não se repetindo o sucesso, virão várias justificativas quando na verdade foi obra novamente do acaso!

No mercado financeiro também existe o risco de cauda, ou seja, riscos totalmente fora do radar dos investidores. De forma mais técnica, podemos definir como a chance de ocorrer uma perda extrema do patrimônio devido a um evento raro. Exemplos existem na literatura, como a crise de 1929. A mais recentes pode-se citar a bolha da internet em 2001, a bolha imobiliária nos EUA de 2008 e a pandemia do coronavírus de 2020. Nassim Nicholas Taleb, um dos nomes mundiais na área de riscos, denomina esses eventos raros como cisnes negros¹⁴. Um investidor precisa estar preparado para esses eventos para sobreviver no mercado. Muitos investidores simplesmente desaparecem do mercado quando ocorrem esses eventos raros. Por exemplo, investidores muito alavancados com operações a descoberto nesses eventos precisam liquidar o patrimônio para cobrir as operações. É importante aprender com o passado, mas o aprender significa entender que as ocorrências do passado são apenas parte do que poderia ocorrer e ainda ter em mente que as séries geralmente não são estacionárias e eventos raros, mas de grande impacto no mercado podem ocorrer. Imagine a construção de um patrimônio durante uma vida e em único evento raro perder tudo ou grande parte do todo. Isso ocorre às vezes por acreditar que os tempos mudaram, que o mundo mudou e eventos raros do passado não vão se repetir ou ainda, não serão piores do que já ocorreu no passado e tomar risco excessivo sem as devidas proteções.

É difícil enxergar todos os riscos, na verdade é impossível. Mas podemos aprender com o passado de que tudo pode acontecer e que as ocorrências dependem muito mais do acaso do que normalmente as pessoas consideram. Dito isso, podemos buscar algumas proteções nos investimentos para nos proteger de fortes quedas. Considere, por exemplo, que todo o patrimônio de determinado investidor esteja em salas comerciais de um determinado edifício. Embora seja um exemplo fora do mercado financeiro, é válida a análise de riscos da mesma forma. Alguns riscos cuja ocorrência do impactarão o patrimônio desse investidor são: empobrecimento da população da cidade, mudança de hábitos das pessoas, terremoto, falhas estruturais/ construtivas e eventos naturais diversos. Algumas dessas ocorrências seriam cisnes negros e simplesmente poderiam delapidar o patrimônio desse investidor.

No mercado financeiro o que se observa é que muitas pessoas não estão preparadas para os riscos que assumem. Pela falha na análise do risco da sua carteira, acabam assumindo um risco acima do seu perfil buscando mais retorno ou pela ansiedade de observar um mercado altista com retornos de colegas superiores a carteira individual. Esquece esse investidor que existe

---

[14] Ao contrário do conceito filosófico inicial de "problema do Cisne Preto" no qual se afirmava que todos os cisnes são brancos, algo que mais tarde se provou falso com a descoberta no século XVIII de uma raça de cisnes pretos, a Teoria do Cisne Preto refere-se apenas a eventos inesperados de grande magnitude e consequências no contexto da sua influência histórica. Tais eventos, considerados extremos atípicos, coletivamente representam um papel mais importante do que os acontecimentos normais.

sempre uma relação risco/retorno. Nas fronteiras eficientes não há como obter mais retorno sem assumir mais riscos. Essa análise também vale na comparação de gestores. É injusto comparar um fundo de baixa volatidade que toma pouco risco com um fundo de alta volatilidade que toma muito mais riscos, trabalhando alavancado, por exemplo. O fundo de alta volatilidade é esperado maior retorno no longo prazo, mas isso não é certeza! A figura 10.1 mostra o desempenho mensal de 2 investimentos durante 1 ano. Se o investidor tabelasse o retorno mensal e calculasse o retorno acumulado resultaria 14,62% para o investimento A é de 12,60% para o investimento B. Observa-se um maior retorno para o investimento A, embora a janela de análise seja curta. Alguém poderia selecionar o investimento A apenas olhando o maior retorno, mas será que este investidor se sentiria confortável com a volatilidade? Se sentiria tranquilo se, por exemplo, por 3 meses consecutivos o retorno fosse negativo a ponto de reduzir o valor aplicado em 40%? Olhando para o investimento B observa-se uma volatilidade muito menor do que no investimento A. A janela de observação deveria ser maior e, além disso, estudar que classes de ativos compõe cada um dos dois investimentos para se certificar dos riscos. A volatilidade indica riscos, mas é preciso observar o tamanho da janela de observação. Assim, além de analisar o histórico de retorno, deve-se observar (e é fundamental) que tipos de ativos compõe cada investimento.

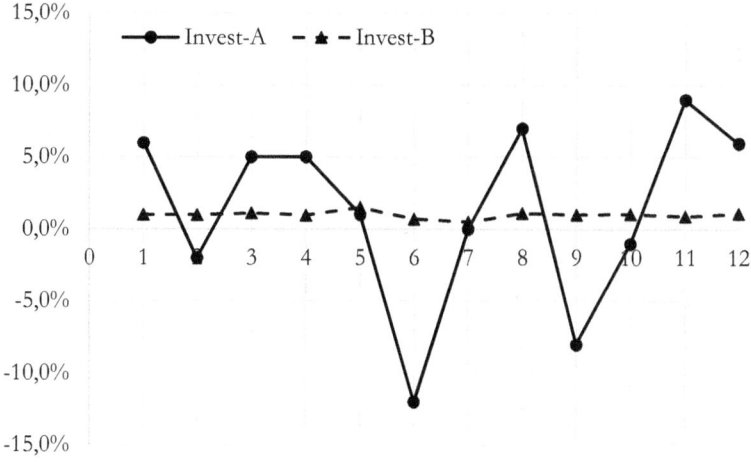

Figura 10.1: Desempenho mensal de 2 investimentos durante um 1 ano.

Existem vários tipos de riscos no mercado financeiro e aqui serão abordados de forma direta dois tipos de riscos que são fundamentais para o investidor. Risco diversificável e risco de mercado. S representação é feita através da figura 10.2. O risco diversificável o nome já diz, é o risco que é possível reduzi-lo mediante diversificação de ativos. Por exemplo, se um investidor alocar 50% do patrimônio em ações é prudente que essa alocação seja feita através de uma cesta contendo várias ações e de setores diferentes. À medida que a quantidade de ativos de preferência não correlacionados (setores diferentes, por exemplo) aumentarem, esse risco diminui. Considere que o investidor adicionou 10 empresas em fração igualitária de patrimônio cuja soma resulta em 50% do patrimônio investido. Se ocorrer um problema em uma dessas empresas resultando em uma queda de 50% do valor da empresa, o impacto seria de 2,5% no patrimônio desse investidor. As demais empresas poderiam compensar com eventual subida. Assim, a diversificação de ativos é fundamental para reduzir esse risco. A diversificação deve também incluir diferentes classes de ativos, por exemplo, RF, Ações, FII, fundos, entre outros.

O outro risco fundamental do investidor estar consciente é o risco de mercado, ou não diversificável. Aqui o investidor não consegue diversificar com ativos, visto que é um risco do mercado que ele está investindo e pode atingir todos os ativos. Eventos tais como inflação, crescimento baixo, mercado externo com desempenho ruim, crises financeiras afetam esse tipo de risco.

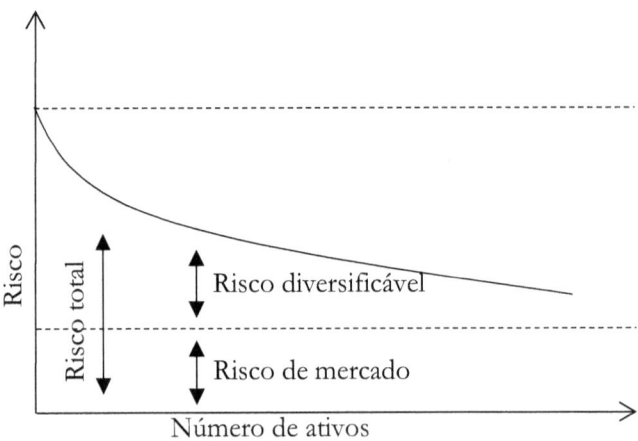

Figura 10.2: Risco diversificável e risco de mercado.

10.2 Exemplo prático de alocação

O exemplo apresentado aqui refere-se ao comparativo entre a alocação de um investidor I e a minha alocação. Certamente a alocação é função do perfil do investidor. Investidores com perfil mais agressivo alocam percentual maior em renda variável. Assim, esse é apenas um exemplo de alocação confrontando uma alocação de um investidor I com a minha alocação. A alocação que coloco aqui considera a distribuição por ativos e a distribuição temporal. A **distribuição por ativos** procura reduzir os riscos de retorno e o risco da própria carteira devido a problemas com o emissor. Assim, é fundamental a diversificação entre pré-fixados, DI, IPCA e renda variável sempre respeitando o FGC quando for o caso. O **fluxo temporal** também reduz os riscos da carteira, mas principalmente traz fluxo de recursos para alimentar a TSR em caso de aposentadoria. Além disso, traz recursos no tempo para realocação nas oportunidades que surgirem. No exemplo que segue, a alocação é segmentada entre alocação de todo o patrimônio e alocação da parte controlável do patrimônio. O **patrimônio todo** inclui absolutamente tudo, por exemplo: FGTS, carro, previdência e imóveis. A Alocação da **parte controlável** considera apenas a parte do patrimônio em RF e renda variável, ou seja, a parte de fácil acesso do investidor para alocação, o que inclui basicamente: RF (LCI, LCA, CDB, LC, RDB, CRI, CRA, debêntures, títulos públicos e fundos de RF) e renda variável (ações, fundos do tipo multimercado e FII).

10.2.1 Alocação de todo o patrimônio

É importante analisar a alocação do patrimônio completo para ver onde é necessário mexer para potencializar o retorno ao investidor. A figura 10.3 mostra um exemplo de alocação total do investidor I onde observa-se uma parcela de 44% em RF. A RF, embora englobe quase 50% é altamente rentável no Brasil e pode ser interessante esse percentual cabendo, é claro, uma avaliação de acordo com o perfil de cada investidor. Observa-se também uma alocação forte em imóveis e previdência privada. No caso, essa alocação em imóvel se deve ao imóvel de moradia própria onde fez-se uso do FGTS e das taxas menores aproveitando essa modalidade de compra por não possuir imóvel no município e nos limítrofes. A previdência também deve ser avaliada. Recomendo uma leitura do capítulo sobre previdência. Esse percentual da carteira me parece alto demais. No caso aqui no exemplo se deve à previdência fechada, onde outros benefícios estão em jogo, como o aporte em igual parte do investidor pela patrocinadora.

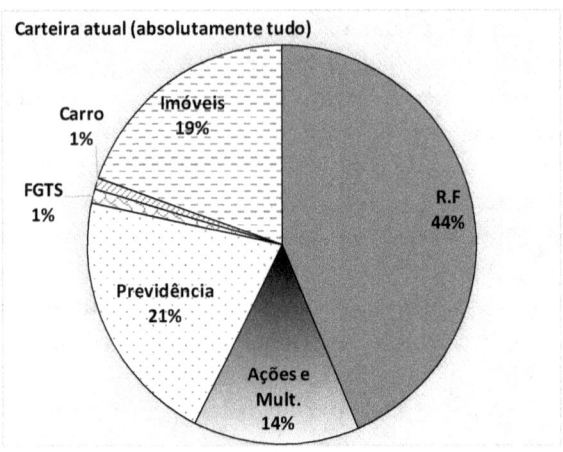

Figura 10.3: Alocação de patrimônio do investidor I considerando a carteira total.

Em um cenário totalmente privado de alocação, onde não haveria o benefício dos aportes na previdência por parte da patrocinadora e não haveria benefícios do uso do FGTS para a compra do imóvel caberia uma análise mais profunda. Caso fosse alocar alguma parte em previdência, a sugestão é alocação em PGBL apenas a parcela tributável da declaração anual de IR. Com relação ao imóvel, como a compra foi feita utilizando-se as vantagens mencionadas acima, é justificável, porém, uma alternativa é vendê-lo realocando os recursos obtidos no mercado financeiro (como FII) e alugar um imóvel para moradia. Ainda com relação ao imóvel, existem outras questões que vão além da análise puramente monetária. Muitas pessoas se sentem bem psicologicamente em estar morando no que é de sua propriedade. Esse conforto pode justificar manter o imóvel próprio, afinal, o objetivo da educação financeira é trazer qualidade de vida às pessoas de forma eficiente. Se a permanência do imóvel traz mais conforto do que os benefícios trazidos de morar de aluguel, então, justifica-se mantê-lo. Outro ponto importante a ser lembrado é que ao vender o imóvel, impostos incidem sobre o lucro além de taxas diversas. No capítulo 8 esse assunto é abordado. Como sugestão pessoal, tenha seu próprio imóvel. Não digo imóvel para investimentos e sim para moradia própria. O futuro é muito incerto.

10.2.2 Alocação da parte controlável

A figura 10.4 apresenta a alocação da carteira atual do exemplo do investidor I considerando a parte do **patrimônio controlável**. Na figura 10.4 P DI é alocação em títulos privados atrelados ao indexador DI e P IPCA é alocação em títulos privados atrelados ao indexador IPCA. Essa análise é importante para averiguar se a distribuição da carteira desse investidor está adequada segundo o seu perfil. É importante salientar que a distribuição da carteira é dinâmica devido às rentabilidades que são diferentes em cada tipo de alocação. Por exemplo, as ações terão um desempenho diferente do P DI. Assim, essa distribuição deve ser reavaliada de tempos em tempos, como anualmente e realocar, se for o caso. Mas tenha em mente a meta de não girar patrimônio. Busque reequilibrar a carteira com os novos aportes ou com os fluxos financeiros da carteira que caem na conta do investidor.

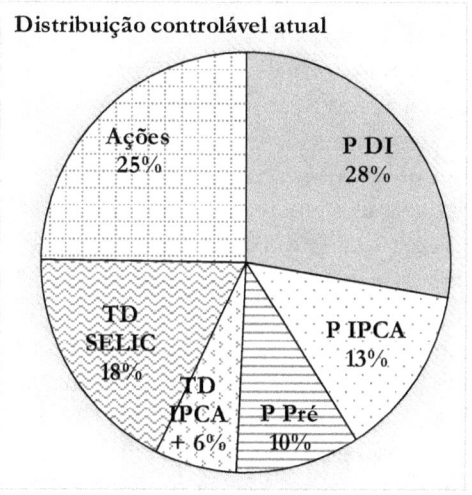

Figura 10.4: Alocação de patrimônio do investidor I considerando apenas a parcela controlável (renda fixa e renda variável) - cenário atual.

No meu perfil eu não considero essa carteira adequada e coloco um exemplo do que eu faria com a carteira da figura 10.4. A redistribuição seria feita de tal forma a buscar oportunidades no mercado e atender a um fluxo mínimo temporalmente para que sempre haja recursos disponíveis para novas oportunidades e, também para atender a uma eventual TSR pensando em uma aposentadoria. Por exemplo, os títulos privados podem ser comprados mensalmente ou a cada período previamente estabelecido e, com isso, os prazos de vencimento desses títulos podem ser mais longos obtendo-se maiores taxas de rentabilidade e benefícios de tributação. Note que essa estratégia permite inclusive reduzir riscos de uma grande alocação em taxas baixas no mercado devido a um momento de otimismo da economia. A alocação da figura 10.5 eu considero mais adequada ao meu perfil e pode servir de exemplo para muitos investidores de perfil moderado a agressivo. Note que na carteira não há fundos de investimentos de alta volatilidade, porque eu considero que existem opções melhores, mas nada impede de se ter parte do patrimônio alocado a esses fundos. Caso opte por alocar nesses fundos, deve-se avaliar o risco. Por exemplo, se for um fundo de ações, você já estará exposto à renda variável, então cabe reduzir a parcela de ações. Note que a parte não vinculada ao FGC (títulos privados do tipo debêntures e CRI/CRA) é mínima, mas existente, buscando alocar algum recurso em oportunidades. Essa parcela poderia ser aumentada buscando também diversificar em diferentes papéis. Não recomendo alocar a maior parte do patrimônio nesses títulos e, minha sugestão, é diversificar bastante nessa modalidade de investimento. Cabe alertar que o risco de *"default"* existe nesse tipo de investimento e, embora as taxas costumem ser maiores do que nos investimentos protegidos pelo FGC, um único *"default"* pode implicar em muitos anos para igualar as rentabilidades da renda fixa protegida pelo FGC. Uma forma de aumentar a diversificação nesses investimentos é investir através de fundos que aloquem em produtos privados como já abordado no Capítulo 7. Com relação à alocação em renda variável notar que a alocação apresentada na figura 10.5 é de 40%, sendo 35% em ações e 5% em FII. Esse percentual pode variar de acordo com o perfil de cada investidor. Existem investidores que conhecem muito do mercado de FII e preferem alocar uma maior fatia nesse tipo de investimentos. Aqui, propositalmente foi mantido apenas 5% em FII de forma a ilustrar uma pequena alocação em ativos cujo conhecimento ainda não é profundo. A ideia é alocar algum recurso quando o conhecimento no tipo de investimento ainda não é profundo, acompanhar e estudar mais antes de aumentar a exposição. As modalidades (P DI, P IPCA e P Pré) se referem aos títulos privados protegidos pelo FGC (títulos bancários) definidos respectivamente por: privado DI, privado IPCA e privados pré-fixados. A meu ver, prazos longos, como 5 anos são interessantes na modalidade P (privados) para obtenção de boas taxas e a vantagem tributária de pagar o I.R. somente ao final o que potencializa os ganhos da carteira. A baixa liquidez dessa modalidade pode ser mitigada alocando de forma a se obter um fluxo temporal mais uniforme ao longo do tempo. Esse fluxo uniforme poderia ser complementado por fundos de baixa volatilidade que rendam acima da SELIC, (F. SELIC). Essa parte é importante diversificar em vários fundos buscando rentabilidade acima de 110% do DI com consistência e baixa volatilidade.

Na alocação que sigo, não aloquei na modalidade (TD IPCA+), título público atrelado à inflação. A alocação nessa modalidade pode ser interessante desde que o investidor consiga uma boa taxa pactuada da parte pré-fixada, como 6,5% a.a. Com essa modalidade de investimento pode ser possível ganhar com a marcação a mercado e, caso isso não ocorra, é manter

FINANÇAS INTELIGENTES

o percentual em carteira visto a boa taxa pactuada.

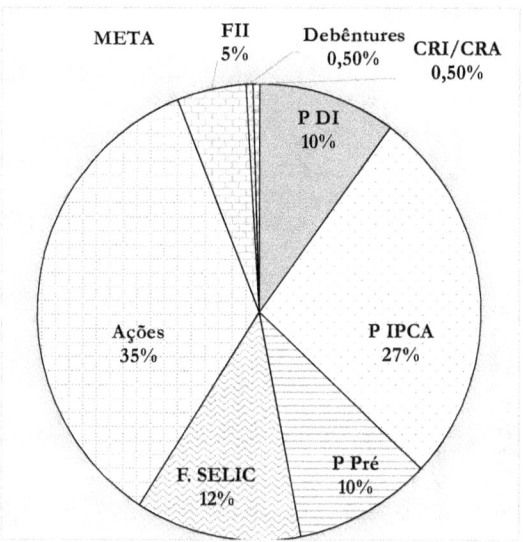

Figura 10.5: Alocação de patrimônio considerando apenas a parcela controlável (renda fixa e renda variável) - cenário futuro.

Note que a alocação em títulos privados contempla 3 macros modalidades (Pré, IPCA+, DI). A ideia é reduzir riscos. Concentrar somente em pré-fixados não considero uma decisão correta pelo que foi mencionado anteriormente. Por outro lado, uma alocação nessa modalidade pode trazer ganhos na carteira ao se pré-fixar uma taxa alta em um cenário de queda de juros. A parte atrelada ao IPCA+ é uma parte conservadora o que resulta em proteção da inflação. Importante é obter um bom percentual acima da inflação, por exemplo, 7% (IPCA+7%). Essa taxa está bem acima da TSR segura abordada no Capítulo 1. A última modalidade é atrelada ao DI que é conservador também, porque o DI, historicamente esteve praticamente 100% do tempo acima da inflação, embora em certos momentos colado ou isoladamente esteve levemente abaixo. Essas 3 modalidades devem ser distribuídas em diferentes instituições financeiras (bancos e financeiras) respeitando-se sempre o limite da proteção pelo FGC. Além disso, pode-se distribuir nas 3 modalidades e nos tipos LCI, LCA, CDB, RDB e LC. Notar que a minha preferência é por títulos privados. Considero que as taxas dos títulos privados são melhores do que os títulos públicos devido ao maior risco dos títulos privados. Mas se tomados os devidos cuidados já abordados ao longo do livro, pode-se alocar nesses tipos de títulos aumentando a rentabilidade da carteira.

Outra forma de avaliar a distribuição atual e a meta de distribuição dos recursos controláveis é através de um gráfico de barras. A figura 10.6 apresenta nesse gráfico as informações contidas nas figuras 10.4 e 10.5.

Observação: ao invés do valor percentual, se poderia apresentar nesse gráfico diretamente os valores monetários.

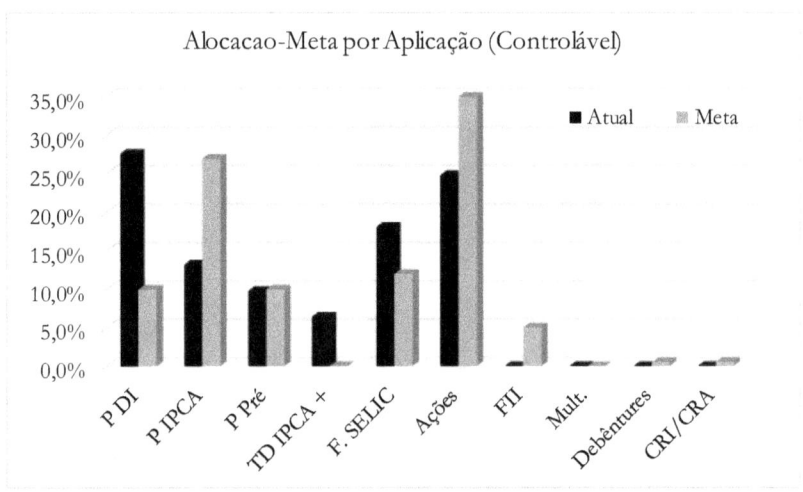

Figura 10.6: Alocação de patrimônio considerando apenas a parcela controlável (renda fixa e renda variável) - cenário atual- investidor I e futuro (meta)- meu perfil.

10.2.3 Análise da liquidez da carteira e a TSR

A análise de liquidez da carteira é também bastante importante para reduzir riscos, aproveitar oportunidades futuras que surgem e atender a TSR. Notar que da carteira apresentada na figura 10.5, os títulos privados protegidos pelo FGC não apresentam liquidez. Já os títulos privados do tipo (CRI/CRA e debêntures) apresentam certa liquidez, porque eles pagam geralmente juros trimestrais, semestrais ou anuais ao longo do investimento. Em relação às ações, deve-se considerar que, embora elas possuam liquidez, elas apresentam flutuações das cotações e, sua liquidez, deve ser vista com cuidados. Isso também vale para o (TD IPCA+) e FII. A figura 10.7 apresenta a liquidez da carteira atual do investidor I (carteira apresentada na figura 10.4). Notar que no tempo zero há grande liquidez, mas deve-se considerar que essa barra contempla as ações e FII e esses ativos devem ser considerados apenas como contingência em uma situação emergencial, visto que tais investimentos flutuam muito e podem estar em momento desfavorável de resgate. Uma opção seria retirar a renda variável da liquidez.

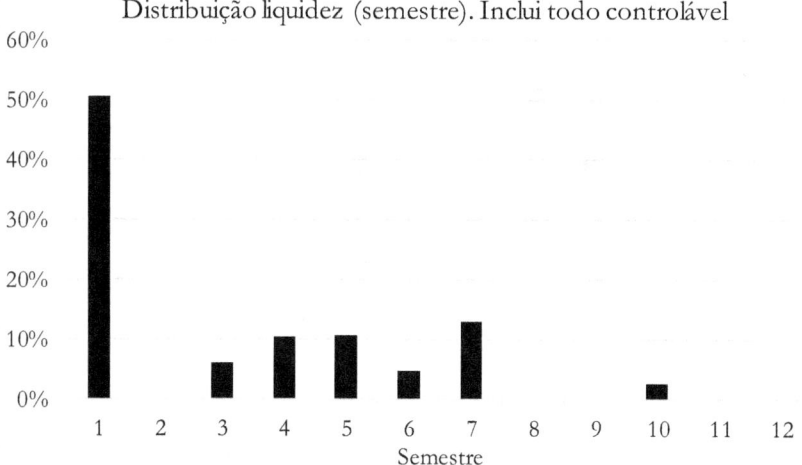

Figura 10.7: Distribuição da liquidez da carteira da figura 10.4 considerando apenas a parcela controlável (renda fixa e renda variável) - cenário atual.

A figura 10.8 apresenta a alocação da parte de investimentos privados (parte de baixa liquidez) do investidor I (figura 10.4). As barras em cinza indicam a meta do fluxo temporal (considerando o meu perfil) onde foi considerado o tempo de 12 semestres (6 anos). Ou seja, está se considerando que o investidor I tem alocado em investimentos privados em prazos de até 6 anos. Notar que a distribuição atual (barras pretas) não está adequada, seja qual for o perfil, pois não está distribuído adequadamente no tempo. Embora essa distribuição não esteja adequada ela poderia eventualmente atender a necessidade de fluxo para a TSR. A fonte de recursos para a TSR na alocação segundo a figura 10.5 é oriunda dos dividendos das ações dos FII e da venda de parte dos títulos privados e ou investimentos do tipo (F. SELIC). Está se considerando que as ações em carteira são ações de boas empresas (ver item que trata sobre ações) e elas não são vendidas. Assim, a TSR é atendida pelos dividendos de ações e FII e pelo fluxo dos títulos privados, complementada pelos investimentos em (F. SELIC). Como existem semestres de fluxo nulo de títulos privados, é possível que essa carteira não atenderá a TSR. Assim, alguma melhora na distribuição dessa carteira em termos de títulos privados se mostra necessária.

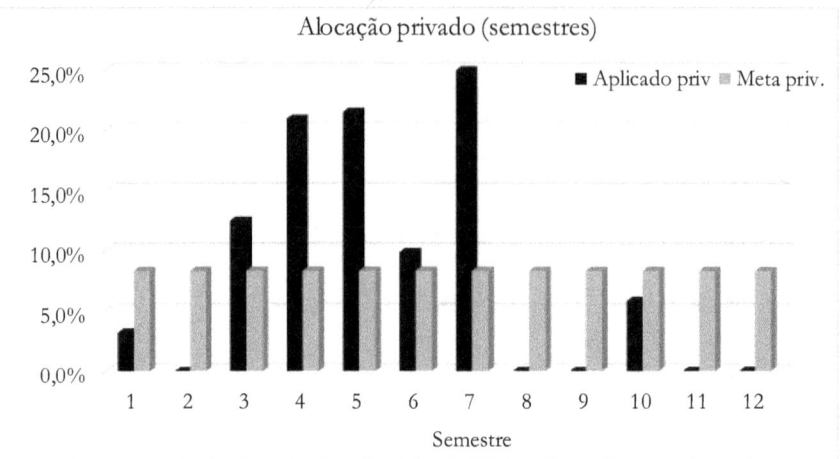

Figura 10.8: Fluxo de liquidez do patrimônio considerando apenas os títulos privados- cenário atual e futuro (meta).

Para o fluxo que alimenta a TSR considera-se o fluxo semestral ao invés do mensal para não tornar a alocação em títulos privados muito complexa. É como se a cada 6 meses houvesse um vencimento de título privado. A TSR deve, então ser considerada semestral, mas com fluxo de saída mensal. Por exemplo, se a TSR é de R$5.000,00 ao mês, então, é necessário um fluxo semestral de R$30.000,00 que deve ser atendido pelos dividendos (ações e FII e eventualmente títulos públicos com juros semestrais[15]), pelo vencimento dos títulos privados e dos próprios juros dos títulos privados pagos ao longo do investimento. Também os investimentos em (F. SELIC) podem complementar a TSR suavizando-a na janela de 1 ano conforme já abordado no Capítulo 6. Supondo que se inicia a contagem hoje sendo que está vencendo um título privado. Supondo que os dividendos estão distribuídos adequadamente no tempo e correspondam a R$6.000,00 no semestre. Então, é necessário reservar outros R$24.000,00 do título privado que venceu para atender a TSR ao longo do semestre. Esses R$24.000,00 podem ser aplicados em TD SELIC, por exemplo, vendendo esses títulos ao longo do semestre conforme a necessidade. Outra forma mais simples seria

---

[15] Uma forma de se obter fluxo de dinheiro no tesouro IPCA+ é alocar em juros semestrais. Semestralmente parte dos juros são pagos ao investidor. Deve-se, porém, ter em mente que os juros pagos semestralmente podem ser maiores que os juros reais do retorno desse investimento. A taxa de juros pagos é de 6% a.a. O importante é ter em mente a TSR conservadora. É altamente recomendável uma TSR significativamente abaixo dos juros reais, o que torna seu patrimônio robusto de geração de renda mantendo o poder de compra.

alocar na poupança ou em um fundo de RF, ou ainda em um fundo DI de corretora que dê acima de 100% do DI e com liquidez imediata. Alimentada a parcela de liquidez, a parte restante do título que venceu seria alocado em um novo título privado.

Considerando uma análise de médio a longo prazo da carteira proposta pela figura 10.5 e uma TSR conservadora, não é esperado que o patrimônio perca poder de compra. Considerando uma retirada limite de rentabilidade real, é esperado que os dividendos médios girem em torno da rentabilidade real da renda variável e a valorização das ações seja a inflação (considerando boas ações e bons FII). Essa hipótese decorre que em termos médios da carteira de ações, os dividendos correspondem a 50% do lucro por ação e o restante é reinvestido pelas empresas. Já os FII são ativos de imóveis e os dividendos são os aluguéis e o esperado é que as cotas valorizem a inflação ao longo do tempo, conforme visto no Capítulo 9. Assim, na teoria essa parcela não precisaria ser mexida. Se a TSR é conservadora, teoricamente não haveria necessidade de mexer muito nessa carteira ao longo do tempo. Ou seja, o fluxo da venda de parte dos títulos privados e dos dividendos oriundos da renda variável atenderia a uma TSR conservadora e a proporção da carteira segundo a distribuição da figura 10.5 sofreria variações pequenas no tempo havendo alguma necessidade de ajustes.

10.3 Alocação em títulos públicos e ações

Uma forma mais simples de alocação é considerar apenas títulos públicos e ações. Dentro da renda fixa os títulos públicos são considerados os investimentos mais seguros do país. Assim, nessa alocação (considerando alocação dentro do Brasil) não haveria necessidade de diversificação. Ainda a alocação poderia considerar títulos públicos com fluxo de caixa semestral, ou seja, que paga juros semestrais facilitando o gerenciamento do fluxo de recursos para alimentar a TSR. Nesse caso haveria uma desvantagem tributária visto que o fluxo semestral é fixo em termos de recursos e é tributado segundo a tabela regressiva da renda fixa conforme visto no capítulo do TD. Já um título principal poderia ser vendido apenas a fração necessária para atender a TSR resultando em uma vantagem tributária. É importante salientar que se deve avaliar a rentabilidade real obtida no momento da compra dos títulos públicos. Essa rentabilidade não é exatamente determinística visto que existe incidência de IR sobre a parcela do indexador (IPCA) e esse não se sabe a priori. Mas pode-se estimar uma IPCA médio no futuro e, se for o caso, corrigir a rentabilidade real no futuro. Deve-se considerar ainda a estratégia de ir alocando aos poucos para formar o patrimônio e, assim, diversas taxas de TD são obtidas reduzindo o risco pontual do mercado. Na sequência será feito um exemplo para avaliar a taxa real a ser considerada para alocação em títulos públicos e ações.

Em relação à parcela relacionada às ações, nada muda comparativamente às análises anteriores. Deve-se possuir em carteira ótimas empresas e utilizar os dividendos para alimentar a TSR. Considera-se que em longo prazo as boas ações são corrigidas pela inflação e os dividendos se constituem da parcela real que alimenta a TSR.

Exemplo 10.1: considere uma alocação apenas em títulos públicos principal e ações. Considere a alocação de 27% em ações, 3% em títulos SELIC e 70% em Títulos IPCA+ 7,2% para n>10 anos, sendo que a alimentação da TSR se iniciará após 5 anos de investimentos. Calcule a rentabilidade real da carteira considerando que as ações fornecem uma rentabilidade real de 5% a.a. Considere um IPCA médio de 6% a.a. e uma SELIC média de 11% a.a.

Solução: primeiramente deve-se descontar a taxa de 0,25% a.a. da B3 sobre os títulos. De forma simplificada, pode-se descontar diretamente os 0,25% a.a. da parte pré do título (7,2% a.a.) e da taxa SELIC. Assim, resulta 6,95% a.a. e 10,75% respectivamente. O n influencia na rentabilidade dos títulos públicos, uma vez que o IR só é cobrado ao final. A hipótese da retirada da parte real (ao menos parte dessa) após 5 anos implica um cálculo conservador em considerar um n = 5 na QUARTA EQUAÇÃO DA VIDA para estimar a rentabilidade real.

Parte 1: cálculo do IPCA+. Primeiramente deve-se utilizar a TERCEIRA EQUAÇÃO PARA A VIDA.

$$\left(1+i_{ap}\right) = \left(1+i_{cm}\right) \cdot \left(1+i_{ir}\right) \rightarrow$$

$$i_{ap} = \left(1+0,06\right) \cdot \left(1+0,0695\right) - 1 = 13,37\% \text{ a.a.}$$

$$i_a = \left\{1 + \left(1-z\right) \cdot \left[\left(1+k\right)^n - 1\right]\right\}^{1/n} - 1$$

$$i_a = \left\{1 + \left(1-0,15\right) \cdot \left[\left(1+0,1337\right)^5 - 1\right]\right\}^{1/5} - 1 = 11,74\% \text{ a.a.}$$

Utilizando-se novamente a terceira equação da vida, resulta em:

$$\left(1+i_{ap}\right) = \left(1+i_{cm}\right) \cdot \left(1+i_{ir}\right) \rightarrow$$

FINANÇAS INTELIGENTES

$$i_r = \frac{(1+0{,}1174)}{(1+0{,}06)} = 5{,}41\% \text{ a.a.}$$

Parte 2: cálculo do título SELIC.

$$i_a = \left\{1 + (1-0{,}15) \cdot \left[(1+0{,}1075)^5 - 1\right]\right\}^{\frac{1}{5}} - 1 = 9{,}39\% \text{ a.a.}$$

$$i_r = \frac{(1+0{,}0939)}{(1+0{,}06)} = 3{,}20\% \text{ a.a.}$$

Para se obter a rentabilidade real média, é só ponderar entre as 3 modalidades de alocação, resultando na taxa real média de 5,23% a.a.

Note que a taxa de 5,23% a.a. não deveria ser a TSR. Deve-se considerar uma margem de segurança. Minha sugestão para essa carteira é uma TSR em torno de 4% a.a., ou no máximo de 4,5%a.a.

10.4 Outras possibilidades de alocação

Existem várias formas de alocar o patrimônio em busca de uma TSR futura. Aqui vou colocar algumas possibilidades simples pensando em alocações contínuas de tempos longos, por exemplo, 10 anos. Esse tipo de alocação permite uma "diversificação" temporal reduzindo o risco de grandes concentrações em momentos de alta da renda variável ou em momentos de baixas nas taxas de RF. Aqui será considerado que os valores alocados não serão utilizados no período de acumulação do patrimônio. Se for utilizar é necessário reavaliar a alocação para que exista liquidez sem riscos das flutuações do mercado quando do resgate. Seja qual for a forma de alocação é importante manter em liquidez imediata recursos que atendam por volta de 1,5 anos seus gastos.

Possibilidade A: uma alocação em longos períodos, por exemplo, acima de 10 anos, poderiam ser feita exclusivamente em ações de boas empresas. A ideia aqui é considerar apenas os dividendos para alimentar a TSR no futuro e, na fase de acumulação, reinvestir os dividendos. Mesmo na fase de renda passiva, as ações não seriam vendidas e os dividendos alimentariam a TSR. A sobra dos dividendos seria reinvestida em ações ou para a parcela de liquidez imediata.

Possibilidade B: uma alocação exclusivamente em RF de títulos privados atrelados ao IPCA+. Títulos privados costumam apresentar taxas mais atrativas do que o TD, porque há mais riscos e a parte de crédito privado geralmente pagam juros ao longo do investimento. Uma boa diversificação (diversos bancos, financeiras e empresas em situação saudável financeiramente) e um bom fluxo temporal poderia atender a TSR. Nessa modalidade a cada vencimento é necessário buscar novas aplicações.

Possibilidade C: outra possibilidade é alocar em ações e FII. Ambos são ativos de renda variável, são ativos reais e se poderia pensar em alocação para não vender. O fluxo de caixa seria através dos dividendos das ações e dos aluguéis e, por serem ativos reais, é esperado que sejam corrigidos pela inflação. Assim, mesmo na fase de renda passiva, os ativos não seriam vendidos. A TSR seria oriunda dos dividendos.

Outras possibilidades existem, mas tenha sempre em mente a diversificação e o conhecimento nas modalidades de investimentos que escolher.

10.5 Renda fixa, renda variável ou dólar

Em se tratando de alocação de patrimônio, cabe aqui uma análise do desempenho histórico de algumas modalidades de investimentos. Nessa análise deve-se considerar a RF. O Brasil sempre pagou muito pela RF e, embora as taxas tenham recuado nos últimos 20 anos, ainda estão muito elevadas. Um estudo comparativo entre várias modalidades de investimentos do início do ano de 2000 a setembro de 2022 (aproximadamente 23 anos) foi feito e evidencia o forte retorno da RF.

O período analisado não é tão longo, mas representa uma janela em torno de 23 anos em que a economia brasileira teve uma inflação mais controlada, geralmente abaixo de 10%a.a. Nesse período avaliou-se os seguintes índices: IPCA, Dólar, DI, IPCA+6%, IBOV e S&P 500. O IPCA representa o índice oficial de inflação brasileira. O dólar representa a valorização perante o real. O DI representa aproximadamente a SELIC. O IPCA+6% a.a. é um parâmetro de RF que nesse período foi possível se investir. IBOV representa o principal indicador da bolsa brasileira. S&P 500 é um dos principais indicadores da bolsa americana, convertida para moeda brasileira. O parâmetro 120% do DI é apresentado, porque também foi possível de se obter taxas de RF no período com base nesse percentual do DI. As taxas são avaliadas na base anual.

FINANÇAS INTELIGENTES

A tabela 10.1 apresenta um resumo dessa análise. Os cálculos foram feitos pelas equações da matemática financeira, mas aqui o importante é a análise desses resultados. A última linha da tabela traz o quanto valeria 1 real corrigindo-o com cada índice acumulado. Na tabela 10.1, a linha anual total representa a taxa média anual no período. Por exemplo, o IPCA médio anual no período de jan-2000 a set-2022 foi de 6,3%. Já a linha anual real representa a taxa real média anual de juros no período de jan-200 a set-2023. Por exemplo, quem investiu em dólar teve um retorno real médio de -1,4%a.a. Quem investiu em 100% do DI teve um retorno real médio de 5,2%.

Índice -->	IPCA	Dólar	100% DI	120% DI	IPCA +6%	Ibov	S&P
Acumulado	304%	189%	1205%	2000%	1441%	547%	1070%
Anual total	6,3%	4,7%	11,8%	14,2%	12,6%	8,5%	11,3%
Anual real	-	-1,4%	5,2%	7,4%	6,0%	2,1%	4,7%
Poder de compra	100%	72%	323%	520%	382%	160%	290%
1 real	4,04	2,89	13,05	21,00	15,41	6,47	11,70

Tabela 10.1: Análise de índices de investimentos no período de jan-2000 a set-2023 (aproximadamente 23 anos)

Observe que seria necessário R$4,04 em 2022 para comprar o que se compraria com R$1,00 no início de 2000. A penúltima linha dá o percentual que se consegue comprar (poder de compra) para cada índice. Por exemplo, se alguém tivesse comprado dólar em 2000 e colocado embaixo do colchão, essa pessoa só conseguiria comprar apenas 72% do que se compraria em 2000. Considere, por exemplo, que em 2000, 1kg de arroz custava R$1,00. Então, o kg do arroz em 2022 custaria R$4,04 e se você tivesse investido este R$1,00 em DI, por exemplo, você conseguiria comprar em 2022, 3,23kg de arroz.

Analisando a tabela 10.1, observa-se que um dos melhores retornos foi obtido através do IPCA+6%. O parâmetro 120% do DI foi ainda melhor, mas a de se considerar que a SELIC esteve alta na primeira década do novo milênio, principalmente até 2008 e que o *spread* (diferença entre DI e IPCA) vem caindo de forma significativa. O gráfico da figura 10.9 ilustra a redução do *spread* ao longo do tempo. Assim, (IPCA+6%) reduz riscos à medida que protege o investimento da inflação.

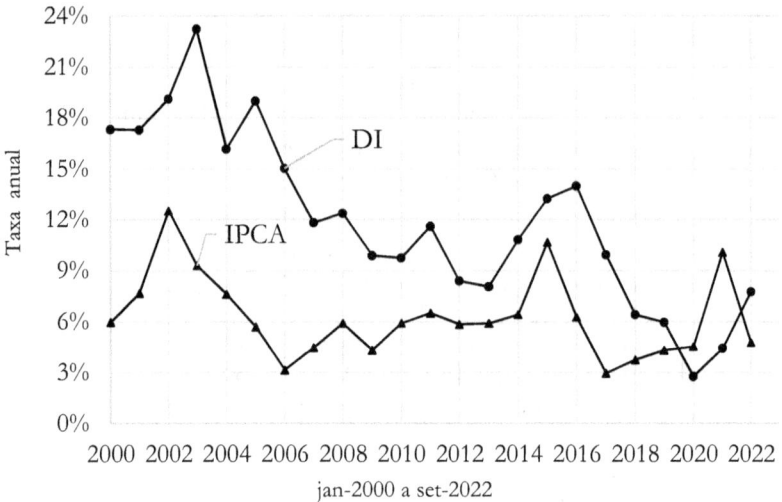

Figura 10.9: Taxa anual de IPCA e DI de jan-2000 a set-2022 mostrando a queda do *spread* entre DI e IPCA com o passar do tempo.

Voltando à tabela anterior, fica evidente que a RF brasileira apresenta alto retorno. Esse retorno fica mais evidente quando se compara com o IBOV e até mesmo ao S&P 500. Com relação ao IBOV, esse é muito influenciado pelo setor financeiro e de comodities (principalmente Vale e Petrobras). Mesmo assim, deve-se considerar que não é tão simples bater o índice através de uma carteira de ações diversificada ou através de alguns fundos de ações. É preciso certa dedicação e estudo. Assim, na minha visão, a RF brasileira deveria ser considerada em qualquer carteira de investimentos no Brasil. A fração de RF vai depender do perfil de cada investidor. Coloco 3 motivos em favor de RF brasileira: (i) aqui é possível investir em RF se protegendo da inflação, (ii) é possível para o pequeno investidor investir se protegendo com o FGC ou escolhendo empresas boas e (iii) o cenário mundial está cada vez mais complexo e as empresas podem ter menores crescimento e, consequentemente, retornos menores no futuro e, incluindo maior taxação pelos governos.

No livro investindo em ações no longo prazo, o retorno de 200 anos do mercado americano se aproxima de inflação mais 6,6%a.a. Será que nos próximos 20, 30, 40 anos, teremos este retorno no mercado de capitais? Certamente, escolhendo as melhores empresas, o retorno deve ser maior, mas existem muitos riscos nessa escolha. São tantas variáveis na economia que não temos como prever como será o mercado de capitais e nem mesmo a RF, mas hoje sabe-se que a RF está pagando boas taxas. Ainda é possível investir em RF através de títulos públicos. Nesse caso, os títulos protegidos da inflação podem sofrer marcação a mercado forte, mas o carregamento até o vencimento é garantia da taxa pactuada (RF). Emissão bancária e crédito privado pagam mais que títulos públicos (risco/retorno), mas tomando os devidos cuidados pode-se potencializar ainda mais a RF.

Uma questão interessante seria avaliar se o IPCA realmente representa a inflação real. Sabe-se que os produtos são precificados em dólar, mas sabe-se também que o próprio dólar apresenta inflação. Inclusive o IPCA mostrou isso, sendo superior à valorização do dólar no período. Para averiguar se o IPCA é um índice satisfatório de inflação pode-se calcular a inflação americana desses 23 anos e adicionar a desvalorização do real frente ao dólar (189% da tabela anterior). A inflação americana no período (não está na tabela 10.1) foi de aproximadamente 76,3%. Então se alguém tivesse convertido 1 real em dólar no ano 2000 e então aplicado na inflação americana, obteria em 2022 o valor de R$4,10. Ou seja, muito próximo do IPCA! Ainda de curiosidade, se um americano tivesse guardado dólares embaixo do colchão em 2000, então, teria apenas 57% do poder de compra em 2022! Se em 2000 comprava 1kg de feijão com $1, em 2022, compraria apenas 0,57kg de feijão com este dólar!

Cabe uma reflexão do porquê de a RF brasileira ser tão rentável. Taxas altas de juros estão relacionadas ao risco. Ou seja, tem a ver com o risco país. O Brasil paga esses juros altos não é porque quer e sim porque existem riscos e é a forma das empresas e instituições financeiras captar dinheiro. Infelizmente as empresas sofrem com os altos juros e não é à toa que, em média, o preço/lucro das empresas brasileiras é bem abaixo das empresas americanas. O fato de as empresas aqui estarem em preços menores do que as americanas não é sinônimo de prosperidade no mercado de capitais. Às vezes é melhor pagar mais caro por uma empresa que consegue crescer o lucro em taxas maiores do que pagar barato por uma empresa que não sai do lugar. Dito isso, cabe também defender o mercado local. É inegável que aqui existam boas empresas em áreas perenes com lucros crescentes e baratas. Mas a seleção dessas empresas traz riscos também. Quais são as boas? Ou seja, quais empresas vão dar retorno acima de uma IPCA+6% nos próximos 23 anos? Ainda cabe colocar todas as questões geopolíticas. Aqui sempre foi dito o país do futuro e mais recentemente tem se dado mais atenção ao Brasil pelo risco baixo de conflitos, pela produção de alimentos, comodities em geral, clima propício para produção alimentar, imensidão de terras, entre outros fatores positivos. Então, será que é a vez do Brasil no mercado de capitais?

Se a RF brasileira paga tanto, será que não tem risco? Tudo tem riscos, mas a diversificação em boa RF e ainda incluindo alguns bons fundos de RV, ou uma carteira de ações perenes com histórico consistente de lucros crescentes acredito ser uma estratégia interessante de investimentos. Aqui no Brasil há muitas oportunidades, mas sempre é bom ter em mente os riscos. Uma carteira de investimentos que no passado deu certo, não significa que estava com alocação correta de riscos. Pode ser que o risco tomado foi muito alto e deu certo, porque o evento de cauda[16] não ocorreu. Como diz Warren Buffett *"Se descobre quem está nadando pelado quando a maré baixa"*. Sugestão, não considere apenas a taxa de retorno da RF. Aloque em bons ativos de RF. Se for crédito bancário, não alocar acima do limite de proteção do FGC por emissor (já somados os juros). Se for crédito privado, diversifique bastante e procure alocar somente em empresas sólidas de médio a grande porte. Uma sugestão de leitura para análise de riscos nos investimentos é o livro do Howard Marks que está nas referências.

De forma a explorar um pouco mais o assunto, é feita uma análise gráfica da evolução dos indicadores avaliados nessa seção. A figura 10.10 traz essa análise excluindo o índice 120% do DI para melhor visualização dos demais. Foi incluído ainda de forma ilustrativa a inflação americana em dólar, motivo este que a linha está pontilhada. Os demais índices estão todos convertidos para a base da moeda brasileira. No eixo horizontal, o "0" representa o início de 2000, o "1" o final de 2000 e assim por diante. O "23" representa o final de set-2022.

Uma análise que poderia ser feita com a bolsa brasileira é considerar o retorno das ações de setores perenes, essenciais que pagam altos dividendos e, consequentemente, apresentam baixo Preço/Lucro pelo crescimento baixo. São empresas geralmente de menor volatilidade na bolsa como ocorre com as elétricas. Poderia adicionar nessa análise também um grupo de fundos imobiliários, ou mesmo o IFIX que é o análogo do IBOV. Nessa análise, quando se coloca o setor elétrico, por exemplo, é melhor considerar o setor inteiro. Hoje pode ser simples saber as melhores elétricas, mas será que a 15 ou 20 anos atrás a seleção de hoje seria mesma? Esse é um dos motivos de escolher o setor como um todo. O outro é a dificuldade de encontrar empresas com longo histórico. Assim, escolher o desempenho do setor acredito ser melhor para essa análise.

---

[16] Evento de baixa probabilidade de ocorrer, mas quando ocorre o impacto é muito grande. Nos investimentos costuma-se designar a ocorrência de cisne negro.

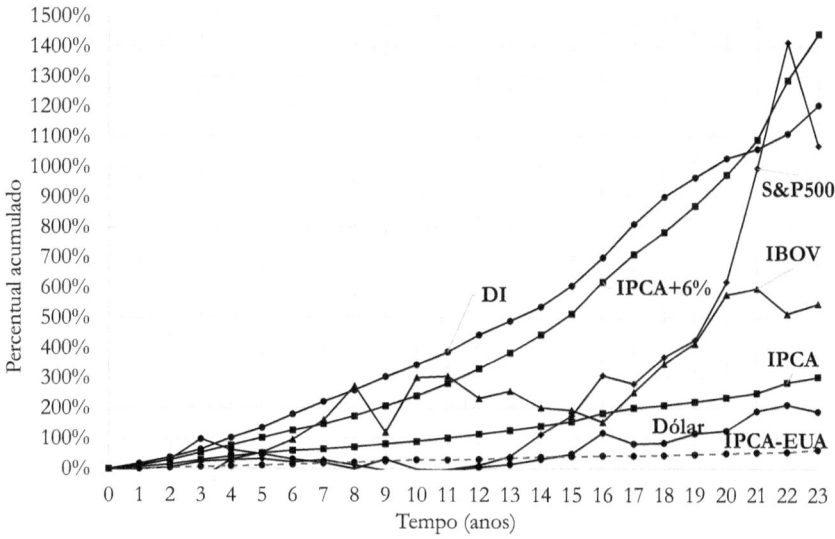

Figura 10.10: Análise de índices de investimentos acumulado ano a ano no período de jan-2000 a set-2023 (aproximadamente 23 anos).

Cabe ainda colocar que existem muitas opções de investimentos no Brasil através dos fundos. A parte de fundos é realmente um mundo de investimentos com opções das mais variadas. Multimercados de baixa, média e alta volatilidade, quantitativos, de ações *long/short*, *Private equity*, RF DI, RF crédito privado, FIP entre outros. É opção que vale considerar visto a gestão profissional. Um fundo por si só já diversifica em RV e existe uma equipe para selecionar empresas. Assim, os índices acima visto de forma isolada podem trazer uma interpretação equivocada. Quero dizer que, embora o IBOV tenha tido um desempenho mediano no período, um bom fundo de ações pode ter trazido retorno maior que IPCA+6%a.a. Tudo vai depender dos objetivos do investidor e do se perfil. Os objetivos pode ser Renda Passiva e, nesse caso, uma carteira de dividendos/ fundos imobiliários, com RF e mesmo alguns fundos de menor volatilidade pode ser a alternativa.

10.6 Patrimônio versus TSR e a IF

O objetivo aqui é avaliar a TSR em função de diversos cenários. Existe uma frase popular que diz "o futuro a Deus pertence". O intuito aqui é passar a mensagem que o futuro é imprevisível e é difícil prever a rentabilidade da carteira ao longo dos próximos anos. Hoje uma TSR de 5,5% a.a. pode ser possível, mas pode não ser no futuro. Então, a sugestão para quem busca a IF é considerar uma TSR mais conservadora e uma boa diversificação. Veja, por exemplo, os juros reais da renda fixa em países desenvolvidos. As taxas reais chegam a ser negativas, ou seja, nem se quer a inflação é reposta. Diante disso, o investidor poderia concluir que, dada as taxas atuais no Brasil (dez/2017), deveria alocar 100% em TD a uma taxa real de 5,6% a.a. (acima do IPCA) que, descontada a inflação (estimando uma média de longo período de 6% a.a.) e a taxa da B3 (0,25% a.a.), daria uma TSR por volta de 4,5% a.a. e estaria despreocupado. Não é bem assim. Lembre-se do risco Brasil também. Lembre-se do que está acontecendo na Venezuela, na Argentina e até mesmo na Europa. Países de terceiro mundo apresentam riscos devido a instabilidades econômicas provocadas principalmente por razões políticas. Não acredito que chegaremos a esse cenário catastrófico, mas a dívida pública brasileira causa preocupações a qualquer investidor bem-informado. Nesse livro praticamente não é abordada a alocação no exterior, mas considere uma forma interessante de diversificação pensando em redução de riscos da carteira. Na minha visão isso vale principalmente para quem já atingiu a IF e precisa reduzir riscos da carteira. Ou seja, pode ser mais interessante renunciar de parte da rentabilidade da carteira em detrimento de um sono mais tranquilo alocando uma parcela do patrimônio em moeda e economia forte.

A tabela abaixo apresenta o patrimônio em função da TSR e o salário da IF possível. Os valores monetários estão em reais e as casas decimais foram omitidas. A TSR considerada foi de 4% a.a., ou seja, 1,5% a.a. abaixo da taxa real.

Patrimônio	Ir (a.a.)	TSR	TSR mensal	Sal. Mens.	Sal (10 anos)	Sal (20 anos)
500.000	5,5%	4,0%	0,327%	1.637	1.900	2.205
1.000.000	5,5%	4,0%	0,327%	3.274	3.799	4.409
1.500.000	5,5%	4,0%	0,327%	4.911	5.699	6.614
2.000.000	5,5%	4,0%	0,327%	6.547	7.599	8.819
2.500.000	5,5%	4,0%	0,327%	8.184	9.498	11.023
3.000.000	5,5%	4,0%	0,327%	9.821	11.398	13.228
3.500.000	5,5%	4,0%	0,327%	11.458	13.298	15.432
4.000.000	5,5%	4,0%	0,327%	13.095	15.197	17.637
4.500.000	5,5%	4,0%	0,327%	14.732	17.097	19.842
5.000.000	5,5%	4,0%	0,327%	16.369	18.997	22.046

Na quinta coluna está o salário mensal com a referida TSR. Na penúltima e última coluna estão os salários mensais após 10 anos e 20 anos, devido ao aumento do poder de compra pela taxa de 1,5% a.a. real que não foi utilizada ao longo desse tempo. Imagine que você cedo se aposente e utilize sempre uma TSR abaixo da rentabilidade real da sua carteira. Essa diferença aumenta o poder de compra da sua carteira ao longo do tempo. Essa pode ser uma estratégia interessante considerando que no futuro pode ser necessário um salário maior para manter a qualidade de vida.

Cabe aqui ainda uma observação. O salário mensal é corrigido mensalmente ou a cada ano pela inflação. Assim, supondo que a contagem do tempo para o início da TSR seja hoje e o patrimônio seja de R$2.000.000, resulta inicialmente um salário mensal de R$6.547. Suponha um IPCA de 6% a.a. No início do segundo ano o salário passa a ser de: R$6.940. Note que o poder de compra de R$6.940 daqui a 1 ano equivale a R$6.547 hoje.

10.7 Alocação no Brasil e no exterior

Nesse item é feita uma pequena introdução sobre alocação no exterior tendo-se por base a leitura de diversos blogs sobre investimentos. Resolvi escrever algo sobre devido às minhas preocupações com a economia brasileira. Venho acompanhando a trajetória da dívida pública e confesso que ando preocupado, mesmo sendo essa dívida praticamente toda interna. Algumas projeções já fazem estimativas da dívida pública bruta atingir 100% do PIB em 2025. Nesse cenário, mesmo com uma SELIC na faixa de 7%, o país gastaria por volta de 7% do PIB anualmente para pagar apenas os juros da dívida. O governo não tem muito o que fazer. Terá que cortar benefícios, mas sofre pressões e falta de responsabilidade dos políticos com poder de voto o que dificulta essa ação. Alternativamente o governo poderia dar calote em parte da dívida, mas tal ação seria um desastre para o país, perdendo credibilidade internacional e provocando uma quebradeira generalizada do sistema bancário (principais detentores de títulos), de empresas e de fundos inclusive de previdência. Por fim, poderia imprimir moeda reduzindo drasticamente o poder de compra da população mediante pressão inflacionária provocada pela moeda. Investimentos atrelados ao DI, por exemplo, a SELIC, seriam fortemente impactados. Investimentos vinculados ao IPCA estariam protegidos, embora com rentabilidade real menor devido ao IR que incide sobre o total da rentabilidade.

Coloco esses aspectos aqui como educação financeira. O objetivo não é criar pânico, e sim alertar o leitor a ler mais sobre e se manter informado. Sou adepto a frase "não confie em ninguém". Eu adiciono ainda as palavras "muito menos no governo!". O governo não é uma pessoa, mas sim um conjunto de políticos escolhidos por nós, mas pelo histórico que observamos das ações dos nossos políticos, nossas escolhas estão bem ruins. Então, não confie e ponto final.

Existem iniciativas por algumas equipes econômicas para consertar os rumos da economia do país, como o esforço para redução nas taxas de juros. Vejo com bons olhos as quedas nas taxas de juros no país, mas me preocupa o pouco que vem sendo feito no controle dos gastos públicos e no crescimento da economia. Por isso eu, deve ser considerado o cenário de diversificação fora do país. Bem sabemos que as taxas lá fora da RF são geralmente baixas, às vezes negativas e as ações geralmente estão bastante altas observando-se o histórico de P/L, por exemplo. Esse é um aspecto a ser considerado, mas nem tudo se resume a rentabilidade.

Uma das formas de diversificação, dentro e fora do país, é comprar ETFs (*Exchange Traded Funds*). São fundos de índices que são comercializados e tendem a replicar índices, como é o caso do BOVA11 (no Brasil) que tende a seguir o índice Bovespa. O IVVB11 e o SPXI11 são ETFs disponíveis na bolsa brasileira que segue o S&P 500, ou seja, as 500 maiores empresas negociadas na NYSE ou na NASDAQ. Eu considero mais interessante investir diretamente no exterior abrindo conta em uma corretora e escolhendo os investimentos diretamente na corretora, por exemplo, ações.

Aqui coloco uma opção de abertura de conta em corretora americana e o processo de transferência de recursos, mas existem muitas outras. Essa opção eu considero uma das mais baratas, principalmente para o pequeno investidor. Com relação a investir no mercado americano, este é um dos principais mercados do mundo e atrelado à moeda forte (o dólar americano). Uma corretora de baixos custos é a TD Ameritrade. Caso o investidor queira ETFs e ações de mercados fora dos EUA, nesse caso pode ser melhor uma corretora global como a Interactive Brokers LLC também situada nos EUA. Uma corretora também interessante é a corretora holandesa DeGiro que também atua em Portugal. O investidor pode abrir conta na corretora em Portugal e utilizar a plataforma de investimentos com acesso a mais de 60 bolsas em 30 países diferentes.

Vou considerar aqui a opção da corretora TD Ameritrade. A abertura de conta é simples, feito tudo pela internet com envio de documentação simples, como identidade e comprovante de endereço. O envio do dinheiro do Brasil para a corretora pode ser feito através da Remessa Online que é uma das formas mais baratas. É necessário efetuar um cadastro no Remessa online para envio de valores para a corretora. Os custos envolvidos são da ordem de 1% de *spread* de conversão do real para dólar e de 0,38% de IOF.

FINANÇAS INTELIGENTES

Existe ainda a taxa Swift. SWIFT é a sigla para *Society for Worldwide Interbank Financial Telecommunication* (Sociedade de Telecomunicações Financeiras Interbancárias Mundiais). Trata-se de uma sociedade cooperativa internacional que conecta instituições financeiras pelo mundo para permitir o envio e o recebimento de dinheiro. O código SWIFT, também conhecido como BIC, permite que as contas das instituições financeiras ao redor do mundo se conectem e a transferência de valores aconteça. Para que esse processo seja feito, cobra-se uma taxa, que ajuda a manter o sistema em funcionamento. Em resumo, a taxa SWIFT ou taxa de transferência é cobrada para que se possa usar o código SWIFT. Utilizando-se o Remessa Online, essa taxa é isenta a partir de USD 1.500,00. Note que os custos para transferências para o exterior são baixos e a forma de fazer essas transferências são bastante simples, não havendo necessidade de sair de casa!

Uma questão importante a ser considerada é a tributação pelo governo brasileiro. Existem três situações sobre a tributação: (A) países com os quais o Brasil tem acordo de reciprocidade que o investidor não precisa comprovar (B) países que o Brasil possui acordo, mas que o investidor precisa comprovar tal reciprocidade e (C) países sem acordo. A situação mais favorável ao investidor é a primeira onde estão apenas três países: Estados Unidos da América, Reino Unido e Alemanha. Na segunda situação encontram-se, atualmente, 32 países que podem ser consultados no portal da receita federal. Na segunda situação, caso o investidor seja questionado pela receita, deverá comprovar o acordo e os aspectos burocráticos não são muito simples. Na terceira situação estão os países sem acordo com o Brasil. Nesse cenário os rendimentos submetem-se às disposições da legislação tributária brasileira vigente, não podendo ser compensado o valor do imposto porventura pago no país de origem, ou seja, ocorrerá bitributação. Claramente o mais simples é investir em países que estão na situação 1.

Pelas circunstâncias acima, fica evidente que a abertura de conta em corretora americana é mais simples para questões de tributação. Além disso, o mercado americano é um dos principais do mundo e muito bem regulamentado (respeita o investidor). Vamos considerar uma conta na corretora TD Ameritrade, ou outra corretora americana. Nesse caso as ações podem ser compradas de empresas americanas ou de empresas com sede fora dos EUA (conhecidas como ADR[17]). Para o imposto de renda, a

---

[17] *American Depositary Receipt*, são recibos de ações emitidos nos EUA para negociar ações de empresas de fora do país na Bolsa de Nova York. Ou seja, esses recibos estão lastreados em

preocupação do investidor brasileiro é relacionada apenas a Receita Federal do Brasil e deve ser distinguido o ganho de capital (compra e venda de ações) dos dividendos recebidos. Ambos devem ser lançados na declaração de ajuste anual como são lançados os ativos brasileiros, mas também devem ser lançados mensalmente sendo que o limite de isenção para venda de ações é de R$30.000,00. No caso dos dividendos, deve-se preencher o carnê leão. Se os dividendos mensais forem menores da tabela de isenção da receita federal R$1.903,98 (data de referência 19/08/2018), não há necessidade de preencher o carnê leão e é suficiente preencher a declaração de ajuste anual. Note que mesmo havendo necessidade de preenchimento do carnê leão, é muito pouco provável a geração de DARF, porque as ações americanas já são taxadas em 30% que é acima da faixa máxima de IRPF, 27,5%. Por exemplo, se em determinado mês o investidor recebeu R$3.000,00 de dividendos e esses dividendos são constituídos exclusivamente por ações americanas, haveria necessidade do carnê leão, mas ao preencher o imposto já pago no exterior no carnê (30%), não haveria imposto a pagar. Agora, suponha que os R$3.000,00 sejam oriundos de ADR. Nesse caso deveria ser avaliada a tributação dessas ações nesses países e averiguar o imposto já pago (caso exista o acordo de reciprocidade) e, então, emitir DARF, se for o caso do restante a ser pago. Esse é um caso bastante raro de ocorrer. Assim, para que ocorra a emissão de DARF (geração de imposto a pagar no carnê leão), duas situações devem ocorrer simultaneamente: (i) receber valor no mês acima de 1.900 reais de rendimentos no exterior e (ii) Pagar menos imposto do que a faixa do carne leão.

    Notar que para o item (ii) ocorrer, a carteira do investidor deve ser majoritariamente de ADRs de países dos quais as alíquotas junto com EUA sejam menores do que a alíquota da faixa específica do carne leão. Isso é muito raro de ocorrer. Suponha, por exemplo, que o investidor só possua ADR e o valor recebido no mês de dividendos foi de R$2.500,00. Nesse caso o investidor somente pagaria algum imposto se a tributação dessas ADR for inferior a 7%, porque, R$2.500,00 está na faixa de 7% de tributação pelo IRPF. Note que, a suposição de possuir somente ADR já é raro e ainda que os dividendos recebidos dessas ADR estarem abaixo dos 7% é também raro. Assim para a imensa maioria das pessoas que investem no exterior nunca

---

ações do país de origem. Uma empresa brasileira, por exemplo, pode ter ADR na NYSE e o investidor pode comprar esses recibos como se fosse uma ação. Esses recibos de fato estão lastreados em ações depositadas em algum banco no Brasil. Existem também as BDR, as quais são negociadas no Brasil na B3 e possuem lastros em ações de outros países, depositadas em um banco desses países.

haverá a necessidade de se pagar uma DARF, pois normalmente elas recebem menos de R$1.900 por mês ou, quando recebe mais, a maior parte é de dividendos que foram taxados acima do valor da alíquota do carne leão. Independente da tributação, a informação de imposto retido é importante para informar na declaração de ajuste anual.

IVANILTO ANDREOLLI

11 REFERÊNCIAS

Livros

1- ÁLVARO VARGAS LLOSA. Todo amador confunde preço e valor. Editora Virgiliae, 2012.

2- BENJAMIM GRAHAM. O investidor inteligente. Editora Harper Collins, 2017.

3- DANIEL KAHNEMAN. Rápido e devagar: duas formas de pensar. Editora Objetiva.

4- GEORGE S CLASON. O homem mais rico da Babilônia. Editora Harper Collins, 2017.

5- HOWARD MARKS. O Mais Importante para o Investidor: Lições de um Gênio do Mercado Financeiro. Editora Edipro, 2020.

6- JEREMY J. SIEGEL. Investindo em ações no longo prazo. Editora Bookman, 2015.

7- MARY BUFFETT E DAVID CLARK. Warren Buffet e a análise de BALANÇOS. Editora Sextante/Gmt, 2010.

8- MORGAN HOUSEL. A psicologia financeira: lições atemporais sobre fortuna, ganância e felicidade. Editora Harper Collins, 2021.

9- NASSIM NICHOLAS TALEB. Iludidos pelo acaso: A influência da sorte nos mercados e na vida. Editora Objetiva, 2019.

10- NASSIM NICHOLAS TALEB. Antifrágil. Coisas que se beneficiam com o caos. Editora Objetiva, 2020.

11- T. HARV EKER. Os segredos da mente milionária: Aprenda a enriquecer mudando seus conceitos sobre o dinheiro e adotando os hábitos das pessoas bem-sucedidas. Editora sextante, 2006.

12- WILI DAL ZOT. Matemática financeira: fundamentos e aplicações. Editora Bookman, 2015.

Internet

13- INTERNET: Portal do Investidor: (www.portaldoinvestidor.gov.br).

14- INTERNET: CVM: (www.cvm.gov.br/).

15- INTERNET: Banco Central: (www.bcb.gov.br).

16- INTERNET: IBGE (www.ibge.gov.br).

17- INTERNET: Tesouro Direto (www.tesouro.fazenda.gov.br).

18- INTERNET: Google News (news.google.com.br).

19- INTERNET: Clube dos Poup. (www.clubedospoupadores.com).

20- INTERNET: Debêntures (www.debentures.com.br/).

21- INTERNET: CETIP (www.cetip.com.br/).

22- INTERNET: Valor Econômico: (www.valor.com.br).

23- INTERNET: Banco Data: (bancodata.com.br).

24- INTERNET: B3 (www.b3.com.br).

25- INTERNET: AMBIMA (www.anbima.com.br).

26- INTERNET: DIAS ÚTEIS (www.dias-uteis.com).

27- INTERNET: DEBENTURES (www.debentures.com.br).

28- INTERNET: SUSEP (www.susep.gov.br).

29- INTERNET: FII's (fiis.com.br).

30- INTERNET: CLUBE FII (www.clubefii.com.br).

31- INTERNET: BASTTER (www.bastter.com.br).

IVANILTO ANDREOLLI

SOBRE O AUTOR

IVANILTO ANDREOLLI é professor e assessor de investimentos, possuindo a certificação ANCORD para atuação profissional no mercado financeiro.

Durante sua vida sempre investiu em ampliar seus conhecimentos na área financeira, pois acreditava que, com disciplina e método, conseguiria atingir a tão sonhada liberdade financeira - conquistada antes dos 40 anos.

Hoje - através de suas publicações, cursos e assessorias individuais - trabalha para ajudar outras pessoas a seguir pelo mesmo caminho: replanejar sua vida financeira, aprender os conceitos para realizar investimentos de maneira eficiente e estabelecer uma trajetória de enriquecimento rumo à independência financeira.

www.ingramcontent.com/pod-product-compliance
Lightning Source LLC
Chambersburg PA
CBHW052344220526
45465CB00003BA/948